Monténégro

et Dubrovnik

Monténégro en français, Crna Gora en monténégrin, mais toujours la même "montagne noire"... Sur ces rives de la mer Adriatique qu'auront convoitées les Grecs, les Romains, les Ottomans, les Vénitiens, les Austro-Hongrois, les Russes... ce territoire farouche a mixé toutes les influences : Occident, Orient, monde slave, christianisme orthodoxe, islam, communisme... Trop montagneux pour être riche, trop petit pour être puissant, le Monténégro n'a gagné son indépendance qu'en 2006, à l'issue des guerres de l'ex-Yougoslavie. Pluriel et méconnu, le plus jeune pays d'Europe après le Kosovo reste à explorer ! Ses espaces naturels constituent son principal trésor : des bouches de Kotor aux montagnes intérieures, voici un excitant terrain de jeux pour tous les amoureux de paysages grandioses et d'activités de plein-air !

"Le Monténégro est une écume de mer et une poussière de neige, un jeu de falaises rocheuses et une précipitation de ruisseaux, un rire éclatant de batailles et une ivresse de guerres."
Veljko Vlahović, écrivain yougoslave d'origine monténégrine (1914-1975)

SOMMAIRE

Préparez votre voyage

La côte adriatique entre Petrovac et Perazića Do

EN UN CLIN D'ŒIL

Le Monténégro vu d'un satellite ou par le petit bout de la lorgnette : des chiffres et des données pour cerner l'identité de la "montagne noire".

13 812 KM²

La superficie du pays, représente grosso modo celle du Nord-Pas-de-Calais : le Monténégro est l'un des 10 plus petits États d'Europe.

L'ensoleillement annuel sur la côte Adriatique... égale celui de la Corse ! En revanche, le massif de l'Orjen détient le record européen de précipitations (5 000mm par an, contre 1 200mm à Brest par exemple).

1 000 MÈTRES

Une altitude moyenne de géant ! Véritable citadelle, le Monténégro compte 150 sommets de plus de 2 000m (point culminant au mont Zla Kolata, 2 522m).

622 400

C'est le nombre d'habitants, dont 45% se déclarent Monténégrins, 29% Serbes, 9% Bosniaques et 5% Albanais : la mosaïque balkanique...

3 MÈTRES

L'envergure du pélican frisé, emblème du parc national du lac de Skadar. Avec ses 15kg, c'est l'un des plus gros oiseaux capables de voler au monde.

290 KM

C'est la longueur de la façade maritime. Quand la "montagne noire" rencontre la mer Adriatique, le vertige est évidemment au rendez-vous...

1,78 M

1,71m pour les femmes, 1,85m pour les hommes : la taille moyenne des Monténégrins en fait l'un des peuples les plus grands du monde !

3 JUIN 2006

Date de naissance du pays, le plus jeune du continent derrière le Kosovo (indépendant en 2008).

19%

C'est la proportion des Monténégrins de confession musulmane, héritiers de la longue présence ottomane dans la région (15e-19e s.).

30 KM

C'est la pénétration des bouches de Kotor dans les terres. Ce golfe somptueux s'immisce au milieu de sommets culminant entre 600 et 1 700m d'altitude !

1 300 M

Le dénivelé du canyon de la Tara en fait l'une des gorges les plus profondes du monde. Le bijou du parc national du Durmitor !

50%

C'est la part des touristes venant de Russie et de Serbie (25% chacune) : le tourisme slave reste prédominant dans cette enclave méditerranéenne de l'ex-Yougoslavie.

★ LES INCONTOURNABLES

★ **LAC DE SKADAR** (p.146) Le plus grand lac des Balkans suggère une mer intérieure. Il faut se perdre au nord-ouest, entre Rijeka Crnojevića et Karuč, où ses rives infiniment verdoyantes évoquent un sanctuaire naturel inviolé...

★ **MONASTÈRE DE LA MORAČA** (p.195) Formidable contradiction : au cœur de gorges si chaotiques qu'elles ont quelque chose d'infernal, on découvre un paradis bucolique et paisible, cachant des fresques d'une infinie délicatesse...

★ **KOTOR** (p.62) Joyau patrimonial du Monténégro, la ville a donné son nom à un autre de ses trésors : les bouches de Kotor, qui évoquent un fjord norvégien... en Méditerranée ! Mer, montagne et cité médiévale rivalisent de beauté.

★ **SVETI STEFAN** (p.105) Hier réservée aux dignitaires de l'ex-Yougoslavie, aujourd'hui à ses clients fortunés, cette superbe île-hôtel, héritière d'un village de pêcheurs fortifié, passe pour le "Mont-Saint-Michel monténégrin".

★ **CETINJE** (p.134) La petite capitale monarchique de l'éphémère royaume du Monténégro (1878-1918) aurait inspiré Hergé pour son album de Tintin, *Le Sceptre d'Ottokar*. Palais baroques et folklore disparu : bienvenue en Syldavie !

★ **MONASTÈRE D'OSTROG** (p.166) Icône de carte postale avec ses murs blancs suspendus au-dessus du vide, ce minuscule monastère est l'objet du pèlerinage orthodoxe le plus important – et fébrile – des Balkans. Sensation de vertige...

★ **CANYON DE LA TARA** (p.183) Sa profondeur talonne celle du Grand Canyon américain ! Au pied de ses parois atteignant 1300m de hauteur, la Tara apparaît tel un mince filet émeraude, préservé de tout. À descendre en rafting !

★ **MONASTÈRE DE LA SAINTE-TRINITÉ** (p.186) Dans les montagnes les plus reculées au nord du pays, le sentiment d'isolement est total. Ce havre de paix est aussi un refuge d'art, avec ses fresques sans âge d'une émouvante finesse.

★ **PARC NATIONAL DU DURMITOR** (p.180) Véritable locomotive du tourisme de pleine nature dans le pays, ce somptueux massif montagneux réserve aux randonneurs des panoramas mémorables, entre lacs turquoise et crêtes cendrées.

★ **MAUSOLÉE DE NJEGOŠ** (p.141) De cette vertigineuse crête rocheuse, le panorama concurrence les plus belles peintures romantiques : sur 360°, mille et un sommets étincellent sous le soleil ou surgissent d'un océan de nuages...

★ **PERAST** (p.56) Étape de charme dans ce village de pêcheurs... On flâne à l'envi sur ses quais paisibles, face au spectacle intemporel de l'église Notre-Dame-du-Rocher, posée à fleur d'eau dans le décor grandiose des bouches de Kotor !

★ **DUBROVNIK** (p.218) La "perle de l'Adriatique" mérite bien son nom, tant ses épais remparts défendent de bijoux, entre églises médiévales, ruelles secrètes aux pavés lustrés et maisons tuilées aux balcons ouvragés.

EN VOILÀ DES IDÉES !

Personnalisez votre séjour en multipliant les expériences selon vos goûts et vos envies.

Paradis naturels

Panoramas grandioses et refuges préservés : la nature est bien le plus bel argument du Monténégro !

- **Bouches de Kotor** (p.35) Un fjord sous… le soleil de Méditerranée ? Non, vous ne rêvez pas !
- **Le massif de l'Orjen** (p.50) Des montagnes sauvages à deux pas d'un littoral surfréquenté, délicieux contraste !
- **Presqu'île de Luštica** (p.78) Au sud des bouches de Kotor, cette langue de terre sauvegardée incarne un vieux rêve pastoral.
- **Parc national du Lovćen** (p.140) Ses cimes minérales subjuguent au mausolée de Njegoš, extraordinaire monument national.
- **Lac de Skadar** (p.146) Ses prairies aquatiques évoquent un véritable sanctuaire que l'on découvre religieusement.
- **Massif du Durmitor** (p.180) De réputation internationale, un spot idéal pour les randonneurs, aux somptueux paysages.
- **Canyon de la Piva** (p.183) Pour un road-trip mémorable dans ces gorges si encaissées qu'elles en seraient presque intimidantes.
- **Canyon de la Tara** (p.183) L'un des plus profonds de la planète derrière le Grand Canyon américain, qui dit mieux ?

Activités de plein air

Les meilleures activités nature pour allier sport et grands espaces…

- **Survoler la côte adriatique** (p.112) Prêt à survoler les falaises littorales en parapente ?
- **Naviguer sur le lac de Skadar** (p.152) Au petit matin, pour surprendre l'énorme pélican frisé à son réveil…
- **Descendre la Crnojevića en kayak** (p.153) Pour s'enfoncer dans les méandres de cette rivière enchanteresse qui sinue jusqu'au lac de Skadar.
- **Faire le tour du lac Noir** (p.187) Ce lac de montagne iconique, au cœur du Durmitor, se prête à une randonnée contemplative.
- **Pédaler dans le Durmitor** (p.188) Pour une boucle à vélo le long de lacs féériques.
- **Chausser skis ou raquettes** (p.188) Rendez-vous à la station de Savin Kuk, dans le Durmitor.
- **Pratiquer le rafting dans le canyon de la Tara** (p.190) Un must, au fil d'eaux émeraude et de falaises atteignant 1300m de hauteur !

Voler au-dessus du canyon de la Tara (p.190) Aurez-vous le courage de défier le vertigineux canyon… en tyrolienne ?

Descendre le canyon Nevidio (p.191) Canyoning de toboggans naturels en cascades…

Canoter sur le lac de Biograd (p.196) Pour profiter de la fraîcheur de la montagne en toute tranquillité.

Randonner dans la Bjelasica (p.197) Pour découvrir ce doux massif aux paysages typiquement balkaniques.

Plages divines

Quand une montagne plonge dans la mer, ses replis peuvent cacher quelques criques idylliques… mais attention à la surfréquentation en été !

Plages de Donji Orahovac (Kotor) (p.60) Au plus profond de la baie de Kotor, dans un charmant village de pêcheurs…

Plage Horizon bleu (Tivat) (p.80) Pinède et sable blanc : un site rêvé… quand la foule n'est pas au rendez-vous.

Plage de Mogren, à Budva

Dobreč (Herceg Novi) (p.81) Une crique paradisiaque à laquelle on accède uniquement en bateau…

Plaža Mogren (Budva) (p.100) Une crique rocheuse inattendue à quelques minutes de marche de la vieille ville de Budva.

Uvala Jaz (Budva) (p.100) Une vaste étendue de sable fin et blond, où l'on peut passer une journée entière.

Plages de Sveti Stefan (p.106) Avec vue sur le "Mont-Saint-Michel monténégrin" !

Plaža Lučice (Petrovac) (p.111) Un petit joyau d'eaux émeraude, de rocs et de pins… mais étouffant de monde en été.

Velika Plaža (Ulcinj) (p.121) Cette "grande plage" porte bien son nom : avec ses 12km, c'est la plus longue du littoral monténégrin.

Îles Élaphites (Dubrovnik) (p.228) Idéales pour profiter des eaux limpides de l'Adriatique et fuir la foule de Dubrovnik.

Plaisirs 100% nautiques

Faire du voilier dans les bouches de Kotor ou caboter d'une crique à l'autre à bord d'un kayak de mer ? Le top des activités sur le littoral !

Découvrir les bouches de Kotor en bateau ou en voilier depuis Herceg Novi (p.51) et **Kotor** (p.71) Pour tirer des bords dans un décor grandiose !

- **Pagayer dans les baies d'Herceg Novi** (p.52) et **de Kotor** (p.71) Une exploration confidentielle des bouches à la force des bras !
- **Explorer les fonds marins d'Herceg Novi** (p.53) et **de Tivat** (p.80) Les bouches de Kotor réservent un bel éventail de grottes et épaves.
- **Naviguer jusqu'à une grotte magique** (p.81) La bien nommée grotte Bleue rayonne d'une lumière envoûtante…
- **S'échapper sur une île** (p.99) Isolée au large de Budva, l'île Saint-Nicolas n'est atteignable qu'en taxi-boat.
- **Pagayer sur la baie de Petrovac** (p.111) Et rejoindre ses îlots aguicheurs !
- **Pratiquer le kayak, la plongée, le snorkeling** (p.230) Le top pour découvrir autrement les remparts de Dubrovnik et les îles Élaphites.

Refuges villageois

Isolés en pleine nature, typiquement balkaniques ou bordant la mer, les plus beaux villages nous font remonter le temps…

- **Žlijebi** (p.51) Détour conseillé pour ses jolies maisons de pierres sèches… et son panorama des bouches de Kotor et du Lovćen !
- **Prčanj** (p.69) Le charme ineffable d'une enfilade de riches demeures sur les rives de la baie de Kotor…
- **Stoliv** (p.70) Ce hameau oublié sur les hauteurs des bouches de Kotor est connu pour sa profusion de camélias. Enivrant !
- **Gornja Lastva** (p.77) Déserté au milieu du 20e s., ce village voisin de Tivat évoque une vie rurale disparue. Émouvant…
- **Bjelila** (p.78) Un hameau de pêcheurs sur les bouches de Kotor. Charme intime et panorama XXL…
- **Rose** (p.79) Cette localité des confins de la presqu'île de Luštica se love dans une anse ravissante.
- **Stari Bar** (p.115) Héritage ottoman, entre tavernes à l'orientale et mosquées, ses ruelles font voyager…
- **Karuč** (p.148) Sur les rives du lac de Skadar, ce hameau isolé et sans âge vit en symbiose avec la nature…
- **Žabljak Crnojevića** (p.149) Oies s'ébattant dans la rivière et grosses maisons en moellons pour une carte postale toute balkanique…
- **Mala Crna Gora** (p.181) Une icône de village de montagne, vivant dans un sublime isolement au cœur du Durmitor.
- **Cavtat** (p.228) Pourquoi ne pas s'échapper dans cette station balnéaire de charme, aux portes de Dubrovnik ?

Les enfants d'abord

Les meilleures visites et activités pour faire plaisir à la fois aux petits et aux grands. Oui, c'est possible !

- **Bateau-école *Jadran* (Tivat)** (p.75) Un superbe trois-mâts propre à enflammer tous les rêves des marins d'eau douce.

Musée de la Collection navale (Tivat) (p.76) Pour la visite impressionnante d'un authentique sous-marin !

Grotte Bleue (Herceg Novi) (p.81) Une excursion sympathique pour prendre un mémorable bain de... lumière.

Citadelle (Budva) (p.95) Pour surveiller la ville et marcher au-dessus des toits.

Aquapark Budva (Budva) (p.101) Avec une dizaine de toboggans géants dévalant la montagne !

En baie de Kotor

Grotte Lipa (Cetinje) (p.142) Idéal pour apprendre en vrai la différence entre stalactites et stalagmites.

Parc aventure (Cetinje) (p.143) Tyroliennes et parcours d'accrobranche : la garantie d'un succès.

Lac Krupac (Nikšić) (p.167) Pour batifoler au bord d'un lac de montagne... dont l'eau n'est même pas froide !

Canyon de la Tara (Žabljak) (p.183) Adrénaline assurée au cours d'une descente en rafting ou en tyrolienne !

Parc accrobranche du lac Noir (Žabljak) (p.189) Comment refuser de faire le singe quand on y est autorisé ?

Waterfall Rafting Center (Šcepan Polje) (p.189) Pour caboter ou pagayer sur le lac de la Piva.

Remparts (Dubrovnik) (p.222) Ils n'ont plus rien de guerrier et sont au contraire très ludiques, vue imprenable en prime !

Mont Srđ (Dubrovnik) (p.225) Comment résister à la montée en téléphérique ?

Tables romantiques

Bonne pioche, les restaurants les plus charmants sont souvent les plus délicieux...

Konoba Feral (Herceg Novi) (p.55) L'une des meilleures tables du pays, idéale pour honorer les produits de la mer.

Restaurant de l'hôtel Conte (Perast) (p.61) Une vue divine sur la baie de Kotor et des assiettes raffinées... Le plaisir est complet.

Konoba Ćatovića Mlini (Kotor) (p.61) Moment de fine gastronomie dans un ancien moulin. Une adresse qui tourne très rond.

Galion (Kotor) (p.72) Pour un repas marquant, à la fois original et contemplatif, au-dessus de Kotor...

Stand d'huile d'olive, de miel et de figues séchées

Stari Mlini (Kotor) (p.73) Romantisme suprême dans cet ancien moulin devenu un repaire de gourmets.
Mediterraneo (Petrovac) (p.113) Carton plein pour cette table familiale posée sur une jolie promenade de bord de mer.
Kaldrma (Bar) (p.117) Dans un hameau d'héritage ottoman, les papilles voyagent en Orient !
Restoran Miško (Ulcinj) (p.123) Exotisme assuré dans cette maison sur pilotis plantée dans une rivière poissonneuse...
Stari Most (Rijeka Crnojevića) (p.154) Là où déguster la fameuse carpe fumée du lac de Skadar.
Restoran Vodenica (Kolašin) (p.199) Un chalet de guingois où découvrir les rassasiantes spécialités montagnardes.
Panorama (Dubrovnik) (p.234) La plus belle vue sur la cité croate... et un formidable aperçu de la cuisine dalmate.
Restaurant 360 (Dubrovnik) (p.235) Menée par un chef de renom, une table exquise qui toise le vieux port.
Zuzori (Dubrovnik) (p.235) Un sommet de cuisine méditerranéenne, plébiscité par les habitants de la ville.

Chambres de charme

Murs historiques, balcons sur la mer ou chalets isolés dans les montagnes : des adresses qui font craquer... sans casser, sauf exception, la tirelire.
Palace Jelena (Perast) (p.283) Un petit palais du 18e s. en front de mer, où mieux rêver ?
Casa del Mare-Amfora (Kotor) (p.283) Au-dessus d'une petite plage privée... Saurez-vous regagner votre chambre ?

Art Hotel Galathea (Prčanj) (p.284) Cette maison les pieds dans l'eau est un cocon alliant caractère et sérénité...

Forte Rose (presqu'île de Luštica) (p.284) Une ancienne forteresse austro-hongroise face à la mer... Peut-on imaginer refuge plus protecteur ?

Vila Drago (Pržno) (p.285) Pour la vue sur l'îlot de Sveti Stefan, l'une des plus belles de la côte adriatique !

Aman Sveti Stefan (Pržno) (p.286) Une folie, mais c'est le seul moyen de profiter du "mont Saint-Michel monténégrin", devenu hôtel de luxe.

Hotel Danica (Petrovac) (p.286) Un petit hôtel familial épatant et au calme, à deux pas d'un agréable bord de mer.

MonteBay Villa (Buljarica) (p.286) Accueil francophone dans cette élégante villa seule sur une plaine littorale restée sauvage.

Eneida Apartmani (Ulcinj) (p.287) Un havre de paix inattendu, au creux des falaises, dans la plus orientale et bouillonnante des villes monténégrines.

Apartmani Čudo Neviđeno (Karuč) (p.288) Pour une nuit à l'écart de tout, dans un hameau oublié aux confins du lac de Skadar.

Etno selo Sljeme (Žabljak) (p.289) La montagne et les alpages sont à vous dans ce nid douillet au charme savoyard...

Kuća Kljajića (Berane) (p.290) Expérience à part dans cette maisonnette rustique des Balkans profonds. On remonte le temps !

Hotel Stari Grad (Dubrovnik) (p.291) Une demeure aristocratique offrant un panorama d'exception de la "perle de l'Adriatique", idéal !

Sanctuaires orthodoxes

Des architectures d'une sobre élégance, un déluge d'icônes rehaussées d'ors, ou encore des fresques porteuses de l'émotion des siècles passés. Autant de trésors !

Monastère de Savina (Herceg Novi) (p.49) Un refuge pour méditer au-dessus des bouches de Kotor...

Église Notre-Dame-du-Rocher (Perast) (p.57) Reposant à fleur d'eau, c'est une apparition... Décor intemporel !

Cathédrale Saint-Tryphon (Kotor) (p.63) Même s'il est catholique, impossible de ne pas citer ce sommet d'architecture romane !

Monastère Gradište (Buljarica) (p.109) Plusieurs chapelles perchées au-dessus de l'Adriatique : beauté vertigineuse !

Monastère d'Ostrog (Nikšić) (p.166) Un lieu de culte ? Un nid d'aigle défiant le vide, objet d'un pèlerinage fiévreux.

Monastère de la Piva (Plužine) (p.183) Il a été déménagé pierre par pierre lors de la mise en eau du lac de retenue voisin !

Monastère de la Sainte-Trinité (Pljevlja) (p.186) En lisière du pays, l'un des plus beaux ensembles de fresques qui soient.

Monastère de la Morača (Kolašin) (p.195) Au sein de gorges chaotiques, sinon dantesques, un petit... paradis de paix et d'art.

ITINÉRAIRES

Trois itinéraires pour vous laisser guider selon vos inclinations et le temps dont vous disposez.

Du haut des remparts de Kotor

Quatre jours en or dans les bouches de Kotor

Entre mer et montagne, les bouches de Kotor déploient paysages spectaculaires, joyaux culturels et criques idylliques. Une destination de choix !

JOUR 1

Matinée

Porte occidentale des bouches de Kotor, **Herceg Novi** (p.44) offre une séduisante entrée en matière.

Petit déjeuner au Gradska Kafana (p.53) En terrasse face à la baie !

Balade dans le centre historique Savourez l'atmosphère sereine de la place Herceg Stjepana (p.44), flânez dans les ruelles en marquant une halte à la galerie d'art Josip Bepo Benković (p.47), puis gagnez les forteresses Kanli Kula (p.45) et Forte Mare (p.47) pour contempler la ville et la baie.

Pause baignade Prévoyez votre maillot et accordez-vous une balade en bord de mer le long de Šetalište Pet Danica (p.47) !

Après-midi

Déjeuner au Peter's Pie & Coffee (p.54) Pour sa cuisine saine et légère.
Escapade dans le massif de l'Orjen (p.50) Grimpez jusqu'à Žlijebi, village de montagne traditionnel d'où la vue sur les bouches de Kotor est saisissante !
Villa Galeb (p.49) Glissez-vous dans l'intimité du maréchal Tito le temps d'une visite passionnante.

Musée Mirko Komnenović (p.48) Un jardin en pente douce vers la mer et une élégante demeure du 18e s.

Soirée

Dîner à la Konoba Feral (p.55) Une table simple mais réjouissante pour les amateurs de produits de la mer.
Prostorija (p.55) Ce bar au-dessus du port accueille souvent des DJ.
Nuit à l'Hotel Aurora (p.283) Une ancienne gare transformée en hôtel de charme par Emir Kusturica.

JOUR 2

Matinée

Monastère de Savina (p.49) Ne quittez pas Herceg Novi sans découvrir ce site ensorcelant... Puis prenez la route de la **baie de Risan** (p.59).
Verige 65 (p.54) Pause-café face au détroit de Verige, point le plus étroit des bouches de Kotor.
Mosaïques romaines de Risan (p.59) Un trésor deux fois millénaire...

DEUX SEMAINES AU MONTÉNÉGRO ?

Alliez donc nos deux itinéraires monténégrins – dans les bouches de Kotor (p.24) et en montagne (p.28) – et bouclez la boucle sur la côte adriatique. Mais gare, l'été, la surfréquentation des plages est gage de cruelle déception !

Jour 11 Visite des ruines ottomanes de Stari Bar (p.115) et nuit à Petrovac (p.108), en profitant des plages (p.111) en chemin.
Jour 12 Promenade sur les falaises de Petrovac (p.110), visite du monastère Gradište (p.109), baignade à Sveti Stefan (p.106) et soirée à Pržno (p.105).
Jour 13 Direction Budva (p.94) : visite du monastère Podmaine et de la vieille ville, et bain de mer sur la plage de Mogren (p.100).
Jour 14 100% farniente sur la plage de Jaz (p.100), la plus agréable du littoral.

Après-midi

Déjeuner à la Konoba Ćatovića Mlini (p.61) L'une des meilleures tables du Monténégro, sur le site bucolique d'un moulin du 19e s.
Peintures rupestres de Lipci (p.59) D'émouvantes silhouettes de cerfs dessinées par des hommes préhistoriques, au 8e s. av. J.-C.
Église Notre-Dame-du-Rocher (p.57) Embarquez sur un bateau pour visiter cette charmante église posée sur un îlot face à Perast.
Musée de la Ville (p.56) Le plus beau palais de Perast donne une idée de la vie locale au cours des siècles passés.
Plage du Pirates Bar (p.60) Baignade puis cocktail en contemplant la vue...

Soirée

Dîner Optez pour le **restaurant de l'hôtel Conte** (p.61), assez sophistiqué, ou la toute simple **Konoba Otok Bronza** (p.61). Dans les deux cas, produits de la mer et spectacle de la baie illuminée.
Nuit au Palace Jelena (p.283) Un ancien palais du 18e s. en bord de mer...

JOUR 3

Matinée

Direction Kotor Démarrez par une promenade sur les remparts (p.68) pour admirer la vue sublime sur la cité et la baie. Puis flânez dans la vieille ville (p.62), sans manquer la cathédrale ni le musée maritime.

Après-midi

Déjeuner au Galion (p.72) Contemplez la ville médiévale sous un autre angle, en savourant d'excellents mets.

Prčanj (p.69) Contournez le massif du Vrmac par la route côtière (très étroite !) jusqu'à ce village, l'un des plus séduisants de la baie de Kotor, puis grimpez jusqu'au hameau perché de **Gornja Lastva** (p.77) pour prendre le frais et jouir du superbe panorama de la baie de Tivat.

Porto Montenegro (p.75) À Tivat, ralliez cette luxueuse marina plébiscitée par les propriétaires de yachts. Le musée de la Collection navale (p.76) vaut le coup d'œil pour son sous-marin.

Église de Prčanj

Soirée

Dîner au Mala Barka (p.82) Cette taverne bien placée sur le port de Kalimanj est surtout fréquentée par les locaux.

The Clubhouse (p.83) Un bar réputé pour ses concerts et soirées DJ.

Nuit à l'hôtel Pine (p.284) Un établissement tout confort, sur la plaisante promenade Pine.

JOUR 4

Matinée

Terminez en beauté en arpentant la **presqu'île de Luštica** (p.78).

Réserve naturelle de Solila (p.77) Pour observer les oiseaux, mais aussi le mont Lovćen...

Bjelila (p.78) Un minuscule hameau au bord de l'eau, avec vue imprenable sur le Lovćen. De là, grimpez sur les hauteurs de la presqu'île et passez sur le versant sud.

Après-midi

Déjeuner au Restoran Mirišta (p.82) Une jolie terrasse pour se régaler de poisson... avant de vous accorder une pause farniente sur la plage en contrebas.

Îlot Mamula et grotte Bleue (p.81) De la plage de Mirišta, ralliez à pied (10min) la plage voisine de Žanjic, où vous pourrez embarquer pour une excursion vers l'îlot Mamula et la fascinante grotte Bleue.

Soirée

Forte Rose (p.284) Revenez sur vos pas pour gagner **Rose** (p.79), le village le plus enchanteur de Luštica, et passer la nuit dans cet hôtel de charme aménagé dans une ancienne forteresse. Le restaurant au bord de l'eau est parfait pour le dîner.

Lac Noir, parc national du Durmitor

Cinq jours au top... côté montagne

La montagne monténégrine offre du grand spectacle, et ses parcs nationaux – Lovćen, lac de Skadar, Durmitor – promettent un voyage mémorable !

JOUR 1

Matinée

Dominant les bouches de Kotor, le **parc national du Lovćen** (p.140) ouvre une voie royale vers le cœur montagneux du pays...
La Serpentine (p.71) De Kotor, cette route célèbre se hisse sur le mont Lovćen au prix de lacets très serrés. Vertigineux !
Mausolée de Njegoš (p.141) Plus de 460 marches puis une mince crête mènent à ce mausolée solennel, qui délivre un stupéfiant panorama.

Après-midi

Restaurant Ivanov Konak (p.145) Pour déjeuner de solides recettes locales.
Randonnée sur le chemin des loups (p.143) À moins que vous ne préfériez rejoindre directement **Cetinje** (p.134) pour découvrir ses nombreux musées.
Goûter au Gradska Kafana (p.53) Pour déguster une *krempita* royale !

Soirée

Dîner à la Konoba Korzo (p.144) Moment de tradition sous les tilleuls.

Flânerie dans Cetinje, à l'ambiance nocturne très agréable.
Nuit au Pansion 22 (p.287) Simple mais confortable et chaleureux.

JOUR 2

Matinée

Partez à la découverte d'un véritable sanctuaire naturel, le **lac de Skadar**.
Rijeka Crnojevića (p.148) De Cetinje, cette discrète porte d'entrée du parc national est néanmoins magistrale : vous bénéficierez de points de vue extraordinaires sur le lac en ralliant les villages de **Karuč et Dodoši** (p.148).

Après-midi

Déjeuner à la Konoba Čudo Neviđeno (p.155) Une taverne riquiqui sur le port croquignolet de Karuč.
Sortie en kayak Retour à Rijeka Crnojevića pour embarquer sur la rivière (p.153), digne d'une vallée inexplorée...
Virpazar (p.146) La route d'accès vous offrira encore de somptueux panoramas. Montez au fort de Besac (p.146) au soleil couchant. Flânez sur la jolie place centrale et réservez votre croisière pour le lendemain.

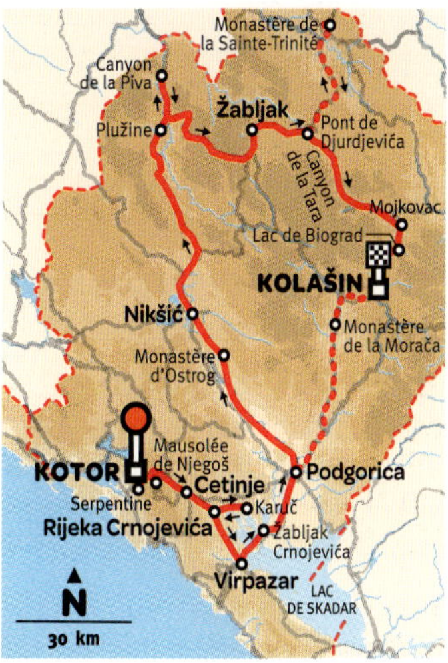

Soirée

Konoba Badanj (p.154) Pour déguster la carpe du lac fumée !
Nuit chez Draga's Rooms (p.288) Calme et convivialité garantis.

JOUR 3

Matinée

Croisière ornithologique sur le lac de Skadar Réveil matinal afin de découvrir, avec Tourist Agency (p.152), le fameux pélican frisé. De retour sur la terre ferme, prenez la route de **Podgorica**.
Žabljak Crnojevića (p.149) En chemin, cette ancienne forteresse vous réservera une dernière vue splendide sur l'écrin verdoyant du lac...

Le canyon de la Tara vu du pont de Djurdjevića

Après-midi

Déjeuner à The Republic of Good Food (p.162) Arrivé dans la capitale, profitez de cette cantine contemporaine, fraîche et vitaminée.
Podgorica (p.156) La visite peut se réduire à une promenade digestive dans le vieux faubourg (p.156). Prenez la route des montagnes de l'ouest.
Monastère d'Ostrog (p.166) Une visite incontournable, à flanc de falaise... Poursuivez ensuite vers Nikšić (p.164).
Lac Krupac (p.167) Farniente et baignade aux dernières heures du jour.

Soirée

Dîner chez Forest (p.168) Son style actuel sort du lot, et ses lasagnes sont un délice !
Propaganda (p.169) Pour clore la journée, le café le plus décalé de la ville... et sa belle carte de cocktails !
Hotel Trebjesa (p.289) Au milieu des pins, un séduisant établissement de standing.

JOUR 4

Matinée

Point d'orgue des montagnes monténégrines, le **parc national du Durmitor** (p.180) étanchera votre soif de grands espaces. Les restaurants pour déjeuner sont rares, faites provision d'un pique-nique à Nikšić avant de quitter la localité.
Parc naturel de la Piva (p.181) Un espace naturel peu fréquenté, aux confins du Durmitor. Perdez-vous dans le superbe canyon de la Piva (p.183) jusqu'à

la frontière bosniaque, puis attardez-vous sur les rives du lac artificiel (p.182) aux reflets émeraude.

Après-midi

Pique-nique sur la plage de Plužine (p.182) Après une petite baignade !
Route de Plužine à Žabljak Traversant d'ouest en est le Durmitor, la plus haute route du Monténégro dévoile des paysages inoubliables !
Žabljak (p.180) Rendez-vous à l'office de tourisme (p.273) pour vous informer des activités et randonnées.
Point de vue de Ćurevac (p.180) À 1 625m d'altitude, découvrez le panorama le plus exceptionnel du Durmitor au soleil couchant !

Soirée

Dîner Deux options : **Dvorište** (p.179), pour sa charmante simplicité, ou bien le **restaurant de l'hôtel Soa** (p.193), plus recherché.
Nuit à l'Hotel Soa (p.289) Le Durmitor versant luxe ou, pour une étape plus authentique, l'un des chalets de l'**Etno selo Sljeme** (p.289).

JOUR 5

Matinée

Tour du lac Noir (p.187) Comptez 1h pour faire le tour de ce magnifique lac glaciaire. Octroyez-vous une pause baignade, ou poursuivez la randonnée jusqu'au lac Zminje (p.188).

Après-midi

Restoran Izvor (p.192) De roboratives spécialités montagnardes idéales pour reprendre des forces.
Canyon de la Tara (p.183) Profond de 1 300m, il prête à l'aventure... Vous pourrez l'admirer du pont de Djurdjevića (p.184), mais seule une **descente en rafting** (p.190) permet de s'y enfoncer (à réserver à l'avance). Les moins sportifs se rabattront sur la visite du **monastère de la Sainte-Trinité** (p.186), merveille méconnue à la frontière serbe. Reprenez ensuite la route en longeant la Tara (dir. Mojkovac), toujours impressionnante.
Kolašin (p.194) Ce gros bourg de montagne constitue la meilleure option pour faire étape. Au nord, le **lac de Biograd** (p.196) est propice à une promenade au coucher du soleil. Au sud, le **monastère de la Morača** (p.195) mérite impérativement une visite, le soir même si vous avez le temps, ou le lendemain en repartant.

Soirée

Dîner au Restoran Vodenica (p.199) Un ancien moulin à eau diablement rustique, recettes montagnardes incluses !
Nuit à l'hôtel Brile (p.290) Le charme d'une maison ancienne, et un accueil sympathique par la propriétaire francophone.

Palais du Recteur, Dubrovnik

Trois jours à Dubrovnik

Fascinant bijou architectural, Dubrovnik ne renie pas pour autant son identité balnéaire tranquille, dans ses villages satellites côtiers et sur les îles voisines...

JOUR 1

Matinée

Petit déjeuner au Dubravka 1836 (p.234) Avec vue sur les remparts...
Stradun (p.218) Déambulez sur cette artère splendide, cœur vibrant la ville.
Gradska Kavana (p.232) Une institution de la place de la Loge, idéale pour observer les badauds et le **palais Sponza** (p.220).
Palais du Recteur (p.222) Il résume l'histoire architecturale de la ville.
Cathédrale (p.221) De fantastiques trésors, immanquables !

Après-midi

Déjeuner chez Kamenice (p.232) Ses tables ombragées sont providentielles.
Musée ethnographique Rupe (p.225) Entre le Stradun, Od Puča et Strossmayerova, flânez d'échoppe en échoppe jusqu'à ce musée.
Musée maritime (p.223) Une visite indispensable !
Remparts (p.222) À parcourir sous la lumière déclinante...
Mala Buža Bar (p.231) Baignez-vous en contrebas et sirotez un cocktail.

Soirée

Lokanda Peskarija (p.233) Sur le port, dégustez un plat de moules, une salade de poulpe ou un risotto dans une joyeuse animation.
The Troubadour (p.237) Terminez la journée au son du jazz ou du swing.

JOUR 2

Matinée

Café Festival (p.232) Pour un café et un croissant sur le Stradun.
Monastère franciscain (p.219) Le cloître est charmant et la pharmacie inattendue.
War Photo Limited (p.219) Les images de conflits rappellent que la mémoire de la guerre reste vive.

Après-midi

Lokrum (p.226) Embarquez pour l'île, puis pique-niquez avant de grimper au fort royal pour la vue sublime. Sans oublier la pause baignade.
Galerie d'Art moderne (p.225) De retour au port, sortez de la ville close par la porte Ploče et admirez les peintures d'artistes de la région.
Mont Srđ (p.225) Prenez le téléphérique jusqu'au sommet. Quel panorama !

Soirée

Zuzori (p.235) Régalez-vous d'un risotto ou d'un plat de pâtes.
Banje Beach (p.228) Pour danser au bord de l'eau face à la ville illuminée.

JOUR 3

Matinée

Balade en kayak (p.230) Une découverte originale de la ville, à réserver avec Adventure Dubrovnik. Passez sous les remparts et mettez le cap sur Lokrum !

Après-midi

Bistro Revelin (p.235) Misez sur la terrasse, qui domine le vieux port, et essayez le risotto aux crevettes, l'une des spécialités de la maison.
Cavtat (p.228) Au départ du vieux port, prenez l'une des navettes qui assurent la liaison avec cette cité balnéaire. Laissez vos pas vous guider par les ruelles médiévales, les palais Renaissance, ou encore l'imposant mausolée des Račić.

Soirée

Galija (p.235) La meilleure table locale. N'oubliez pas la navette de retour !

Principal atout touristique du pays, attirant dorénavant de gigantesques paquebots, les bouches de Kotor ne pourraient être plus aguicheuses : aussi photogéniques que picturales, leurs eaux paisibles reflètent les hauts sommets dans une surenchère de beauté... Églises comme posées sur l'eau, vieilles villes médiévales, routes à flanc de montagne : le tableau est enchanteur... n'était le bétonnage qui sévit de plus en plus.

Les bouches de Kotor

En surplomb du port de plaisance de Kotor

Plan 1
BOSNIE-HERZÉGOVINE
CROATIE
PAZUA 1769 M
ZUBAČKI KABAO 1894 M
Poste frontière
Vrbanj
Kruševice
ORJEN
SUBRA 1679 M
Ubli
Mokrine
Mojdež
Poste frontière
516
8
Kameno
Žlijebi
Église Saint-Nicolas
Trebesinj
E65
IGALO
HERCEG NOVI
Meljine
M2
Villa Galeb
Monastère de Savina
Zelenika
Kumbor
E65
Đenovići
NJIVICE
BAIE DE HERCEG NOVI
516
Rose
Poste frontière
Klinci
PRESQU'ÎLE DE LUŠTICA
BOUCHES DE KOTOR
DOBREĆ
Tići
584 M
Forteresse Mamula
Žanjic
PRESQU'ÎLE DE PREVLAKA
ŽANJIC ET MIRIŠTA
Grotte Bleue
MER ADRIATIQUE
N
2 km

Crkvice
Risan
Peintures rupestres de Lipci
Monastère de Banja
BAIE DE RISAN
Donji Morinj
MORINJ
Église Notre-Dame-du-Rocher
PERAST
Île Saint-Georges
DONJI ORAHOVAC
Ljuta
Đurići
DÉTROIT DE VERIGE
BAIE DE KOTOR
DOBROTA
Kamenari
Lepetani
Stoliv
Gornja Lastva
Prčanj
Bijela
M2
E80
SVETI ILIJA 785 M
Baošići
Donja Lastva
PRESQU'ÎLE DU VRMAC
Muo
Erakovići
MONT SAINT-JEAN
Njeguši
BAIE DE TIVAT
TIVAT
KOTOR
LOVĆEN
ÎLE SAINT-MARC
Dubovik
Krašići
Bjelila
ÎLE AUX FLEURS
La Serpentine
ŠTIROVNIK 1749 M
JEZERSKI VRH 1657 M
E80
Radovići
Luštica Bay
Réserve Naturelle de Solila
Ivanova Korita
HORIZON BLEU
CRIQUE DOBREĆ
E65
E80
BUDVA

SIX BONNES RAISONS...

... de découvrir les bouches de Kotor, leurs eaux reflétant les montagnes, leurs cités historiques héritières de Venise, leurs routes vertigineuses.

ON CABOTE, ON PAGAYE, ON BORDE LES VOILES Les bouches de Kotor offrent le plus beau décor de l'Adriatique pour prendre la mer, au départ de Kotor (p.71) ou d'Herceg Novi (p.51), en kayak ou en voilier...

ON FILE AU FOND DES CRIQUES Certes, les bouches de Kotor souffrent de surfréquentation estivale, mais un bastion résiste : la presqu'île de Luštica (p.78), avec ses routes sillonnant la garrigue, ses hameaux oubliés, ses criques idylliques...

ON PREND DE LA HAUTEUR Sujet au vertige s'abstenir... Au-dessus de Kotor, la bien nommée Serpentine (p.71) part à l'assaut des montagnes intérieures au fil de vingt-cinq lacets dévoilant chacun un somptueux panorama des bouches !

ON VIT COMME AUTREFOIS C'est l'expérience offerte par la vieille ville de Kotor (p.62), bijou patrimonial de la région. À l'abri des hauts remparts, les ruelles médiévales ont échappé au passage du temps...

ON CULTIVE LA DOUCEUR DE VIVRE Niché tout au fond de la baie de Kotor, le ravissant village de Perast (p.56) retrouve sa tranquillité le soir venu, l'occasion d'une étape de choix entre mer et montagne, palais baroques et port pittoresque...

ON S'ÉCHAPPE SUR LES ROUTES SAUVAGES Celles du massif de l'Orjen (p.50), qui s'étend au nord d'Herceg Novi. Une région montagneuse à la beauté âpre, épargnée par l'animation et le béton qui sévissent sur la côte.

RENDEZ-VOUS AVEC...

Katie Squires et Tim Layton ont quitté le Royaume-Uni "moderne et urbanisé" en 2007 et, une fois arrivés au Monténégro, n'ont jamais pu en repartir... Ils vivent au cœur des bouches de Kotor, sur leur voilier, *Yacht Monty B*, à bord duquel ils proposent des croisières (p.71). Amoureux de la nature menant une vie sur l'eau "low-cost" et "low-impact", ils partagent leurs coups de cœur dans cette baie devenue leur jardin.

Notre journée idéale

A Perast

Notre chouchou incontesté dans les bouches de Kotor ! Il faut prévoir une journée pour profiter du village (p.56), admirer son architecture et ses musées, sauter dans un petit bateau pour aller visiter Notre-Dame-du-Rocher posée sur la baie, prendre un bain dans les eaux les plus pures des bouches, et s'offrir un déjeuner très apaisant au bord des flots. Sur les quais, notre préférence va à la Konoba Otok Bronza (p.61), à l'écart de l'animation... Et pour un dîner gastronomique, allez jusqu'à Morinj, où se cache le meilleur restaurant de la région, la Konoba Ćatovića Mlini (p.61) !

Notre restaurant de poisson

B Cesarica

Notre table favorite à Kotor est celle de Rino, pêcheur de son état, que l'on voit chaque jour sur son bateau dans la baie ! Impossible de trouver du poisson plus frais... Caché dans le labyrinthe de la vieille ville, le restaurant vaut le coup d'œil pour ses belles voûtes de pierre, celles d'un ancien entrepôt vénitien. Sur les murs, de

nombreuses photos de famille de Rino ressuscitent le monde perdu d'avant 1945. Nostalgie...

KOTOR Stari Grad 375 📱 069 049 733 Page FB 🕓 Tlj. 9h-23h

Notre pub de secours

C Bandiera

C'est le premier endroit où nous nous sommes arrêtés après avoir

SI LES BOUCHES DE KOTOR ÉTAIENT...
Une chanson Ce serait *The Dock of The Bay* d'Otis Redding, car il n'y a pas de meilleur endroit sur Terre pour faire exactement cela : "s'asseoir sur le quai de la baie, à regarder la marée rouler, à laisser le temps filer"...

Les remparts de Kotor et la forteresse Saint-Jean sur les hauteurs

VOIR LE COUCHER DU SOLEIL ?
Quelle que soit la météo, il est toujours superbe dans les bouches de Kotor. On en profite idéalement en bateau, avec une vue à 360° sur les sommets, en particulier du cœur de la baie de Tivat. À terre, la côte nord-est de la baie de Kotor, au-delà de Ljuta, offre également un spot d'exception, de même que les hauteurs de la presqu'île de Luštica (p.78).

survécu à deux jours de tempête cauchemardesques – vent force 9 ! – au large de l'Albanie. C'est l'un des plus vieux bars de Kotor, plébiscité par les skippers et les locaux. Belle ambiance, super musique et terrasse parfaite pour observer l'animation de la rue.

KOTOR Gurdic Vieille ville ⏲ Tlj. 8h-1h

Notre chemin de traverse

D Forteresse Saint-Jean

Dominant Kotor, ce vieux fort domine magnifiquement la ville et la baie. L'accès direct part des remparts (p.68), mais il est très fréquenté et éprouvant sous le soleil. Notre tuyau : il existe un chemin alternatif et gratuit, "l'Échelle de Cattaro". Ce sentier tout en zigzags démarre au nord de la vieille ville et s'élève dans un vallon rocailleux et ombragé (plan 3, A1-B1). Après les ruines du hameau de Špiljari, un ancien trou de canon dans les fortifications permet de les franchir. Sentiment d'aventure !

Compter 40min de montée, prévoir de l'eau

Notre road-trip

E La Serpentine

Au-dessus de Kotor, elle part à l'assaut du massif du Lovćen par d'impressionnants lacets. Selon nous, c'est l'une des routes les plus excitantes d'Europe, elle dévoile des vues fabuleuses sur les bouches ! Voir aussi (p.71).

HERCEG NOVI

Marquant l'entrée des bouches de Kotor, Herceg Novi s'accroche aux pentes du massif de l'Orjen et descend jusqu'à la mer. À première vue, cette ville émaillée d'immeubles de l'époque yougoslave n'a rien de très engageant. Il suffit pourtant de gagner la vieille ville pour que l'enchantement opère, au fil des venelles fleuries, des placettes historiques, des remparts vénérables et de la promenade du front de mer… Idéal pour flâner, avant de partir explorer la baie et l'arrière-pays !

ACCÈS

- La circulation peut s'avérer compliquée, surtout pour rejoindre le front de mer. Mieux vaut se garer sur le parking de la gare routière, puis descendre vers la vieille ville à pied (10min), ou dans l'avenue Njegoševa. Règlement par cartes prépayées en vente dans les boutiques et kiosques.

À VOIR

HERCEG NOVI

Fondé en 1382 par le roi de Bosnie, Tvrtko I Kotromanić, premier port des bouches de Kotor, Herceg Novi aura partagé l'histoire mouvementée de la région, en étant conquise à la fois par les Ottomans au 15e s., les Vénitiens au 17e s., les Russes, les Français puis les Austro-Hongrois au 19e s., et les Italiens et les Allemands lors de la Seconde Guerre mondiale. Portée par ses réussites commerciales sur les routes maritimes de l'Adriatique, la cité s'est orientée vers le tourisme au 19e s. C'est aujourd'hui une ville jeune et tournée vers la culture, comme l'attestent ses nombreux festivals.

Pivot central

Place Nikole Đurkovića / Trg Nikole Đurkovića (plan 2, B1)

C'est l'une des deux places principales du centre historique. Animée, bordée de bars, pizzerias et boutiques, elle ne manque pas d'allure avec ses pavés luisants et ses demeures bourgeoises. Elle constitue un bon point de départ pour visiter la cité. Vers l'ouest, elle débouche dans l'avenue Njegoševa, l'artère principale (sans grand intérêt). À l'est, des escaliers mènent en quelques minutes vers le front de mer, cf. Šetalište Pet Danica (p.47). Également à l'est se dresse la tour de l'Horloge (Sahat Kula). Sa base en pierre, percée d'une porte, date de l'époque ottomane (17e s.), mais l'édifice a été érigé en 1850 dans un style pseudo-roman. Passé la tour, on atteint la place Herceg Stjepana.

Repaire de charme

Place Herceg Stjepana / Trg Herceg Stjepana 👍 (plan 2, B1)

Bien plus séduisante que sa voisine, cette place intime (appelée aussi place Bellavista), plantée de palmiers et d'un pin majestueux, et entourée de belles maisons du 19e s., distille une atmosphère sereine. Une excellente raison pour faire une pause au Caffe Stari Grad (p.53), parmi les agréables terrasses déployées sur ce petit forum, le temps d'admirer la jolie fontaine de Korača

👍 À NE PAS MANQUER

- Place Herceg Stjepana
- Šetalište Pet Danica
- Musée de la ville Mirko Komnenović
- Villa Galeb (villa Tito)
- Monastère de Savina
- Massif de l'Orjen
- Žlijebi

Forteresse Kanli Kula

et le buste du poète Aleksa Šantić (1868-1924). Hasardez-vous ensuite par les multiples venelles en escalier, fleuries de lauriers-roses et de bougainvilliers, qui rayonnent alentour.

Profil byzantin

Église de l'Archange Saint-Michel / Crkva Sv. Arhangela Mihaila (plan 2, B1)

Cette petite église orthodoxe en pierre blanche de Korčula occupe une bonne partie de la place Herceg Stjepana. Construite entre 1883 et 1911, elle marie harmonieusement les styles byzantin, gothique et baroque, et s'orne au-dessus du portail d'une jolie mosaïque représentant l'archange.

Pl. Herceg Stjepana 🕒 Été : tlj. 8h-20h ; reste de l'année : tlj. 8h-18h

Scène paysagère

Forteresse Kanli Kula / Tvrđava Kanli Kula (plan 2, B1)

Édifiée en 1539 par les Ottomans au nord de la vieille ville, elle était reliée par les remparts au bastion Forte Mare (p.47). Elle a servi en partie de prison jusqu'en 1687, d'où son nom qui signifie “tour sanglante” en turc. Loin de son sinistre passé, elle constitue depuis 1966 la plus belle salle de spectacle en plein air de la côte adriatique, offrant une vue imprenable sur l'entrée des bouches de Kotor (projections dans le cadre du festival du film d'Herceg Novi, concerts et opéras en été, etc.). Le principal intérêt de sa visite : déambuler sur ses remparts pour profiter de la vue fantastique sur les toits de la cité qui se détache sur l'azur de la mer.

De la place Herceg Stjepana, prendre la ruelle qui monte vers la forteresse (accès fléché) 📱 031 323 072 ou 031 322 098 🕒 Mi-avr.-oct. : tlj. 9h-19h € 2€

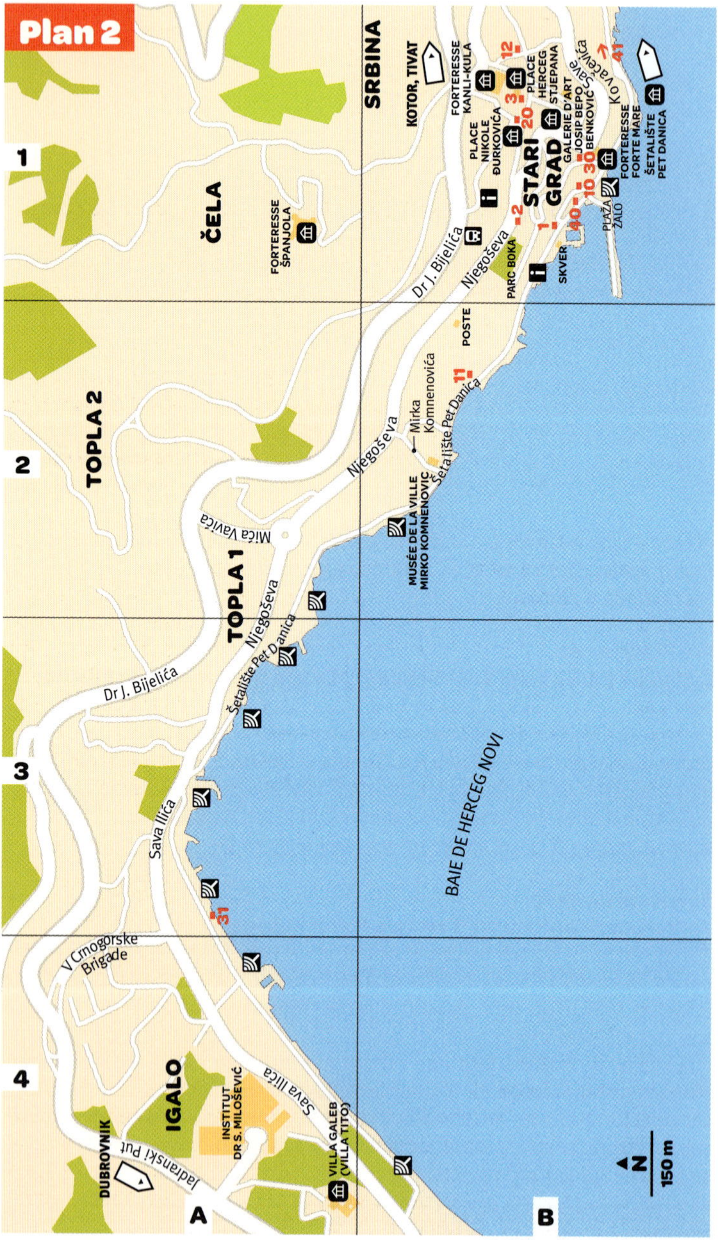

Plan 2
1
2
3
4
A
B
SRBINA
KOTOR, TIVAT
ČELA
FORTERESSE ŠPANJOLA
TOPLA 2
TOPLA 1
IGALO
DUBROVNIK
Jadranski Put
V Crnogorske Brigade
Sava Ilića
Dr J. Bijelića
Njegoševa
Šetalište Pet Danica
Mića Vavića
Mirka Komnenovića
MUSÉE DE LA VILLE MIRKO KOMNENOVIĆ
POSTE
PARC BOKA
SKVER
STARI GRAD
FORTERESSE KANLI-KULA
PLACE NIKOLE ĐURKOVIĆA
PLACE HERCEG STJEPANA
GALERIE D'ART JOSIP BEPO BENKOVIĆ
Sava Kovačevića
FORTERESSE FORTE MARE
ŠETALIŠTE PET DANICA
PLAŽA ŽALO
INSTITUT DR S. MILOŠEVIĆ
VILLA GALEB (VILLA TITO)
BAIE DE HERCEG NOVI
1
2
3
10
11
12
20
30
31
40
41
N
150 m

Beaux-arts balkaniques

Galerie d'art Josip Bepo Benković / Galerija Josip Bepo Benković

(plan 2, B1)

Cachée dans une ruelle qui part de la place Herceg Stjepana, cette galerie est une antenne du musée de la ville (p.48). Peintures et sculptures d'artistes de renom, du Monténégro ou des pays limitrophes, y sont exposées. Deux salles sont consacrées à des artistes ayant vécu à Herceg Novi, comme Josip Bepo Benković (1906-1943), peintre et dessinateur à qui la galerie doit son nom, et Milena Šotra (1909-2003), femme qui a marqué l'histoire de la peinture serbe du 20e s. Expositions temporaires également.

Marko Vojnovic 4 📱 031 340 318 jbbgalerija.me 🕒 Mai-sept. : lun.-sam. 9h-21h ; oct.-avr. : lun.-sam. 9h-19h € Entrée libre

Plateau de cinéma

Forteresse Forte Mare / Tvrđava Forte Mare (plan 2, B1)

Dressé à même la roche, cet austère bastion de pierre grise se déploie jusqu'à la mer, au pied de la vieille ville. Construit au 14e s. et modifié jusqu'au 17e s., il est considéré par plusieurs historiens comme le noyau originel de la cité. Restauré en 1833, il fait office de salle de cinéma en plein air depuis 1952 et accueille aujourd'hui encore les projections du festival du film du Monténégro (p.264). Vue splendide sur l'entrée des bouches de Kotor.

De la place Nikole Đurkovića, prendre les escaliers, puis la route qui descend vers le front de mer (Šetalište Pet Danica), tourner ensuite à gauche en suivant le fléchage 📱 031 323 072 ou 031 322 098 🕒 Mi-avr.-oct. : tlj. 9h-19h € 2€

> **COULEUR LOCALE**
> L'écrivain yougoslave Ivo Andrić, prix Nobel de littérature en 1961, décrivait Herceg Novi comme "une ville de verdure éternelle, de soleil et d'escaliers". Une promenade dans la cité donne la mesure de sa luxuriance végétale : 250 espèces de plantes tropicales et subtropicales y sont recensées, rapportées au fil des siècles par les marins...

Pour flirter avec la mer

Šetalište Pet Danica 👍 (plan 2, B1-B4)

Cette plaisante promenade de 6km, qui relie Igalo (à l'ouest) à Meljine (à l'est), longe la mer sans interruption. Elle emprunte une partie du tracé de l'ancienne voie ferrée Zelenika-Sarajevo. Interdite à la circulation motorisée, elle est fréquentée par les piétons, les cyclistes et les amateurs de roller. On y musarde entre des villas aux jardins fleuris et arborés, des bars, des restaurants et une multitude de petites plages de galets et de quais aménagés pour la baignade. Vous aurez l'embarras du choix pour poser votre serviette ! La partie la plus animée, surtout le soir, s'étend au pied de la vieille ville, face au petit port de plaisance et de pêche (Škver). C'est là aussi que se dresse l'ancienne gare d'Herceg Novi, bâtie en 1934 et occupée à présent par l'Hotel Aurora (p.283).

Nombreux accès piétons indiqués sur l'avenue Njegoševa, ou par les escaliers de la place Nikole Đurkovića

Zoom sur l'histoire locale

Musée de la ville Mirko Komnenović / Gradski muzej Mirko Komnenović 👍 (plan 2, B2)

Cette ravissante demeure de style néobaroque (fin du 18e s.) appartenait à Mirko Komnenović (1870-1941), homme politique et maire d'Herceg Novi. Au rez-de-chaussée, des armes et des panneaux informatifs attestent l'histoire mouvementée de la cité. Ainsi un splendide canon de la fin du 15e s. trouvé sur un galion coulé au large. L'étage évoque le mode de vie au Monténégro, en particulier dans les bouches de Kotor, du 18e au début du 20e s. : costumes traditionnels, bijoux, objets du quotidien, instruments de musique, mobilier, etc. À ne pas manquer, la belle collection d'icônes de Grèce et de Russie (18e-19e s.). Vous aurez aussi plaisir à flâner dans le jardin qui descend vers la mer, où des panonceaux précisent le nom des arbres et des plantes.

Ulica Mirka Komnenovića 9 (accès par l'est de l'av. Njegoševa) 📱 031 340 265 www.rastko.rs/rastko-bo/muzej/ 🕒 Lun.-sam. 9h-21h € 3€

BON À SAVOIR

Festivals de théâtre (en avril), de musique classique, de littérature (en juillet), de cinéma, de jazz, de guitare classique (en août), etc. La programmation culturelle d'Herceg Novi est la plus fournie du pays ! Vérifiez donc l'événement du moment, cf. Fêtes et manifestations (p.263).

Une vigie sur les bouches

Forteresse Španjola / Tvrđava Španjola (plan 2, A1)

Juchée au nord-ouest de la ville, sur la colline Bajer (170m), elle est aujourd'hui en ruine, mais faites-y un tour pour jouir de la vue magnifique sur l'entrée des bouches de Kotor, au sud, et le massif de l'Orjen, au nord. Édifiée par les Ottomans en 1483, elle est tombée aux mains des Espagnols en 1538 (d'où son nom, signifiant "l'Espagnole"), puis a été récupérée et rénovée par les Ottomans en 1548.

À 1km env. du centre-ville, à partir de la route principale (M2), suivre dir. Srbina à gauche et le fléchage € Entrée libre

LA RIVIERA D'HERCEG NOVI

De la vieille ville d'Herceg Novi à Kamenari (env. 15,5km), peu avant le détroit de Verige, s'égrènent un chapelet de petites stations balnéaires : Meljine, Zelenika, Kumbor, Baošići, Bijela et Djenovići. Des localités qui se touchent désormais, du fait de l'urbanisation galopante (et ce n'est pas fini !), et où abondent restaurants, bars, échoppes de souvenirs, minuscules plages de galets et quais aménagés bondés... Inutile de s'attarder, d'autant que deux voitures peinent à se croiser sur la route littorale !

Retour dans les années 1980

Villa Galeb (villa Tito) / Titova vila (plan 2, A4)

Bienvenue chez Josip Broz Tito (1892-1980), président de la République fédérale de Yougoslavie de 1945 à sa mort ! Au cours d'une passionnante visite de 45min (en anglais), vous parcourrez cette villégiature élevée en 1976 et restée quasiment inchangée : la salle de conférences, la salle de cinéma (Tito, très cinéphile, avait un projectionniste attitré), le bureau et la salle à manger du "camarade président", la suite bleue (appartement de Tito), la suite rose (réservée à Jovanka, son épouse) et les suites des invités. Peu de place pour le luxe ou l'esthétique, mais du fonctionnel, à l'exception de la salle de bains du président, tout en marbre bleu du Brésil ! Au sous-sol, on découvre une superbe piscine et des espaces d'hydrothérapie, avant de descendre dans l'abri antiatomique, où seuls 36 "heureux" élus auraient pu prendre place.

Sava Ilića 5 Igalo (4km à l'ouest de la vieille ville, dir. Igalo, la villa se trouve à droite de l'entrée de l'institut Igalo) 031 658 555 ou 031 658 999 Mi-juin-début oct. : lun., mer., ven. et dim. visite à 18h et 19h15 3€

Atmosphère recueillie

Monastère de Savina / Manastir Savina

Dès l'arrivée, on s'imprègne de l'ambiance apaisante et de la vue sur la côte... Pins centenaires, cyprès et lauriers-roses encadrent l'entrée du monastère,

Monastère de Savina

où se côtoient deux églises portant le même nom : église de l'Assomption-de-la-Vierge (Velika crkva Uspenja Bogorodice). La plus grande est aussi la plus récente. Construite entre 1777 et 1799, elle mêle avec art les styles byzantin, baroque et roman, et abrite une iconostase de la fin du 18e s. La plus petite date du 15e s. D'une grande sobriété extérieure, elle dévoile en revanche un intérieur richement décoré de fresques bien conservées, dont les plus anciennes seraient l'œuvre d'un artiste réputé de Kotor, Lovro Dobričević (1415-1478). Les bâtiments monastiques renferment le trésor : un calice, un manteau liturgique et un évangile du 17e s., une croix en cristal et argent du 13e s. qui aurait appartenu à saint Sava, ainsi que des icônes.

Manastirska 21 Meljine (1km env. à l'est d'Herceg Novi, suivre le fléchage) 031 345 300 Tlj. 6h-20h (trésor lun.-sam. 9h-17h) Entrée libre (trésor 1€)

Église Saint-Sava

À gauche de l'entrée du monastère, un escalier grimpe à travers la colline boisée jusqu'à la petite église Saint-Sava (15e s.), qui fait elle aussi partie du monastère. De là, très beau point de vue sur les deux églises en contrebas et les bouches de Kotor en arrière-plan.

Jours et horaires d'ouverture variables

Une gorge dans les bouches

Détroit de Verige / Tjesnac Verige

Vous êtes ici au point le plus étroit des bouches de Kotor, où les côtes est et ouest se rapprochent au point de former une sorte de goulet de 350m de large. Arrêtez-vous sur le parking du restaurant Verige 65 : la vue sur Perast, nichée au pied d'une montagne abrupte et boisée, et devancée par ses deux petites îles, est superbe ! Le détroit tirerait son nom d'un épisode tragique très ancien : en 1624, des pirates venus d'Afrique du Nord ravagent Perast ; pour se prémunir de nouvelles attaques, les riverains tendent une chaîne en métal d'une rive à l'autre, d'où son appellation actuelle (*verige* signifiant "chaîne" en monténégrin).

18km au nord-est d'Herceg Novi

> **BON À SAVOIR**
>
> Profitez du **ferry Kamenari-Lepetani** pour embarquer votre véhicule et traverser le détroit de Verige en moins de 5min : vous vous épargnerez ainsi toute la partie nord de la baie par la route, et gagnerez plus rapidement Kotor, Tivat et la presqu'île de Luštica.
>
> **www.ferry.co.me Mi-juin-sept. toutes les 15min 24h/24 ; oct.-mi-juin toutes les 15min de 6h à minuit, toutes les heures de minuit à 6h Voiture 4,50€, moto 2€, piéton gratuit**

LE MASSIF DE L'ORJEN

Peu connues et peu fréquentées, ces montagnes calcaires d'une beauté farouche méritent une incursion. À cheval sur le Monténégro et la Bosnie-Herzégovine, elles occupent plus de 400km^2, et leur sommet le plus haut, le Zubački Kabao (appelé aussi Veliki Kabao), culmine à 1 894m. Chaudes en été, elles se couvrent en partie de neige en hiver. En sillonnant les petites routes

Sur les pentes du mont Subra, dans le massif de l'Orjen

(souvent étroites !) qui les parcourent, vous aurez l'occasion d'admirer des villages et hameaux en pierre, des chapelles, des forêts de hêtres, des panoramas somptueux... Tout un univers sauvage et encore intact, à deux pas d'une côte bouillonnante souvent dénaturée.

Du centre d'Herceg Novi, prendre dir. Meljine, puis vers le nord-ouest, dir. Kameno et Kruševice

Village panoramique

Žlijebi

À partir de Kameno, une route très étroite mène à ce village perdu, dont les maisons bâties en pierres sèches et coiffées de toits en ardoises sont caractéristiques de l'architecture de ce territoire montagneux. La route s'arrête ici. Garez votre véhicule et poursuivez à pied pendant une dizaine de minutes jusqu'à l'adorable église Saint-Nicolas (Crkva Sv. Nikole) du 16e s., d'où l'on jouit d'un point de vue exceptionnel sur les bouches de Kotor et, au nord-est, sur l'imposante silhouette du massif du Lovćen.

9km au nord-est d'Herceg Novi via Kameno

À FAIRE

Découvrez les bouches de Kotor en bateau ou en voilier

Plusieurs prestataires vous proposeront leurs services : au départ du port d'Herceg Novi (Škver), en contrebas de la vieille ville, pour des croisières vers la presqu'île de Luštica – plage de Žanjic (p.80), grotte Bleue (p.81), village de Rose (p.79) –, et au départ de la plage de Njivice vers l'îlot Mamula (p.79), Kotor ou Perast.

Sur les plages d'Herceg Novi

Pajo

Excursions vers la grotte Bleue et l'îlot Mamula, avec un arrêt à la plage de Žanjic (12€/pers.). Journée à Perast et Kotor, avec repas à bord (20€/pers.).

Herceg Novi 067 300 969 ou 069 609 337 www.pajoflota.com

Brod Albatros

Croisières vers Žanjic, l'îlot Mamula et la grotte Bleue.

Port d'Herceg Novi (Škver) 067 354 110 ou 067 665 537 Page FB

Taxi Boat

Sorties vers Žanjic, l'îlot Mamula, la grotte bleue, Kotor et Perast.

Port d'Herceg Novi (Škver) 069 736 553 ou 067 222 728

BlackWindSailing

Dans un registre plus onéreux, ce prestataire loue des bateaux à moteur (6m, 4 pers.) pour explorer la baie à sa guise, avec ou sans pilote (dans ce cas, le permis bateau est indispensable). Comptez entre 300 et 350€/j. en haute saison.

Herceg Novi 069 51 78 74 ou +33 6 77 19 38 27 www.blackwind.me

Sailing Bay of Boka

Qu'il souffle du sud (*ostrijal*) ou du nord-ouest (*maestral*), le vent est quasiment toujours au rendez-vous dans les bouches de Kotor, des conditions propices à la plaisance. Embarquez sur l'un des voiliers de ce prestataire pour une demi-journée, au départ du port d'Herceg Novi (100€/pers.), avec au programme : l'îlot Mamula, la presqu'île de Luštica et des pauses baignades en cours de route. Également, des balades à la journée et les soirs de pleine lune, des croisières (2 à 10j.), des voiliers en location et des cours de voile (avr.-mai et sept.-oct.).

Jedriličarski klub Skver bb Herceg Novi 068 56 48 68 ou 063 22 11 18 Page FB Avr.-oct. jours et horaires variables

Pagayez sur la baie

Sea Kayaking

Les balades en kayak accompagnées s'adressent à tous : les débutants navigueront le long des côtes d'Herceg Novi (3h, 20€/pers.), les plus aguerris traverseront l'entrée des bouches de Kotor jusqu'à Rose (presqu'île de Luštica) avec, en sus, l'exploration d'un tunnel creusé dans la colline où se cachaient sous-marins et bateaux pendant la Seconde Guerre mondiale (4h, 30€/pers.). Formule à la journée (48€/pers.), avec un circuit qui passe par Rose, la plage de Dobrec et l'îlot Mamula ; location simple de 5 à 7€/h.

Plaža Žalo Herceg Novi (plage en contrebas de la forteresse Forte Mare, immédiatement à l'est du port) 067 531 366 www.kayak-hercegnovi.com Mai-oct. : tlj. 9h30-18h30 (rés. conseillée)

Explorez les fonds marins
Diving Montenegro

Les amateurs d'épaves seront comblés par la dizaine de spots à explorer (remorqueur, cargo, patrouilleur, etc.) sur des fonds allant de -5 à -40m, aux environs d'Herceg Novi ou de la presqu'île de Luštica. Également, plusieurs grottes, des sorties autour des îlots de Mamula et de la baie de Perast, sur le littoral de la presqu'île de Luštica, des plongées de nuit et des formations. Comptez de 40 à 60€/plongée. Bien que le centre soit ouvert à l'année, la meilleure saison s'étire d'avril à octobre.

Gradska Luka Škver Herceg Novi 069 83 30 43 divingmontenegro.com Tlj. (sur rés.)

Lézardez sur la plage
Plage de Njivice

Les plages d'Herceg Novi et des proches environs sont minuscules et vite surpeuplées. Celle de Njivice (galets et sable) est à la fois l'une des plus vastes et des moins fréquentées.

4km au sud-ouest d'Herceg Novi (prendre dir. Igalo, puis à gauche après la sortie d'Igalo)

Dégustez les crus locaux
Castel Savina

Dans son petit domaine non loin du monastère de Savina, la famille Obradović cultive un vignoble planté de cépages étrangers (merlot, cabernet, sauvignon, chardonnay, etc.) et locaux (žižak). Les vins produits (rouges, blancs et rosés) sont légers et parfaits pour l'été (13-25€ la bouteille). Vous pourrez les découvrir à l'occasion d'une visite guidée du domaine (35€/pers. avec dégustation de 3 vins, sur rés.) et dans plusieurs bars et restaurants de la ville, dont le Gradska Kafana (p.53) et la Konoba Feral (p.55).

Branka Ćopića 7d Meljine (1km environ à l'est du centre-ville) 069 04 20 22 ou 063 43 56 96 castelsavina.me Sur rés.

NOS ADRESSES

PAUSES

Décor angélique
Caffe Stari Grad

Un choix impressionnant de cocktails (3,50-9€) et d'appétissantes coupes de glaces (2,50-4€), dont se délecter sur la terrasse adossée à l'église de l'Archange Saint-Michel, sur la place Herceg Stjepana, la plus agréable d'Herceg Novi (p.44).

HERCEG NOVI (plan 2, B1 n°3) Trg Herceg Stjepana 031 324 901 Haute saison : tlj. 8h-1h

Petites faims et grandes soifs
Gradska Kafana ♥

Réminiscence de l'occupation austro-hongroise (19e s.), cet élégant café domine la mer, à l'orée du centre historique. On apprécie son atmosphère conviviale et la vue sur l'entrée des bouches de Kotor depuis l'ample terrasse. Idéal pour boire un café, faire une pause déjeuner (sandwichs 3,30-3,80€, salades 3-5,50€, et carte brasserie), siroter un cocktail ou un verre de vin à l'heure de l'apéritif.

HERCEG NOVI (plan 2, B1 n°2) Njegoševa 31 031 321 066 www.gradskakafana.me Tlj. 7h-0h

Glacé, sucré, salé
Caffe Do-Do

Une adresse tout indiquée pour les gourmands. Attablez-vous pour vous régaler d'une glace ou de l'un des nombreux gâteaux, dont le fameux *krempita* (2€), que vous trouverez un peu partout dans le pays (sorte de millefeuille garni de couches de crème pâtissière et de crème fouettée). Terrasse sur la promenade et intérieur cosy. Pour une petite faim, sandwichs et salades.

HERCEG NOVI (plan 2, B1 n°1) Šetalište Pet Danica 36 031 324 831 do-do-skver.business.site Tlj. 7h-0h

Longue vue
Verige 65

Sur le détroit de Verige (p.50), un restaurant à la décoration contemporaine

Place Nikole Đurkovića, Herceg Novi

et dont la spacieuse terrasse domine la mer... Recommandé pour une pause-café ou un cocktail (5 à 7€) tout en admirant le panorama de Perast. Essayez la longue-vue installée sur la terrasse, que chacun peut utiliser à sa guise : vous verrez la cité et ses jolis îlots comme si vous y étiez !

DÉTROIT DE VERIGE Kostanjica bb (18km au nord-est d'Herceg Novi, au bord de la M2/E65) 067 65 65 75 verige65.com Juin-sept. : tlj. 8h-1h ; oct.-mai : tlj. 8h-0h

RESTAURANTS

100% *healthy*
Peter's Pie & Coffee €

Topissime pour un repas équilibré avec, en bonus, une jolie terrasse au bord de l'eau... Yogis et adeptes de nourriture saine, les propriétaires ont composé une carte selon leur philosophie : tout est fait maison, y compris le pain, et végétarien ! Au choix, soupes, ragoûts de légumes, salades, tartes salées, tarte au citron meringuée, cheesecake aux fruits, etc. Prix ultra-doux : plats 3,50-5€, desserts 1-3,50€.

HERCEG NOVI (plan 2, B2 n°11) Šetalište Pet Danica 18A 067 148 180 https://peterspie.wordpress.com Tlj. 8h-17h

Fraîcheur et simplicité
Konoba Karača ♥€€

Franchissez la porte est de la vieille ville, près de la place Herceg Stjepana, et vous tomberez immédiatement

FAITES LE MARCHÉ
Envie de pique-niquer en bord de mer ? Profitez du marché d'Herceg Novi pour glaner vos victuailles : fruits, légumes, poissons, fromages... Notez toutefois que les étals sont plus foisonnants le samedi que les autres jours.
(plan 2, B1 n°20) Trg Nikole Đurkovića ⏲ Tlj. 7h-15h

sur cette adorable taverne ombragée, rafraîchie par la proximité de la source Karača. Le cadre est sans chichis, style nappes à carreaux rouges et blancs, et la cuisine à l'avenant affiche des prix très raisonnables : pâtes, moules et fritures de poissons (4€), salades, plats de viande ou de poisson (9-15€).

HERCEG NOVI (plan 2, B1 n°12) Karača bb 067 368 008 ⏲ Tlj. 7h-0h

Plaisirs iodés
Konoba Feral €€€

En retrait du port, ce restaurant est classé parmi les meilleurs du Monténégro. Rien de tape à l'œil pour autant sur la petite terrasse bordée de murs en pierre, ou dans la salle tendue de filets de pêche. La carte réjouira les amateurs de produits de la mer : poulpes, calmars grillés ou fourrés aux crevettes, poissons issus de la pêche locale, etc. Comptez 15-30€ pour une entrée et un plat. Service rapide.

HERCEG NOVI (plan 2, B1 n°10) Šetalište Pet Danica 47 031 322 232 ou 069 047 127 www.konobaferal.com ⏲ Tlj. 9h-0h

Plaisir complet
Konoba Trebesin ♥€€

Pour dénicher cette auberge, fiez-vous aux grands parasols de sa terrasse, visibles depuis la route, le jeu en vaut la chandelle ! Tout d'abord pour la vue extraordinaire sur la baie d'Herceg Novi. Ensuite pour la popote familiale, concoctée avec les fruits et légumes du jardin, et parfumée aux herbes du massif de l'Orjen. Enfin pour l'accueil chaleureux de Nevena. Menu 25€, vin compris. Pas de CB.

TREBESINJ (5km au nord-ouest d'Herceg Novi ; prendre la route du massif de l'Orjen, dir. Kameno et Kruševice ; le restaurant est sur la droite à l'entrée du hameau) 069 473 479 ou 069 799 679 Page FB ⏲ Tlj. midi et soir (sur rés. uniquement)

SORTIES

Sous les étoiles
Prostorija

À deux pas de la forteresse Forte Mare et du port, les DJ enflamment les soirées dans cette ruelle colonisée par la jeunesse de la ville. Très sympathique.

HERCEG NOVI (plan 2, B1 n°30) Stepeniste 28 Oktobar 13 069 286 766 Page FB

Pour traverser la nuit
Casa Igalo

Un club renommé dans le pays, couru pour ses soirées animées par des DJ de renom.

HERCEG NOVI (plan 2, A3 n°31) Obala Nikole Kovačevića 12 Igalo 069 103 200 Page FB

PERAST ★

Au nord des bouches de Kotor, Perast en est sans nul doute la cité la plus harmonieuse et la mieux préservée. Faisant face à deux îlots pleins de charme, le village étire ses palais baroques au pied de la colline Saint-Élie, et a su défendre sa position de havre de tranquillité en bannissant la voiture. L'idéal est d'y passer une nuit, quand la foule des visiteurs se dissipe, pour profiter d'un dîner au bord de l'eau, face à la silhouette du Lovćen paré de teintes chatoyantes par le soleil couchant. Grandiose !

ACCÈS ET INFOS

- Le village étant entièrement piéton, on doit laisser son véhicule sur l'un des deux parkings situés à chaque extrémité (0,50€/h, 2€/24h).

À VOIR

PERAST

Le développement économique, politique et culturel de Perast s'amorce en 1420, lorsque le territoire des bouches de Kotor est annexé par la République de Venise. Ce simple village de pêcheurs acquiert peu à peu une flotte de navires destinés au négoce et à la lutte contre les pirates, au point de vivre un âge d'or aux 17e et 18e s. : ses capitaines de commerce font alors élever la plupart des palais visibles aujourd'hui, avant que la chute de la Sérénissime, en 1797, ne referme cette parenthèse et drape la cité d'une douce nostalgie...

Promenade architecturale

De palais en palais

Leur riche architecture baroque (balustrades, volutes, ornementations...) rappelle la prospérité de Perast au tournant des 17e et 18e s. À l'ouest des quais, ne manquez pas le somptueux palais Bujović, qui abrite le musée de la ville, construit sur les plans de l'architecte italien Giovanni Maria Fontana. Il est suivi vers l'est par le palais Lučić-Kolović-Matikola, ravissant écrin du Palace Jelena (p.283). Empruntez les ruelles à l'arrière pour rejoindre le palais Zmajević, voisin du clocher octogonal de Notre-Dame-du-Rosaire (Crkva Gospe od Rožarija), adorable chapelle privée où repose Andrija Zmajević, commanditaire de cette noble demeure. En redescendant vers la mer, vous passerez devant le palais Smekja, le plus grand de la cité, édifié dans la pierre claire de l'île de Korčula (Croatie). Enfin, tout à l'est se dresse le palais Bronza, paré d'un charmant balcon à balustrade.

Demeure aristocratique, histoire populaire

Musée de la Ville / Muzej Grada Perasta 👍

Il vaut le détour tant pour l'aperçu magnifique qu'il livre du palais Bujović, que pour ses copieuses collections ethnographiques (18e-20e s.) exposées au rez-de-chaussée : objets usuels, armes, costumes traditionnels, mais aussi instruments de navigation et une maquette du dernier bateau de la flotte de

À NE PAS MANQUER

- Musée de la ville
- Église Notre-Dame-du-Rocher
- Mosaïques romaines de Risan
- Peintures rupestres de Lipci
- Plages de Donji Orahovac

Le village de Perast

Perast (l'*Adriana*, 20ᵉ s.). Au premier étage, un vaste et splendide salon de réception, pièce principale de la demeure, ouvre sur la terrasse. On y remarque plusieurs portraits, dont celui de Vicko Bujović, signé Tripo Kokolja, ainsi que du mobilier rapporté de lointains voyages (Chine, Japon). La visite s'achève au second étage, où l'on entre dans l'intimité de la famille : salon, bibliothèque, salle à manger...

Obala Kapetana Marka Martinovica bb 067 548 261 www.muzejperast.me Mars-mi-avr. : dim.-ven. 9h-15h ; mi-avr.-juin, sept.-oct. : tlj. 9h-18h ; juil.-août : tlj. 9h-20h ; nov.-fév. : lun.-ven. 9h-15h 2,50€

Monument hybride
Église Saint-Nicolas / Crkva Sv. Nikole

Dressé sur la place principale de Perast, son campanile du 17ᵉ s., le plus haut du Monténégro (55m), se repère de loin ! L'architecture complexe de l'édifice révèle deux églises construites à différentes époques et qui, de nos jours, n'en forment plus qu'une. La première date de 1616, tandis que la construction de la seconde démarra en 1740. Ce projet, mené par l'architecte vénitien Giuseppe Beati, fut interrompu par les guerres napoléoniennes en 1800 ; ainsi, seules l'abside et la sacristie furent achevées. L'intérieur recèle des peintures de Tripo Kokolja et un trésor regroupant des croix en argent, des calices, des icônes et des vêtements sacerdotaux des 16ᵉ-17ᵉ s.

Trg Sv. Nikole Jours et horaires d'ouverture variables

Marche sur l'eau
Église Notre-Dame-du-Rocher / Gospa od Škrpjela

Au large de Perast, cette gracieuse église en pierre blanche de Korčula occupe presque toute la surface d'un îlot artificiel, créé par l'accumulation d'épaves

Église Notre-Dame-du-Rocher

de bateaux et de pierres. Élevée sur les fondations d'une chapelle du 15e s., détruite par le séisme de 1667, elle date en grande partie de la fin du 17e s. Sa coupole bleue apporte une touche byzantine à son allure plutôt romane. Son intérieur d'une incroyable richesse lui a valu d'être surnommée la "chapelle Sixtine yougoslave" : 68 peintures de Tripo Kokolja ornent ses murs et plafonds ! Remarquable aussi, une frise rassemble plus de 2 000 tablettes en argent, qui sont autant d'ex-voto offerts par des marins. Enfin, dans le retable en marbre se dévoile l'icône de la Vierge (15e s.), due à l'artiste de Kotor, Lovro Dobričević. On rapporte que le sanctuaire fut imaginé en l'honneur de cette œuvre découverte en 1452 sur un rocher par un pêcheur. Une légende entretenue chaque été par la Fašinada, cf. Sensations fortes (p.58).

Musée Attenant à l'église, un charmant musée renferme des objets archéologiques, des tableaux votifs de bateaux, des portraits de capitaines de Perast, des fragments de pierres provenant de monuments (lapidarium), etc. L'œuvre la plus originale est visible à l'étage : une tapisserie représentant Notre-Dame-du-Rocher et l'enfant Jésus entourés d'anges, patiemment brodée pendant 25 ans par Jacinta Kunić-Milović, une Pénélope locale, alors qu'elle attendait le retour de son mari parti sur les mers. L'artiste, qui acheva son œuvre en 1828, utilisa des fils de soie, d'or et d'argent, mais aussi ses propres cheveux.

De Perast, des bateaux conduisent, à la demande et en 5min, sur l'île (principalement amarrés devant le musée, compter 5€ AR) Tlj. 9h-19h (17h en hiver) Entrée libre (musée 1€)

SENSATIONS FORTES

Pèlerinage unique et spectaculaire, la Fašinada commémore la découverte de l'icône miraculeuse de Notre-Dame-du-Rocher, le 22 juillet 1452, et la construction de l'église qui s'ensuivit. Au coucher du soleil, une procession de barques chargées de pierres quitte Perast et rejoint l'îlot, autour duquel les marins jettent leur cargaison pour le renforcer !

Tableau envoûtant

Île Saint-Georges / Ostrvo Sv. Đorđe

Plantée de cyprès ombrageant un cimetière et une église, cette île miniature distille une atmosphère plus secrète que sa voisine. Elle est inaccessible au public, mais on peut la voir d'assez près du rivage de l'île Notre-Dame-du-Rocher. Investie par l'abbaye bénédictine Saint-Georges, mentionnée pour la première fois en 1166, elle doit d'être surnommée "île aux morts" à son cimetière, qui fut utilisé jusqu'en 1866. De l'abbaye d'origine, mise à feu par des pirates en 1571 et rudement éprouvée par le tremblement de terre de 1667, il ne reste quasiment rien. L'église actuelle date du 17e s.

LA BAIE DE RISAN

Au plus profond des bouches de Kotor, la baie de Risan fut la première région habitée du golfe, comme l'attestent les peintures rupestres préhistoriques de Lipci. Après les Illyriens et les Grecs, les Romains s'implanteront sur ces terres convoitées jusqu'à la chute de l'Empire romain d'Occident en 476. Les mosaïques de la villa de Risan en témoignent avec beauté.

Tapis de pierres

Risan

Petite bourgade assoupie en bord de mer, traversée par la route littorale, Risan vaut néanmoins un arrêt pour ses mosaïques romaines. Faites également un détour par sa place centrale (Trg 21 Novembra) : de là, arpentez la rue Gabela qui remonte vers le nord-est, elle conserve un pavage en galets à jolis motifs, datant de l'occupation ottomane au 14e s.

Mosaïques romaines de Risan / Rimski mozaici

Les vestiges de cette villa romaine de la fin du 2e s. ap. J.-C. ont révélé de superbes mosaïques. Demandez à l'entrée le descriptif en français pour vous orienter dans la demeure qui, autour de son atrium central, se composait de sept pièces pour la famille et de trois pièces pour les serviteurs – celles-ci ne bénéficiant que d'un sol en terre battue... Au fil de l'ancien salon de réception, de la salle à manger et des chambres, vous admirerez d'élégants motifs : soleil levant (symbole de l'Empire romain), fleurs et animaux marins (à l'image de ces calmars dont les bras se terminent par des feuilles de vigne stylisées), figures géométriques... Le meilleur se découvre dans la chambre du maître : une mosaïque d'une grande finesse représentant Hypnos, dieu du sommeil, figuré sous la forme d'un jeune homme ailé allongé.

Risan (4km au nord de Perast), derrière l'église Saint-Pierre-et-Saint-Paul 032 371 233 ou 068 820 479 Début mai-mi-juin, mi-sept.-début nov. : tlj. 8h-17h ; mi-juin-mi-sept. : tlj. 8h-20h ; début nov.-mi-mai : tlj. 8h-15h 3€

Fantômes du passé

Peintures rupestres de Lipci

Malgré les panneaux routiers qui indiquent "grotte de Lipci", ne vous attendez pas à explorer une grotte. Le site, que l'on atteint après une dizaine de minutes de marche (route goudronnée, puis sentier), est confidentiel. Arrivé au pied des falaises, repérez un bosquet de figuiers, suivi immédiatement d'un abri sous-roche. Levez les yeux : vous découvrirez d'émouvantes silhouettes ocre de cerfs, semblables à des dessins d'enfants, peintes sur la paroi au 8e s. av. J.-C. et étonnamment bien conservées !

Lipci (5km à l'ouest de Perast ; immédiatement avant le rond-point à l'entrée de Lipci, en venant de Risan, repérer une grande maison blanche, se garer en face et emprunter la petite route goudronnée qui remonte derrière elle vers le nord, puis suivre le fléchage "Lipci") Tlj. Entrée libre

Figure préhistorique de Lipci

À FAIRE

Profitez de la plage

Plages de Donji Orahovac

À Perast, vous trouverez surtout des quais aménagés pour la baignade. Si vous recherchez une plage, n'hésitez pas à faire quelques kilomètres à l'est de Perast, jusqu'à Donji Orahovac. Cet ancien village de pêcheurs se résume aujourd'hui à quelques villas de caractère, bars et hôtels de charme alignés en bord de mer. Une succession de petites plages de graviers aux eaux claires, considérées comme les plus séduisantes des parages, invitent à piquer une tête.

6km à l'est de Perast

Plage de Morinj / Plaža Morinj

Cette petite anse de graviers, à la sortie de Morinj, est l'une des rares plages du secteur. Appréciée des familles (donc très fréquentée le week-end et en été), baignée d'eaux transparentes, elle offre une jolie vue sur la baie de Risan.

9km à l'ouest de Perast

NOS ADRESSES

PAUSES

Un cocktail et à l'eau

Pirates Bar

Une terrasse idéale pour siroter un cocktail (5-7€) en contemplant les îles. Ce bar est aussi l'un des endroits les plus agréables de Perast pour une baignade. Ici, pas de plage, mais un quai avec une échelle pour se mettre à l'eau. On peut tout simplement y poser sa serviette ou louer un transat (10€/j. pour 2 pers.).

PERAST À l'entrée ouest de Perast Page FB Mai-sept. : tlj. 10h-22h

Pause sandwich

Tramontana

Posé à fleur d'eau et offrant une jolie vue sur la baie de Risan, ce bar-restaurant sert de succulents sandwichs (5€). Testez le "Montenegro", garni de jambon, fromage et salade. Dommage que la musique soit parfois assourdissante, même en pleine journée ! À la carte, une cuisine d'influence italienne (salades, pizzas, quelques plats). DJ set certains soirs.

MORINJ 9km à l'ouest de Perast 068 737 737 En été : tlj. ; le reste de l'année jours et horaires variables

RESTAURANTS

Bercé par les vagues

Konoba Otok Bronza ♥€€

Une honnête taverne, dans la partie la plus paisible de Perast. On profite des quelques tables installées sur le quai pour déguster un bon poisson grillé (denti, loup, dorade, etc.) ou un risotto, en écoutant le clapotis des vagues. Comptez 15-25€ pour une entrée et un plat.

PERAST Obala Kapetana Marka Martinovića bb (à l'extrémité est du village) 068 300 549 Avr.-fin nov. : tlj. 10h-23h

Pizza ou poisson

Restaurant Palace Jelena €€€

Le restaurant de cet hôtel (p.283) sert une bonne cuisine traditionnelle (risottos, poissons, calmars, plats de viande), mais aussi, et à moindre coût, des pizzas (4,90-8€) et un choix attrayant de salades (6,50-14,50€), à savourer sur une petite terrasse les pieds dans l'eau. Comptez de 16 à 33€ pour une entrée et un plat.

PERAST Obala Kapetana Marka Martinovića bb 032 373 549 ou 067 255 668 palacejelena-perast.com Haute saison : tlj. 8h-22h ; basse saison : tlj. 8h-21h

Vue sur la baie

Restaurant de l'hôtel Conte €€€

En été, les places sont chères sur sa vaste terrasse de bord de mer. Les soirées y filent en douceur à contempler les lumières des villages de la baie de Kotor. Ajoutez à cela une cuisine raffinée et originale, qui fait la part belle aux saveurs iodées (sole aux amandes, poulpe au miel et aux noix…), et vous comprendrez l'attrait de cette table. Judicieuse carte des vins. Entrée et plat 20-40€.

PERAST Obala Kapetana Marka Martinovića bb 032 373 687 ou 067 257 387 www.hotelconte.me Haute saison : tlj. 9h-23h ; basse saison : tlj. 9h-21h Fermé 15 jours, en nov. ou en déc.

Au-dessus du lot

Konoba Ćatovića Mlini ♥€€€

Une merveille que ce moulin en pierre du 19e s. reconverti en auberge haut de gamme. Dans son luxuriant jardin, les heures s'écoulent paisiblement, autour de mets goûteux, concoctés selon des recettes traditionnelles revisitées : filet de bar sur riz noir et sauce à la truffe blanche, risotto aux crevettes et au safran… L'une des meilleures tables du Monténégro ! Belle carte des vins. Entrée et plat 28-64€.

MORINJ (9km à l'est de Perast, à la sortie de Morinj, suivre les panneaux) 032 373 030 www.catovica-mlini.com Avr.-sept. : tlj. 11h-23h ; oct.-mars : tlj. 12h-21h

KOTOR ★

Avec Dubrovnik, cette cité médiévale très préservée s'impose comme une "perle" de l'Adriatique. D'ailleurs, les énormes paquebots qui croisent sur la côte dalmate font ensuite étape à Kotor. Une telle affluence dénature malheureusement la ville... Visitez-la tôt le matin ou en soirée, vous savourerez d'autant mieux le lacis de ses venelles ponctuées de placettes et de palais, sa somptueuse cathédrale et ses remparts partant à l'assaut du mont Saint-Jean !

ACCÈS ET INFOS

- Vous trouverez plusieurs parkings payants aux abords de la vieille ville, le plus proche étant situé en face de la porte de la Mer, et un parking gratuit dans la rue Njegoševa, au sud (10 à 15min à pied).

À VOIR

LA VIEILLE VILLE (STARI GRAD)

Dès le Moyen Âge, ce port naturel tire profit de sa situation au carrefour des bouches de Kotor et d'une voie caravanière qui le relie à des mines d'argent, de plomb et de cuivre à l'intérieur des terres. Prospère, la cité compte de nombreux joailliers, forgerons, maçons, maîtres-armuriers... ainsi que des peintres réputés, dont le célèbre Lovro Dobričević (1415-1478), des poètes, et même la première école de grammaire du pays. Aux 17e-18e s., les activités maritimes florissantes entraînent un nouvel âge d'or, et les familles enrichies font élever de somptueux palais. Cette prospérité prendra fin au 19e s. avec l'avènement de la navigation à vapeur. Reste un patrimoine d'exception, qui vaut à Kotor d'être inscrite sur la liste du Patrimoine mondial de l'Unesco depuis 1979, et d'être la première destination touristique du pays.

Trou de souris

Porte de la Mer / Morska vrata (plan 3, A3)

Étroite ouverture dans les remparts face au front de mer (*riva*), elle constitue l'entrée principale de la ville close. Édifiée en 1555 dans un style Renaissance, elle abrite (à droite de l'entrée) un bas-relief gothique du 15e s., où figure la Vierge à l'Enfant entourée de saint Tryphon, patron de la ville (à droite), et de saint Bernard (à gauche). En la franchissant, vous accéderez à la place d'Armes.

Scène architecturale

Place d'Armes / Trg od Oružja (plan 3, A3)

Envahie par la foule, la place la plus vaste de Kotor aligne de superbes demeures. À l'ouest s'élèvent une tour de guet massive et le palais du Recteur (18e s.), bâtiment long de 60m où siégeait le gouvernement sous la République de Venise (1420-1797). Côté nord se dresse l'ancien théâtre Napoléon, aménagé en 1810 sous l'occupation française et remanié au début du 20e s. dans un style néo-Renaissance. Au sud, à l'angle de la ruelle qui mène vers la place

Sur la place d'Armes

À NE PAS MANQUER

- Cathédrale Saint-Tryphon
- Palais Drago
- Musée maritime
- Remparts et forteresse Saint-Jean de Kotor
- Prčanj
- La Serpentine

de la Farine, admirez le palais baroque Bizanti (15e-17e s.) et, plus haut dans la rue, le palais Beskuća (15e-18e s.), au tympan gothique ouvragé.

DRÔLE D'AFFAIRE
Dominant la place d'Armes, la tour de l'Horloge (1602) est l'un des symboles de la ville. Le tremblement de terre de 1667 la fit pencher vers l'ouest et, redressée, elle reprit la même inclination après le séisme de 1979 ! Remarquez, à ses pieds, le pilori de la honte, curieuse pyramide de pierre sur laquelle on exposait les malfaiteurs à la vindicte du public.

Antre minéral

Place de la Farine / Trg od Brašna (plan 3, A2)
Bien plus intime que sa voisine, elle se distingue également par ses nobles architectures. À l'ouest trône le palais des Buća, l'une des familles les plus influentes de la ville au Moyen Âge. Il ne reste quasiment plus rien de la demeure gothique d'origine érigée au 14e s. Détruite par le séisme de 1667, elle fut reconstruite dans un style plutôt sobre. En face, le palais de la famille Pima (17e s.), qui compta de nombreux poètes, mêle les styles Renaissance et baroque (balustres, balcon en fer forgé ouvragé, consoles à volutes...).

Chef-d'œuvre roman

Cathédrale Saint-Tryphon / Katedrala Sv. Tripuna (plan 3, A2)
Ses deux clochers se détachant des montagnes résument son intemporelle beauté... Érigée en 1166, cette basilique romane a toutefois été remaniée à plusieurs reprises, notamment après le cataclysme de 1667. À l'extérieur, notez la finesse de la rosace gothique au-dessus de la terrasse, l'arc ciselé du

Plan 3
MONT SAINT-JEAN
Échelle de Cattaro
RUINES DE ŠPILJARI
CHÂTEAU SAINT-JEAN (TRDAVA SVETI IVAN)
REMPARTS ET FORTERESSE SAINT-JEAN DE KOTOR
NOTRE-DAME-DE-LA-SANTÉ
REMPARTS ET FORTERESSE SAINT-JEAN DE KOTOR
PORTE NORD
ÉGLISE SAINTE-MARIE-DE-LA-RIVIÈRE
Ulica 2 (Sjever-jug)
ÉGLISE SAINT-LUC
MUSÉE MARITIME
DOBROTA
PALAIS DRAGO
CATHÉDRALE SAINT-TRYPHON
BASTION VALIER
ÉGLISE SAINT-NICOLAS
FONTAINE KARAMPANA
PLACE DE LA FARINE
TOUR DE L'HORLOGE
PALAIS BESKUĆA
MARCHÉ (GRADSKA PIJACA)
ANCIEN THÉÂTRE NAPOLÉON
PALAIS DU RECTEUR
PLACE D'ARMES
PORTE DE LA MER
PORTE SUD
PORT DE KOTOR
E65
DUCKLEY ART CENTER
Njegoševa
BOUCHES DE KOTOR
N
100 m
1
2
3
4
A
B

Restaurants (n°1 et 2)
1 Bastion - p.72 .... A2
2 Galion - p.72.................. B3
Shopping (n°10)
10 Marché - p.73 .... A3-B3
Sorties (n°20 et 21)
20 Bokun - p.73.................. A2
21 Maximus - p.73............... A3
Hébergements (n°30 et 31)
30 Hostel Old Town - p.283..... B2
31 Hotel Astoria - p.284 .... A2
RENDEZ-VOUS AVEC...
Les adresses de Katie Squires et Tim Layton
Restaurant
B Cesarica - p.42.................C1
Sortie
C Bandiera - p.42 .... C2

porche et la légère dissymétrie des clochers (hauts de 33m à gauche, 35m à droite). À l'intérieur, le ciborium est gage d'émerveillement : protégeant le maître-autel, ce superbe dais de pierre, dont les quatre colonnes soutiennent une couronne à trois niveaux, fut construit en 1362 dans un style romano-gothique. Admirez sa frise très travaillée, où sont représentées des scènes de la vie de saint Tryphon. À l'arrière, le précieux retable en argent doré du 15e s., où figurent des silhouettes de saints en relief, est l'œuvre de joailliers de Kotor. **Musée d'Art sacré** On y accède par un escalier monumental s'ouvrant à côté des magnifiques fonts baptismaux (ornés de paons s'abreuvant dans un calice). Le trésor de la cathédrale recèle de précieux objets de culte (calices, reliquaires, croix, vêtements sacerdotaux) ainsi que des peintures d'artistes italiens, comme Jacopo Bassano (1510-1592), et locaux (Lovro Dobričević et Tripo Kolkoja). Le musée donne également accès à la terrasse située entre les deux clochers, d'où l'on profite d'une autre vue sur la place.

Trg Sv. Tripuna ⌚ Tlj. 9h-19h (messe dim. 10h-11h, interdit à la visite) € 2,50€

La famille des dragons

Palais Drago / Palata Drago (plan 3, A2)

Voisin de la cathédrale, c'est l'un des plus somptueux palais (14e-17e s.) de Kotor. Faufilez-vous dans la ruelle qui passe sous un porche voûté pour contempler sa façade nord, la plus ancienne (15e s.) et la plus belle avec ses baies gothiques jumelées finement ouvragées. Orientée vers la place, la façade

Les toits de tuiles de Kotor

KOTOR, BOUCHES BÉES

Avec leurs eaux calmes cernées par de hauts reliefs, s'enfonçant sur une trentaine de kilomètres à l'intérieur des terres, les somptueuses bouches de Kotor sont souvent comparées à un fjord. C'est la Norvège sous le soleil méditerranéen ! Pourtant, cette comparaison est fautive, car si un fjord résulte du lent travail des glaciers, la formation des bouches découle de la conquête par la mer d'un canyon creusé par une ancienne rivière. Séparées du grand large par la presqu'île de Prevlaka au nord-ouest (sur le territoire de la Croatie) et celle de Luštica au sud-est (côté Monténégro), les bouches de Kotor, que les Monténégrins désignent sous le nom de Boka Kotorska, enserrent en réalité plusieurs baies communiquant par le mince détroit de Verige. Celles d'Herceg Novi et de Tivat à l'est, et celles de Risan et Kotor, à l'ouest, toutes les quatre dessinant les contours d'un papillon. Voilà bien l'une des plus belles baies du monde…

Les bouches et le détroit de Verige vus des hauteurs de Risan

BON À SAVOIR
Sachez que vous pouvez suivre une visite guidée en français de la vieille ville de Kotor, possibilité assez rare au Monténégro. Contactez l'office de tourisme (p.273) qui vous mettra en relation avec un guide (env. 50€/h). Votre visite n'en sera que plus intéressante.

sud, remaniée au 17e s. dans un style Renaissance et baroque, est plus sobre. Amusez-vous à chercher les dragons sculptés (sur les portails, les fenêtres...), emblème héraldique de la famille Drago. Le bâtiment abrite aujourd'hui un institut dédié à la protection des monuments culturels.

Trg Sv. Tripuna ⌚ Ne se visite pas

Traversée historique
Musée maritime / Pomorski muzej 👍 (plan 3, A2)

Sur une place cernée par de belles demeures bourgeoises (17e-19e s.), ce musée occupe un édifice de choix : le palais baroque de la famille Grgurina (18e s.). Au fil d'une dizaine de salles, il retrace la vie maritime des bouches de Kotor du 17e au 19e s., à grand renfort d'admirables maquettes de bateaux, instruments de navigation, cartes anciennes, portraits de capitaines célèbres, tableaux de scènes en mer... Quelques salles sont aussi consacrées au quotidien dans les bouches de Kotor, en particulier deux salons (19e s.) reconstitués avec le mobilier de deux familles influentes de Risan et de Prčanj, et un espace ethnographique (costumes folkloriques, bijoux et objets usuels). Profitez des commentaires instructifs de l'audioguide.

Trg Bokeljske Mornarice 391 ☎ 032 304 720 www.museummaritimum.com ⌚ Mi-avr.-juin, sept.-mi-oct. : lun.-sam. 8h-18h, dim. et j. fér. 9h-13h ; juil.-août : lun.-sam. 8h-23h, dim. et j. fér. 10h-16h ; mi-oct.-mi-avr. : lun.-sam. 9h-17h, dim. et j. fér. 9h-12h € 4€

Source précieuse
Fontaine Karampana (plan 3, A2)

Entourée de balustrades en fer forgé remarquablement travaillées, cette noble fontaine parachève une ravissante placette. Aménagée au 17e s., elle fut longtemps l'unique source d'eau douce de la ville.

Pjaceta Karampana

Repaire d'icônes
Église Saint-Luc / Crkva Sv. Luke (plan 3, A2)

Bâtie en 1195, cette modeste église romane à nef unique est dédiée à Luc, saint connu, selon la tradition, comme le protecteur des peintres et auquel on attribue les premières représentations de la Vierge. Ce n'est sans doute pas un hasard si l'on peut admirer ici deux remarquables iconostases du 17e s. : la principale est l'œuvre du maître local Dimitrije Dascal, et celle de la chapelle Saint-Spyridon a été réalisée par un artiste de l'école italo-crétoise. Au sol, on remarque des pierres tombales : ce sont celles de citoyens de Kotor qui, jusque dans les années 1930, étaient enterrés dans les églises.

Trg Sv. Luke ⌚ Mai-oct. : tlj. 8h-22h ; nov.-avr. : tlj. 8h-20h € 1€

Belle harmonie

Église Saint-Nicolas / Crkva Sv. Nikole (plan 3, A2)

Face à l'église Saint-Luc, cette église orthodoxe ne fut élevée qu'au début du 20e s. Sa nef unique recèle une belle iconostase de 1908. Son trésor est visible dans un bâtiment attenant : icônes (15e-19e s.), objets liturgiques en or et en argent, vêtements sacerdotaux...

Trg Sv. Luke ⌚ Mai-oct. : tlj. 8h-22h ; nov.-avr. : tlj. 8h-20h € 1€

Sainte locale

Église Sainte-Marie-de-la-Rivière / Crkva Sv. Marije Koledjate (plan 3, A2)

Sur une place délimitée au nord par les remparts, cette église romane du 13e s. s'ouvre par une belle porte en bronze sculptée, œuvre d'un artiste local, Vasco Lipovac, dont les scènes représentent la vie de sainte Osanna. Cette bergère (1493-1565), éduquée dans la foi orthodoxe puis convertie au catholicisme, passa 44 ans de sa vie recluse dans une cellule, où elle s'adonna à la broderie afin de collecter de l'argent pour les pauvres. Ses reliques sont conservées dans l'édifice, lequel préserve également des fragments de fresques du 14e s.

Trg 21 Novembra ⌚ Jours et horaires d'ouverture variables

Panorama plongeant sur la vieille ville et la baie

Remparts et forteresse Saint-Jean de Kotor / Bedemi i Tvrđava Kotora (plan 3, B1)

Maçonnés entre le 9e et le 19e s, les remparts enserrent la vieille ville avant de serpenter sur le mont Saint-Jean : une enceinte continue longue de 4,5km, large de 2 à 16m, et haute de 20m à certains endroits ! La promenade traditionnelle consiste à monter jusqu'au château Saint-Jean (Tvrdjava Sv. Ivan). Armez-vous de courage si vous vous lancez à l'assaut de ces ruines (9e-20e s.), juchées à 260m d'altitude : le sentier compte 1 350 marches (1h30 AR). À faire le matin tôt ou le soir, avec une bonne quantité d'eau, car l'ombre est rare et la pente abrupte ! En chemin, vous croiserez l'église Notre-Dame-de-la-Santé (17e s.). Sachez que les remparts abritent une espèce d'escargot endémique nommé *Clausilia catharensis*. Voir aussi Rendez-vous avec... (p.43).

Prendre, à l'arrière de l'église Sainte-Marie-de-la-Rivière (vers l'est), la ruelle pentue qui mène à l'accès aux remparts ⌚ Mi-avr.-fin oct. : tlj. 8h-20h € 8€ (fin oct.-mi-avr. entrée libre)

Église Saint-Luc (p.67)

Yachts et… paquebots

Port de Kotor / Luka Kotor (plan 3, B2-B3)

À l'orée du centre ancien, le port de plaisance de Kotor accueille yachts et voiliers, mais aussi les énormes paquebots qui, chaque jour en haute saison, déversent leur flot de passagers dans la cité. Les curieux trouveront sur le site Internet du port l'agenda des arrivées et les caractéristiques des navires.

Park Slobode 1 📱 032 325 573 www.portofkotor.co.me

À la pointe de l'art d'aujourd'hui

Dukley Art Center Kotor (plan 3, B3)

Ce centre d'art contemporain détonne à Kotor. À l'écart de la vieille ville, l'institution a investi l'ancien siège de l'une des plus prestigieuses compagnies maritimes de l'ex-Yougoslavie, la Jugooceanija, dont elle porte le nom. Ne vous laissez pas impressionner par son aspect austère un brin désaffecté : le centre présente des expositions d'art contemporain de haute volée, de créateurs monténégrins et internationaux parfois accueillis en résidence. Il est géré par la Dukley European Art Community, fondée en 2014 par Marat Guelman, galeriste moscovite influent.

Ulica Njegoševa 166 (à la sortie ouest de la ville, dir. Tivat) 📱 Page FB 🕒 Lun. 14h-20h, mar.-dim. 9h-20h € Entrée libre

LES ENVIRONS DE KOTOR

Gloire fanée

Dobrota

Sur 7km, cette localité sans grand cachet s'étend en bord de mer sur la rive est de la baie. Elle a vécu ses heures de gloire du 17e au 19e s., comptant alors la plus grande flotte des bouches de Kotor, forte d'environ 250 navires. Ses riches familles y firent construire de belles résidences, mises à mal par le séisme de 1979 et en cours de restauration pour certaines. La plupart des églises de Dobrota arborent le style baroque, la plus réputée étant l'église Saint-Eustache (Crkva Sv. Eustahija), un monument massif du 18e s. Remarquez l'ange de plus de 2m de hauteur au sommet du clocher (19e s.) et, à travers la porte vitrée, l'intérieur richement orné (peintures, sculptures, autels en marbre…).

2km au nord de Kotor

Escale de charme

Prčanj 👍

À la hauteur de Muo, sur la rive ouest de la baie de Kotor, la route littorale, qui contourne la presqu'île du Vrmac, devient très étroite, et la circulation n'y est pas toujours aisée. Ne renoncez pas pour autant à aller jusqu'à Prčanj, l'un des plus beaux villages de bord de mer des alentours de Kotor. L'enfilade de ses belles demeures en pierre blanche, enjolivées de balcons à balustrades, rappelle son glorieux passé maritime au 18e s. Pontons, micro-plages de graviers et tavernes tranquilles ajoutent au charme du lieu.

5km au nord-ouest de Kotor

Prčanj dans la lumière hivernale

Palais des Trois Sœurs / Palata Tre Sorelle

À l'entrée du village sur la gauche en venant de Kotor, ce curieux édifice du 15e s. est aujourd'hui à l'abandon. Pour expliquer son architecture inhabituelle – trois maisons accolées –, on raconte (légende ou réalité ?) que trois sœurs fortunées, amoureuses du même capitaine de marine, y vécurent séparées. Toutes périrent sans avoir pu conquérir le cœur de leur bien-aimé...

Église de la Naissance-de-la-Bienheureuse-Vierge-Marie / Crkva Rođenja Blažene Djevice Marije

L'une des plus grandes églises de la côte adriatique surprend par ses proportions dans la petite localité de Prčanj, mais atteste la prospérité du village à l'époque de sa construction. Commencé en 1789, l'édifice, auquel on accède par un escalier monumental, n'a toutefois été achevé qu'en 1908, pour des raisons économiques. À l'intérieur, on découvre de très belles œuvres, telles que *Le Sacrifice de Manoah*, un tableau d'une grande douceur peint par l'Italien Antonio Balestra vers 1710, ou encore les fresques représentant *Le Baptême dans le Jourdain* (1923), signées de Milo Milunović. De notables sculptures également, comme la Pietà d'Ivan Meštrović, artiste d'origine croate (1883-1962).

🕒 **Jours et horaires d'ouverture variables**

BON À SAVOIR

Les tavernes toutes simples du front de mer de Prčanj, comme la Konoba Bokeški Gušti ou la Konoba Vila Marija, sont idéales pour boire un verre en contemplant la baie, ou pour se restaurer d'un poisson, de calmars grillés ou encore d'un risotto.

Le village aux camélias

Stoliv

Par la route côtière, vous parviendrez à Donji Stoliv (Stoliv-le-Bas), zone la plus récente du village, bâtie au bord de l'eau. La partie la plus ancienne,

Gornji Stoliv (Stoliv-le-Haut), se niche à 240m d'altitude, au cœur des bosquets de noisetiers. Elle ne compte plus que 15 habitants et ses maisons ont conservé leur architecture rurale. Le lieu est réputé pour ses camélias, qui s'y épanouissent à foison.

9,5km au nord-ouest de Kotor

La route qui fait tourner les têtes

La Serpentine

L'une des plus belles routes du Monténégro ! Tracée en 1879, à l'époque austro-hongroise, pour relier Kotor à Cetinje, elle enchaîne pas moins de 25 virages en épingle à cheveux offrant des vues saisissantes sur les bouches de Kotor et l'Adriatique. Arrivé au col de Krstac (après 20km), deux options : soit rejoindre Njeguši (p.142) à gauche, soit emprunter à droite la petite route qui traverse le parc national du Lovćen (p.140), magnifique elle aussi.

Du centre de Kotor, prendre dir. Tivat, puis tourner à gauche après le cimetière et suivre dir. Cetinje (conduite prudente requise, le croisement de deux voitures est parfois difficile)

À FAIRE

Explorez la baie en voilier, en kayak, à vélo...

Yacht Monty B

Embarquez sur le joli ketch (13,50m) de Katie et Tim, cf. Rendez-vous avec... (p.42), qui vous transmettront leurs connaissances et leur amour pour leur pays d'adoption, au cours d'une croisière d'une journée dans la baie de Kotor, partagée entre découverte, navigation et baignade. C'est bel et bien de la mer, avec une vue à 360° sur les sommets, que les bouches sont les plus spectaculaires ! Comptez de 95 à 115€/pers., repas inclus.

Kotor 067 859 309 www.montenegro4sail.com

Kotor Bay Tours

Ce prestataire, basé à Dobrota, propose une belle palette d'activités, guidées pour la plupart : tour de la baie en kayak (3h, 35€/pers.), en bateau (3h30, 220€ pour 6 pers.), à vélo (de 4 à 5h, 70€/pers.), randonnée au départ de Kotor (3h, 50€/pers.) et formule combinée : bateau, kayak, vélo (4h env., 60€/pers.). Location de vélo (20-25€/j.), kayak (16-20€/2h), bateau (80€/h pour 8 pers. max.).

Park Slobode 255 Dobrota (2km au nord de Kotor) 069 15 20 15 www.kotorbaytours.com

Montenegro Golden Bay

Ce tour-opérateur installé dans la vieille ville programme des balades en bateau à moteur dans la baie de Kotor, ainsi que des excursions plus ou moins lointaines (parcs nationaux du Lovćen, du Durmitor et du lac de Skadar, monastère d'Ostrog, etc.), du rafting sur la rivière Tara ou encore du canyoning dans le Nevidio.

Stari Grad 513 Kotor (près de l'église Sainte-Marie-de-la-Rivière) 032 328 739 ou 067 333 139 www.goldenbaytours.me

Adventure Montenegro

Un large panel d'activités : visites guidées de Kotor, découverte couplée de Kotor et Perast, sorties en kayak et promenades en bateau dans la baie, exploration de la grotte Bleue, randonnée dans le parc national du Lovćen, rafting sur la rivière Tara, séjours à thème au Monténégro, etc.

Pl d'Armes Kotor 067 227 315 ou 069 049 733 www.adventuremontenegro.com

NOS ADRESSES

RESTAURANTS

Plaisirs iodés

Bastion €€€

Au nord de la ville close, cette table est appréciée pour sa cuisine de la mer, dont de fameuses spécialités : les calmars fourrés aux gambas, les filets de sériole et le poisson à la sauce aux langoustines... À déguster sur la jolie place derrière l'église Sainte-Marie-de-la-Rivière, ou dans la salle classique aux murs en pierre. Entrée et plat 20-30€.

KOTOR (plan 3, A2 n°1) Trg od Drva 032 322 116 ou 068 517 460 restoranbastion.com Tlj. 10h-23h

100% mer

Konoba Portun €€€

La petite terrasse les pieds dans l'eau, avec vue sur la baie, est parfaite pour se régaler de produits de la mer : salade de poulpe, crevettes grillées ou à la *buzzara* (sauce dalmate à base de tomate, vin blanc, ail et persil), risotto aux fruits de mer, poissons... Comptez 15-30€ pour une entrée et un plat. Réservation conseillée.

KOTOR Donji put Dobrota (1km env. au nord du centre-ville) 068 086 101 Page FB Tlj. 10h-22h

Havre raffiné

Galion ♥€€€

Loin de la frénésie ambiante, la terrasse aérée du Galion embrasse le port, la vieille ville et ses remparts qui se hissent sur le mont Saint-Jean. La cuisine, inventive et raffinée, réjouira également les esthètes : terrine de poulpe au fenouil, carpaccio de bœuf en croûte d'herbes, crevettes pochées, taboulé et avocat... Sans oublier une belle carte des vins et un accueil très aimable. Entrée et plat 20-40€.

KOTOR (plan 3, B3 n°2) Šunranj bb 032 325 054 www.galion.me Tlj. 12h-23h

Olives sur le marché de Kotor

Mets et panorama à l'unisson

Restaurant de l'hôtel Forza Mare €€€

Crevettes sauce citron, risotto au homard, canard rôti aux figues séchées et au vin, steak de thon à la

RENDEZ-VOUS DU TERROIR
Adossé aux remparts près de la porte de la Mer, et abrité sous des arcades en pierre, le **marché de Kotor** regorge de belles denrées vendues en direct par de petits producteurs venant parfois de loin : fruits frais ou secs, légumes, olives, fromages et jambon fumé de Njeguši, carpes fumées du lac Skadar, miel de montagne... Une belle expérience locale !
Gradska Pijaca (plan 3, A3-B3 n°10) Front de mer ⌚ Tlj. 7h-19h

crème d'asperges... Le cadre élégant participe aussi à cette expérience gustative délicate et recherchée : dans la belle salle colorée cernée de baies, ou sur la terrasse, le panorama de la baie est envoûtant. Impressionnante carte des vins et grand choix de cocktails (10€). Entrée et plat 25-50€.
KOTOR Kriva bb Dobrota (2km au nord du centre-ville) 032 333 500 www.forzamare.com ⌚ Début avr.-début oct. : tlj. 7h-23h

Romance garantie
Stari Mlini €€€
L'une des têtes d'affiche parmi les restaurants du Monténégro. Dans le cadre arboré et romantique à souhait d'un ancien moulin du 18e s., la cuisine haut de gamme met la mer à l'honneur. Carpaccio de poulpe, dorade sauce blanche, seiche farcie à la polenta... comptent parmi les spécialités du chef. Joli choix de vins. Entrée et plat 25-40€.
KOTOR Ljuta bb Dobrota (7km env. au nord du centre-ville) 032 333 555 starimlini.com ⌚ Tlj. 12h-23h

Voir aussi **Cesarica** (p.42).

SORTIES

Faites vos jeux
Casino Pasha
Machine à sous, black jack, poker russe, roulette électronique, etc.
KOTOR Put Prvoboraca 130 Škaljari (à la sortie sud de la ville, dir. Tivat) 068 588 255 casinopasha.me

DJ de renom
Maximus
Une boîte de nuit très cotée, où se produisent des DJ du monde entier, dont certains aussi réputés que Bob Sinclar, Martin Solveig ou David Guetta, ainsi que des artistes régionaux. Tarif d'entrée variable selon les soirées, de 0 à 8€.
KOTOR (plan 3, A3 n°21) Trg od Oruzja 232 (derrière le théâtre Napoléon) 067 217 101 Page FB ⌚ Juil.-août : tlj. 23h-5h ; oct.-juin : ven.-sam. 23h-5h Fermé sept. et 2e quinz. de jan.

Petites pauses, grandes nuits
Bokun
La terrasse de ce bar à vins est installée sur une charmante placette entre l'église Saint-Luc et l'église Sainte-Marie. Verres de vin autour de 2,50€. Également des sandwichs et des pizzas (6-7€). Concerts live très fréquents, surtout en été.
KOTOR (plan 3, A2 n°20) Stari Grad 069 290 019 Page FB ⌚ Jours et horaires d'ouverture variables

Voir aussi **Bandiera** (p.42).

TIVAT

Bénéficiant de la proximité d'un aéroport international, Tivat ne constitue cependant pas la partie la plus séduisante des bouches de Kotor, en particulier son Porto Montenegro, enclave réservée aux yachts les plus clinquants... Après une promenade sur le front de mer et la visite de l'intéressant musée naval, prenez vite la clé des champs dans la presqu'île de Luštica, son charme sauvage est étonnant !

ACCÈS

- Si le stationnement est gratuit (sauf à Porto Montenegro), il n'est pas aisé, surtout le soir. Vous aurez plus de chances au nord du centre-ville, autour du parc municipal (Gradski park).

À VOIR

TIVAT

Rapide à parcourir, le centre de Tivat s'organise autour de quelques rues et avenues. Côté mer, du nord au sud, il est bordé par Porto Montenegro, la promenade Pine et la plage.

Villégiature culturelle

Musée et galerie Buća-Luković / Muzej i galerija Buća-Luković (plan 4, B2)

L'ancienne résidence d'été de la famille Buća de Kotor, édifiée au 16e s., a largement perdu de son lustre d'antan. Elle fait aujourd'hui office de lieu culturel. On y pénètre par une salle consacrée à des expositions de peintres monténégrins contemporains, avant de passer dans l'ancien jardin où se dresse l'adorable chapelle Saint-Michel (Kapela Sv. Mihovila), pourvue d'un bel autel en marbre. À côté de la chapelle, une scène accueille des manifestations en été. En face, la tour en pierre, qui abrite un petit espace ethnographique (costumes traditionnels et mobilier du 19e s.), est la partie la plus ancienne du palais (1548).

Trg od Kulture ☎ 032 674 587 www.czktivat.me ⌚ Lun.-ven. 9h-14h et 18h-22h, sam.-dim. 18h-22h € Entrée libre

Dons de la nature

Jardin public / Gradski park (plan 4, B1)

Un agréable poumon vert dans le nord de la ville, peuplé de grands arbres, notamment de plusieurs espèces de pins. Ce parc, créé à la fin du 19e s., s'est enrichi au fil du temps d'essences exotiques rapportées par les marins de leurs expéditions lointaines. À présent, ce sont les habitants de Tivat qui complètent la collection. La ville a en effet lancé, en 2006, une action baptisée "Votre arbre dans notre parc" : chacun peut, à l'occasion d'un évènement particulier (naissance, mariage, obtention d'un diplôme...), faire don d'un arbre qui y sera planté.

Istarška ⌚ 24h/24 € Entrée libre

À NE PAS MANQUER

- Bateau-école *Jadran*
- Musée de la Collection navale
- Gornja Lastva
- Presqu'île de Luštica
- Bjelila
- Rose

Sur la marina de Porto Montenegro

Rêve de marin

Bateau-école *Jadran* / Školski brod Jadran (plan 4, B2)

Ce magnifique trois-mâts goélette, tout blanc, a été construit en 1931 à la demande de la marine yougoslave. Il ne se visite pas, mais vous pourrez admirer sa superbe silhouette lorsqu'il n'est pas en mission en mer, et s'ancre alors aux quais qui bordent la promenade Pine. Plus ancien navire de la marine du Monténégro, le bâtiment fait toujours office de bateau-école.

Šetalište Pine

COULEUR LOCALE

Longeant le bord de mer, plantée de palmiers et investie par les terrasses, la promenade Pine (plan 4, B2) est l'endroit le plus plaisant de Tivat. Surtout par une chaude soirée d'été, quand les habitants, tous âges confondus, y déambulent à la façon de la traditionnelle *passeggiata* italienne, au son de petits groupes musicaux...

Luxueux mirage

Porto Montenegro (plan 4, A1-A2)

Yachts étincelants, bars et restaurants branchés, boutiques chics, hôtels et résidences haut de gamme... tout respire le luxe dans cette marina, il faut le dire assez aseptisée et clinquante. On est ici à des années-lumière de l'ancien chantier naval sur lequel elle a été construite. Créé en 1889, sous la domination austro-hongroise, celui-ci a contribué à l'expansion économique de la ville, avant de péricliter avec la dislocation de la Yougoslavie au début des années 1990. Première marina de luxe sur les bords de l'Adriatique, appréciée des fortunes russes et caucasiennes, Porto Montenegro est aux mains d'investisseurs

Pauses (n°1 et 2)
1 Minjon - *p.81* B2
2 Moritz Eis - *p.81* A2
Restaurants (n°10 et 11)
11 Mala Barka - *p.82* B2
10 One - *p.82* A2
Sorties (n°20 et 21)
20 The Clubhouse - *p.83* B2
21 The Notorious Club Platinum - *p.83* A1
Hébergements (n°30 et 31)
30 Hotel La Roche - *p.284* B2
31 Hotel Pine - *p.284* B2

de Dubaï depuis 2016 et ne cesse de s'étendre, comptant désormais 450 emplacements réservés aux yachts de 12 à... 250m !

www.portomontenegro.com

Plongée dans un sous-marin

Musée de la Collection navale / Nautički Muzej (plan 4, A1)

Ce musée fort intéressant est installé dans un bâtiment joliment restauré de l'ancien arsenal. L'exposition permanente rassemble maquettes de navires, machines, etc., et des photos anciennes qui donnent une idée des conditions de vie et de travail qui y prévalaient. Sans oublier une curiosité : un mini sous-marin de 5m de long, conçu dans les années 1960 à partir d'un modèle français et destiné à des missions de sabotage. Mais la pièce maîtresse du musée est le sous-marin torpilleur P-821 Heroj, exposé à l'extérieur. Construit dans les années 1970, long de 50m, il pouvait accueillir 28 équipiers. Une fois à l'intérieur, vous découvrirez les torpilles, les cabines, la minuscule cuisine, la table de contrôle, le sonar, le radar... et pourrez même jeter un coup d'œil dans le périscope ! Une bonne façon d'appréhender la vie de l'équipage dans cet univers en modèle réduit...

Zbirka pomorskog nasljeđa (au nord de Porto Montenegro, à côté de l'entrée principale et face au yacht-club) 069 133 388 Mai-juin : tlj. 10h-18h ; juil.-août : tlj. 9h-22h ; sept. : tlj. 10h-22h ; oct.-avr. : lun.-ven. 9h-16h, sam. 13h-17h Visite guidée du sous-marin (15min) sur demande à l'accueil 2€ (5€ avec la visite du sous-marin)

LES ENVIRONS DE TIVAT

L'abandon de la contemplation

Gornja Lastva

Une route étroite mais peu fréquentée vous mènera à ce hameau perché à 300m d'altitude dans le massif du Vrmac, où l'on apprécie le calme, la fraîcheur et le panorama. Ici, pas de rues, mais des sentes herbeuses et empierrées qui se faufilent entre des maisons en pierre, exemplaires de l'architecture rurale. Montez jusqu'à l'église Sainte-Marie (14e s.), dont le promontoire offre une vue somptueuse sur la baie de Tivat et la couverture boisée du massif. Il ne semble pas y avoir âme qui vive dans ce village qui, au début du 20e s., comptait 500 habitants, dont la plupart sont partis s'installer sur la côte après la Deuxième Guerre mondiale. Les derniers résistants se sont réunis en association pour restaurer quelques maisons et replanter oliviers et figuiers.

5km au nord-est de Tivat

N'oubliez pas vos jumelles

Réserve naturelle de Solila / Rezervat prirode tivaska Solila

Créée en 2007 à l'emplacement d'une ancienne saline, cette réserve de 150ha constitue l'un des sites majeurs du corridor migratoire adriatique entre l'Afrique et l'Europe : plus de 110 espèces d'oiseaux y ont été répertoriées, dont le très rare cormoran pygmée. Un chemin longe les marais,

À bord du sous-marin P-821 Heroj, au musée de la Collection navale

Rose, sur la presqu'île de Luštica

ponctué par deux observatoires d'où vous pourrez guetter hérons cendrés, aigrettes garzettes, flamants roses, etc. Le printemps et l'automne sont les meilleures saisons d'observation et, dans une moindre mesure, l'hiver, car plusieurs espèces séjournent aussi à la saison froide. En été, en revanche, vous verrez peu d'oiseaux, mais pourrez contempler la vue splendide sur le mont Lovćen.

4km env. au sud de Tivat, dir. aéroport puis, à droite, dir. presqu'île de Luštica

Prenez le taxi-boat
Île aux fleurs et île Saint-Marc

Près de l'aéroport de Tivat, la presqu'île de Prevlaka, surnommée "île aux fleurs" (Ostrvo Cvijeća), n'est pas aussi idyllique que son nom le laisse supposer, et vous aurez bien du mal à trouver les vestiges du monastère Saint-Michel, fondé au 9e s. et détruit par les Vénitiens en 1452. Cela dit, dans son prolongement émerge l'île de Stradioti, ou Saint-Marc (Sveti Marko). Très boisée et dotée d'une superbe plage, elle fut de 1962 à 1991 le fief d'un village du Club Med, dont les 500 bungalows abandonnés sont reconquis par la végétation. Encore plus à l'ouest, le minuscule îlot de Notre-Dame-de-la-Charité (Gospa od Milosti) porte un monastère dont on ignore la date de construction, et aujourd'hui occupé par des jésuites. Pour vous rendre sur les îles, vous pouvez faire appel aux services de Montenegro Water Taxi (p.81).

4km au sud de Tivat, après l'aéroport

LA PRESQU'ÎLE DE LUŠTICA

Refermant les bouches de Kotor au sud-est, cette langue de terre est une véritable bouffée d'oxygène pour ceux qui arrivent de Tivat. Ici, plus de larges routes envahies par des panneaux publicitaires, plus d'embouteillages, mais des voies minuscules sillonnant la garrigue, des champs d'oliviers et de rares hameaux. Réputée pour ses plages et son huile d'olive, Luštica est en partie tournée vers un tourisme rural et raisonné, du moins sur le littoral nord et dans les terres. Au sud-est, en effet, le tourisme de luxe est en plein essor, avec la construction de la ville nouvelle de Luštica Bay, en bord de mer. Et bien que le secteur sud-ouest reste encore préservé, les plages, comme celle de Žanjic, sont très fréquentées...

Escale rêvée
Bjelila

Quelques maisonnettes aux murs en pierre, des quais pour prendre un bain de soleil, des échelles pour se mettre à l'eau, une poignée de barques de pêche, un restaurant face à la mer... voilà à quoi se résume ce hameau posté au bord de la route côtière. Et pour couronner le tout, une vue merveilleuse sur le mont Lovćen !

12km au sud-ouest de Tivat

Tel un bout du monde

Rose

À partir de Krašići (bourgade sans grand attrait, où vous trouverez néanmoins commerces, restaurants et hôtels), la route se fait plus étroite et grimpe à flanc de colline, ménageant des vues époustouflantes sur l'entrée des bouches de Kotor. Puis une petite route en lacet qui semble ne jamais finir descend vers Rose. Perdu au nord-ouest de la presqu'île, le village se dévoile au détour d'un virage, lové au creux d'une anse abritée. Ses jolies maisons en pierre, fleuries de bougainvilliers, s'étirent le long d'un petit port de plaisance, dans une harmonie absolue. Comme ailleurs sur ce littoral, les belles maisons qui se dressent en front de mer ont été édifiées aux 17e et 18e s. par des capitaines de navire fortunés, reposant pour la plupart dans le petit cimetière de l'église de la Sainte-Trinité (17e s.), au nord du port. C'est aussi dans cette partie du village que les Austro-Hongrois établirent une forteresse (19e s.), aujourd'hui investie par l'hôtel-restaurant Forte Rose (p.82).

24km au sud-ouest de Tivat

DRÔLE D'AFFAIRE

L'urbanisation guette la presqu'île de Luštica : depuis 2013, la ville de Luštica Bay est en construction au nord-ouest de la baie de Trašte, près de la plage Horizon bleu. Piloté par une société suisse, ce projet de 690ha devrait compter à terme 500 villas, 1 000 appartements, 7 hôtels, un golf, deux marinas... réservés à une clientèle privilégiée.

Fort Boyard local

Forteresse Mamula / Trđava Mamula

Cette imposante forteresse circulaire, de 200m de diamètre, a été édifiée à la fin du 19e s. sur ordre de l'amiral autrichien Lazar Mamula. Occupant la majeure partie de l'îlot Lastavica (inhabité), elle était destinée à défendre l'entrée des bouches de Kotor. Elle a servi de prison pendant les deux guerres mondiales. Plusieurs bateaux vous y mèneront au départ d'Herceg Novi (p.51) ou de la plage de Žanjic (p.81).

À FAIRE

Lézardez au soleil

Plage urbaine de Tivat / Gradska Plaža (plan 4, B2)

Quais aménagés et petites plages de graviers se nichent dans deux anses entre Porto Montenegro (au nord-ouest) et le petit port de Kalimanj (au sud-est). On

Plage de Mirišta

est certes en ville, mais le lieu est agréable et bien aménagé. Et si vous avez des envies de confort, optez pour la location d'un transat au bar de plage de l'hôtel La Roche (15€/j.).

Šetalište Kapetana Iva Vizina

Plages de Žanjic et de Mirišta

Ces deux voisines, séparées par un cap et distantes de 150m environ (une route goudronnée les relie), sont bien différentes l'une de l'autre. La plus célèbre, Žanjic, n'est pas pour autant notre préférée. Cette vaste anse de galets est certes baignée par des eaux très claires, mais elle est aussi accaparée par les transats de la rangée de bars et de restaurants qui la bordent. Pour un peu de tranquillité, dirigez-vous vers le nord de la plage. Celle de Mirišta est bien plus exiguë, mais possède beaucoup plus de charme. Des deux, la vue sur l'îlot Mamula qui ferme la baie est imprenable.

27km env. au sud-ouest de Tivat (grand parking gratuit entre les deux plages)

Plage Horizon bleu / Plavi Horizonti Plaža

Une large plage de sable (c'est rarissime ici !), lovée entre deux caps, et isolée par une pinède à l'arrière. Le lieu pourrait être idyllique... si ce n'est qu'il est surpeuplé aux beaux jours et envahi en quasi-totalité de transats. Prévoyez un pique-nique, l'offre des bars de plage laisse grandement à désirer !

17km au sud-ouest de Tivat (parking 3€, ou parking gratuit sur la route d'accès, à 10min à pied de la plage)

Explorez les fonds marins

Club de plongée Neptun-Mimoza

Ce centre propose 10 sites de plongée (de 10 à 40m de profondeur) situés entre le détroit de Verige et la presqu'île de Luštica. Parmi eux, des épaves et la grotte Bleue. Plusieurs formules de cours, stages et excursions ; comptez 45€ pour une plongée (équipement inclus).

Plage de Donja Lastva Tivat (à côté de l'hôtel Kamelija) 032 684 563 ou 069 044 225 ou 069 250 052 www.dcneptun.com

Naviguez jusqu'à une grotte magique

Grotte Bleue / Plava Šplija

L'une des attractions majeures du secteur. Les embarcations pénètrent dans un tunnel long de 120m, creusé dans la falaise et qui possède deux ouvertures formant un angle à 45°. La réverbération de la lumière y donne à l'eau une teinte bleu électrique surnaturelle... Les bateaux de tourisme laissent leurs passagers y nager et les clubs de plongée y amènent leurs clients. Notez qu'il est possible d'embarquer depuis Herceg Novi (p.51).

Pajo

Balade en bateau d'1h30 (6€) vers la grotte Bleue et l'îlot Mamula (p.79). Départ toutes les heures en haute saison. Pas de réservation possible, il faut se rendre sur le ponton au point d'amarrage.

Départs sur la plage de Žanjic 067 300 969 www.pajoflota.com

Rejoignez une crique paradisiaque

Dobreč

Une crique de galets aux eaux cristallines et pures (la plage est labellisée "Pavillon bleu"), nichée entre deux caps boisés, à laquelle on accède uniquement en bateau. Et pour y prendre ses aises : restaurant de poisson, bar de plage et location de transats.

Montenegro Water Taxi

Transport en bateau de Tivat vers la plage de Dobreč, prix variable en fonction du nombre de personnes.

Brijeg Gverovica 17 Tivat 069 973 737 www.watertaxi.info Avr.-nov. : tlj. 8h-20h

Arpentez les sentiers de la presqu'île de Vrmac

Le Vrmac

Massif très boisé et préservé séparant les baies de Tivat et de Kotor, le Vrmac culmine au mont Sveti Ilija (785m). On le parcourt surtout à pied (très peu de routes goudronnées), en suivant des itinéraires allant de 3 à 6km (aller). Une piste de 9km est aussi accessible aux VTT. L'office de tourisme de Tivat (p.273) vous fournira gratuitement une carte succincte des sentiers.

NOS ADRESSES

PAUSES

Susucre

Minjon

Une adresse réputée auprès des becs sucrés qui vont s'y régaler de pâtisseries à prix doux : gâteaux à la crème, au chocolat, tartes (env. 2€), ou glaces (0,80€ la boule).

TIVAT (plan 4, B2 n°1) Njegoševa 6 032 674 077 Tlj. 8h-23h

Tout glacé

Moritz Eis

Ce glacier chic (et cher !) a vu le jour en Serbie et a désormais pignon sur rue en Roumanie, en Hongrie, au Monténégro ou encore au Chili. Dans la petite boutique aseptisée du front de mer de Porto Montenegro, le plus difficile sera de faire son choix parmi les glaces aux parfums originaux : orange-cannelle, fleur de lait, chocolat et framboise... À partir de 2,50€. Quelques tables en terrasse.

TIVAT (plan 4, A2 n°2) Porto Montenegro Jetée 1 067 272 528 www.moritzeis.com Mai-oct. : lun. 10h-0h

RESTAURANTS

De la mer à l'assiette

Mala Barka ♥€€€

Une taverne très authentique et tranquille sur le petit port de Kalimanj, prisée par les habitants de Tivat. Les amateurs de saveurs iodées seront comblés par la carte : mérous, loups, calmars... Indécis ? Optez pour les délicieuses crevettes à la *buzzara* (sauce tomate) et en dessert, laissez-vous tenter par les baklavas, aussi fondants que parfumés. Plat et entrée 22-35€.

TIVAT (plan 4, B2 n°11) Kalimanjska 2 068 678 578 Page FB Tlj. 8h-23h

Face aux yachts

One €€€

Pour qui ne se lasse pas d'admirer les yachts luxueux de la marina, ce restaurant au cadre agréable profite d'une belle terrasse. Dans l'assiette, pas de surprises mais des classiques de la cuisine internationale, fort correctement préparés : steak au poivre, canard à l'orange, ragoût de mouton, gaspacho andalou... Comptez de 17 à 34€ pour une entrée et un plat.

PORTO MONTENEGRO (plan 4, A2 n°10) Jetée 1 067 486 045 Page FB Jeu. et dim.-lun. 8h30-0h, ven.-sam. 8h30-1h

Au bord des flots

Restoran Mirišta €€

Ambiance décontractée et chaleureuse pour ce restaurant qui dresse sa jolie terrasse au-dessus de la plage de Mirišta (p.80). La carte fait la part belle aux poissons, calmars, crevettes et autres délices de la mer, à savourer en écoutant le clapot des vagues. Comptez de 20 à 25€ pour un plat et un dessert.

PLAGE DE MIRIŠTA (27km env. au sud-ouest de Tivat) 069 515 485 ou 068 183 926 restoranmirista.com Juin-sept. : tlj. 8h-22h

Entre mer et verdure

Konoba Adriatic €€€

Installée sur le joli port de Rose (p.79), cette taverne monténégrine typique charme avant tout par son cadre verdoyant au bord de l'eau : treille opulente, lauriers-roses, bougainvilliers... Un lieu rafraîchissant au possible, où l'on se sustente de plats simples : généreuses salades (8-11€), poissons et autres calmars frits ou grillés. Entrée et plat 13-34€.

ROSE (24km au sud-ouest de Tivat) 069 217 122 ou 069 552 950 www.adriatic-rose.me Haute saison : tlj. 10h-22h

À l'ombre des pins

Restaurant Forte Rose €€€

Sa terrasse dominant la mer est idyllique ! À la carte, une cuisine monténégrine teintée d'influences méditerranéennes et valorisant le poisson fraîchement pêché : trio de carpaccio (thon, lotte, saumon) avec vinaigrette à la truffe et roquette, crevettes à la dalmatienne, *spaghettoni* aux palourdes... Sans oublier, en dessert, la crème brûlée à la caroube, spécialité maison. Entrée et plat 17-35€.

ROSE (24km au sud-ouest de Tivat) 067 377 311 www.forterose.me Tlj. 7h-23h

Un cocktail et un poisson

Ribarsko Selo €€€

Ambiance lounge pour ce bar-restaurant installé sur un cap, face à la baie de Žanjic (p.80). Tout en contemplant la mer, vous pourrez y siroter un cocktail (à choisir parmi plus d'une vingtaine, de 5 à 8€) lové dans de gros coussins moelleux, ou vous régaler du poisson, apporté chaque jour par les pêcheurs locaux et accompagné des légumes bio du jardin. Entrée et plat 20-40€.

ŽANJIC (27km env. au sud-ouest de Tivat) 069 149 119 ribarskoselo.com Tlj. 12h-22h

SORTIES

Du matin au soir

The Clubhouse

Au sud de Porto Montenegro, avant d'arriver à la promenade Pine, ce bar où se presse une clientèle jeune offre une programmation riche et éclectique : soirées à thème, avec DJ, concerts... Terrasse également agréable en journée, pour boire simplement un verre.

PORTO MONTENEGRO (plan 4, B2 n°20) Ksenija Building 032 662 722 Dim.-jeu. 9h-1h, ven.-sam. 9h-2h

Branché et paradeur

The Notorious Club Platinum

La boîte de nuit branchée de la marina. Ambiance VIP et déluge de décibels à l'initiative de DJ aguerris.

PORTO MONTENEGRO (plan 4, A1 n°21) Au nord du village, à côté du yacht-club 067 766 669 www.platinum-portomontenegro.me Été : tlj. 9h-5h

Sur le bord de mer de Tivat

Sur la plage

Almara Beach Club

Ce bar-restaurant déploie son éventail de terrasses sur la quasi-totalité de la petite plage d'Oblatno. Un lieu très prisé pour ses soirées électrisées par des DJ.

OBLATNO (19km environ au sud-ouest de Tivat) 067 17 00 17 www.almara.me Tlj. en été, voir programmation sur le site ou la page FB

14

De Budva à Ulcinj, la montagne flirte avec la mer... Une rencontre à grand spectacle, au fil de falaises vertigineuses, de criques escarpées, de rocs grisâtres plongeant dans des eaux turquoise. On se sent tout petit sur l'étroit cordon littoral monténégrin, qui demeure l'une des destinations balnéaires majeures du monde slave, surfréquentée en saison.

La côte adriatique

Vieille ville de Budva

Plan 5
TIVAT, KOTOR
M2.3
Monastère Podmaine
UVALA TRSTENO
BUDVA
Bečići
Rafailovići
Monastère Duljevo
UVALA JAZ
UVALA MOGREN
Cap Zavala
Pržno
Ploče
Île Saint-nicolas
Monastère Praskvica
SVETI STEFAN
Crvena Glavica
Virpazar
M2
Monastère Reževići
Perazića Do
Godinje
Monastère Gradište
E80
PETROVAC
KATIČ
PLAŽA LUČICE
SV. NEĐELJA
Plaine de Buljarica
Tunnel à péage
Čanj
1183 M
SUTOMORE
MER ADRIATIQUE
ŠUŠANJ
BAR
BARI
N
5 km

Zabljak Crnojevića
E80E65
Vranjina
LAC DE SKADAR
P16
1185 M
Murići
Tuđemili
RUMIJA 1594 M
Stari Bar
Stara Maslina
LISINJ 1353 M
P16
Ostros
Ckla
SHKODRA
ALBANIE
P16
Poste frontière
Dobra Voda
Krute
Vladimir
Kruče
Svač
LAC DE ŠAS
M2.4
M2.4
ALBANIE
ULCINJ
MARAIS SALANTS D'ULCINJ
Doni Štoj
BOJANA
VELIKA PLAŽA
ADA BOJANA

SIX BONNES RAISONS...

... de découvrir la côte adriatique, ses ports historiques, ses monastères perchés au-dessus du vide, ses falaises et ses criques rocheuses.

ON FLÂNE À L'ENVI Profitez de Petrovac (p.108), la meilleure option pour séjourner sur la côte. Même si le bétonnage ne l'épargne pas, comme ailleurs, les soirées restent délicieuses au fil de sa jolie promenade de bord de mer...

ON FAIT LE VIDE Au sein du monastère Gradište (p.109), le plus charmant des lieux de culte orthodoxes accrochés à la falaise littorale, on oublie le temps qui passe au milieu des cyprès, des oliviers et des chapelles centenaires toisant l'Adriatique...

ON IMMORTALISE L'INSTANT Quoi de plus spectaculaire qu'une montagne plongeant dans la mer ? De Budva à Petrovac, les photographes seront aux anges. À ne pas manquer : le cliché du célèbre îlot de Sveti Stefan (p.105) !

ON FLIRTE AVEC L'ORIENT Découvrez les ruines ottomanes de Stari Bar (p.115). À partir d'ici vers le sud, le souvenir de l'ancien occupant reste vivace : minarets des mosquées piquetant le ciel, cafés à la turque et gastronomie généreuse...

SIX BONNES RAISONS...

ON RESPIRE À FOND Sur le sentier de Miločer (p.107), faites le plein de parfums et de couleurs au cours d'une balade flirtant avec les pins et les eaux turquoise. Terminez sur la jolie marina de Pržno pour un repas (p.107) au bord des flots !

ON MIXE PLAGES ET VIEILLES PIERRES Associez la visite de la cité historique de Budva (p.94) à la découverte des plages voisines, en particulier Jaz (p.100), l'une des plus séduisantes du pays.

RENDEZ-VOUS AVEC…

Aleksandra Kostić, designeuse graphique, est aussi responsable de la galerie Magic Yard (p.103), repaire des jeunes créateurs balkaniques à Budva. Esthète et contemplative, Aleksandra aime la couleur du ciel et de la mer après la tempête, et les longues balades au son de play-lists spécialement concoctées. Elle nous confie ses lieux d'émotion au fil de l'Adriatique…

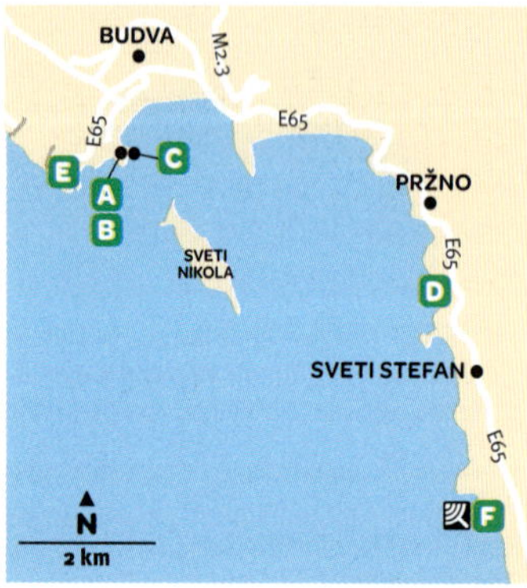

Mon refuge du matin au soir

A Casper Bar

Au cœur de la ville ville de Budva, si chère à mon cœur, c'est mon repaire quotidien : en guise de bar, une terrasse extérieure stylée, avec ses vieilles pierres et ses arbres qui prodiguent une ombre bienfaisante en journée, idéale pour siroter le meilleur café de la ville ! Le soir venu, place à de délicieux cocktails, une belle sélection de bières pression, et d'excellentes sessions jazz-funk les nuits d'été…

BUDVA 10 Cara Dušana Stari Grad
033 402 290 Page FB Haute saison : tlj. 10h-2h (3h en juil.-août) ; basse saison : tlj. 10h-1h (selon météo)

Mon petit musée

B Galerie d'art contemporain / Moderna galerija

Certes, on ne peut la comparer aux plus grands centres culturels, mais elle mérite un coup d'œil pour ses expositions d'art moderne et contemporain originales, et parfois ses concerts et soirées poésie. Juste à côté se dresse la petite Maison commémorative (Spomen Dom) de Stefan Mitrov Ljubiša, célèbre écrivain et politicien né à Budva (1824-1878), où se cachent aussi des œuvres inspirantes.

BUDVA Cara Dušana 19 033 451 343
Lun.-ven. 8h-14h et 18h-21h, sam. 18h-21h (selon expositions)

SI LA CÔTE ADRIATIQUE ÉTAIT…

Une chanson Ce serait *Everloving* de Moby, une déclaration d'amour éternelle, avec sa mélodie qui nous entraîne irrémédiablement…

Ma plage de secours

C Plage de Pizana / Plaža Pizana

J'aime passer l'après-midi à la plage et, près de la vieille ville, ma préférence va à Plaža Mogren (p.100), avec ses eaux claires et ses magnifiques falaises. Malheureusement, elle est surfréquentée en été… Je me replie alors sur la petite plage

Sur le sentier littoral de Miločer

ENVIE D'UNE PLAGE DISCRÈTE ?
À 15min de voiture de Budva, rejoignez l'anse de Drobni pijesak ("sable fin"), ma préférée actuellement. Au pied de la falaise côtière, face à des eaux translucides, on peut passer toute la journée (bar et restaurant sur place) en oubliant la civilisation !
F Drobni pijesak
10km au sud de Budva par l'E65 (parking indiqué en bord de route 2,5km après Sveti Stefan)

de Pizana, près du port : de gros rochers se cachent à l'une des extrémités, ménageant un peu d'intimité. Pour être seul, il suffit de nager au loin, face aux remparts et à l'île Saint-Nicolas...

BUDVA Au nord-est de la vieille ville

Mon sentier aromatique

D Sentier littoral de Miločer

Entre Pržno et Sveti Stefan (p.107), c'est ma promenade favorite en bord de mer, très rafraîchissante au petit matin, dans l'odeur des pins et de l'air iodé... Amoureuse des plantes, j'y apprécie la beauté de la flore méditerranéenne : oliviers, magnolias, agaves, cactus, etc. Moment de plénitude...

Entre Pržno et Sveti Stefan (sentier de 1,5km)

Mon spot au coucher du soleil

E Forteresse de Mogren / Tvrdava Mogren

Cette ancienne forteresse austro-hongroise, aujourd'hui en ruine, coiffe un cap surplombant l'Adriatique. Voilà le plus bel observatoire sur la Riviera de Budva, avec la mer à perte de vue, l'île Saint-Nicolas qui surgit des flots et, côté terre, la muraille des montagnes jusqu'à l'horizon et la vieille ville de Budva au premier plan ! Inoubliable dans les derniers rayons du soleil...

1km à l'ouest de Budva (sortir de la ville par la route littorale E65 dir. Tivat, et prendre le chemin à gauche avant le premier tunnel)

BUDVA

Une cité, deux visages... D'un côté, le tableau enchanteur d'une vieille ville historique dont les remparts fendent des flots translucides, et regardent jusqu'à l'horizon les montagnes dévalant dans la mer. De l'autre, le cauchemar d'une ville moderne vouée à un bétonnage anarchique, dont la plage étroite est littéralement surpeuplée en été... Vous aurez vite fait votre choix !

ACCÈS ET INFOS

- Attention à la circulation sur la route littorale E65/E80, saturée en été : l'arrivée à Budva promet des embouteillages à toute heure de la journée.
- La vieille ville ("Stari Grad") est interdite à la circulation : le plus simple est de se garer dans l'un des parkings payants les plus proches, la plupart le long de l'avenue Mediteranska (plan 6, A2-A3).

À VOIR

LA VIEILLE VILLE (STARI GRAD)

Protégée par ses remparts longs de 700m, la cité fortifiée fait saillie dans la mer Adriatique. C'est de l'extérieur – et en particulier de la plage de Ričardova Glava (plan 6, A4) – qu'elle offre le plus beau décor : un enchevêtrement de toits de tuiles et de clochetons, dans l'écrin de hauts murs et de flots bleus... Bien que tout en pierre, le village, largement reconstruit après le tremblement de terre de 1979, se révèle banal. C'est aussi une coquille vide, car la plupart des habitations n'abritent que des restaurants et des boutiques touristiques. L'ensemble se parcourt rapidement à pied ; n'hésitez pas à rejoindre la plage de Mogren (p.100) pour une pause baignade !

Scène liturgique

Place des Églises / Trg Između Crkava (plan 6, A4)
Cœur de la vieille ville, c'est une véritable place de village avec ses terrasses de cafés, son vieil olivier, ses palmiers, son clocher... Fait notable, elle réunit plusieurs lieux de culte, dédiés aux rites catholique et orthodoxe, les principaux étant l'église Saint-Jean (p.95) et l'église de la Sainte-Trinité (p.94). Cette vocation religieuse est ancienne : au centre de l'esplanade ont été dégagés les vestiges d'une vaste **basilique paléochrétienne** (Ranohrišćanska basilika), aux fondations envahies d'herbes folles. À partir du 9e s., un couvent occupa également l'angle sud-ouest de la place, face à la mer. Il en subsiste deux chapelles, **Sainte-Marie-de-la-Pointe** (Santa Marija in Punta), surmontée d'un petit clocheton, et **Saint-Sava** (Sv. Save), identifiable à son abside semi-circulaire ; l'une et l'autre dégagent aujourd'hui un étrange sentiment d'abandon.

Orthodoxes...

Église de la Sainte-Trinité / Crkva Sv. Trojice (plan 6, A4)
Sanctuaire orthodoxe caractéristique, achevé en 1804, il en résume tous les canons architecturaux avec son agencement de volumes géométriques :

À NE PAS MANQUER

- Vieille ville
- Citadelle
- Remparts
- Monastère Podmaine
- Plaža Mogren
- Uvala Jaz

L'île Saint-Nicolas vue de la citadelle de Budva

un sobre parallélépipède pour la nef, un tambour circulaire pour la coupole centrale, et une abside semi-circulaire pour le chœur. Le tout dans une belle maçonnerie alternant des bandes de pierres rosées et crème, qui constituent le principal ornement extérieur de l'édifice. Notez, à l'arrière, l'impressionnante fissure qui révèle la fragilité de la construction à la suite des tremblements de terre passés... À l'intérieur, pas un pan de mur qui ne soit peint de fresques, mais celles-ci manquent singulièrement de patine depuis une récente rénovation. Comme les peintures de l'iconostase, elles furent initialement exécutées par des artistes grecs au 19e s.

Jours et horaires d'ouverture variables

... et catholiques

Église Saint-Jean / Crkva Sv. Ivana (plan 6, A4)

Destinée au culte catholique et dédiée à saint Jean ("Yvan" dans les pays slaves), elle aurait été fondée au 7e s., mais a été reconstruite après le séisme de 1667. Soutenu par des voûtes robustes peintes en blanc, le rustique sanctuaire se distingue par le décor de son chœur, orné dans les années 1970 d'une grande mosaïque colorée due au peintre croate Ivo Dulčić (1916-1975), qui jouit d'un certain renom. À l'extérieur, le clocher effilé, élevé dans les années 1860, constitue le principal repère de la vieille ville.

Jours et horaires d'ouverture variables

Point de vue stratégique

Citadelle / Citadela (plan 6, A4)

À la proue de la vieille ville, ce robuste bastion en couronne les remparts face à l'Adriatique. D'origine médiévale et largement remanié au 19e s., il se hisse

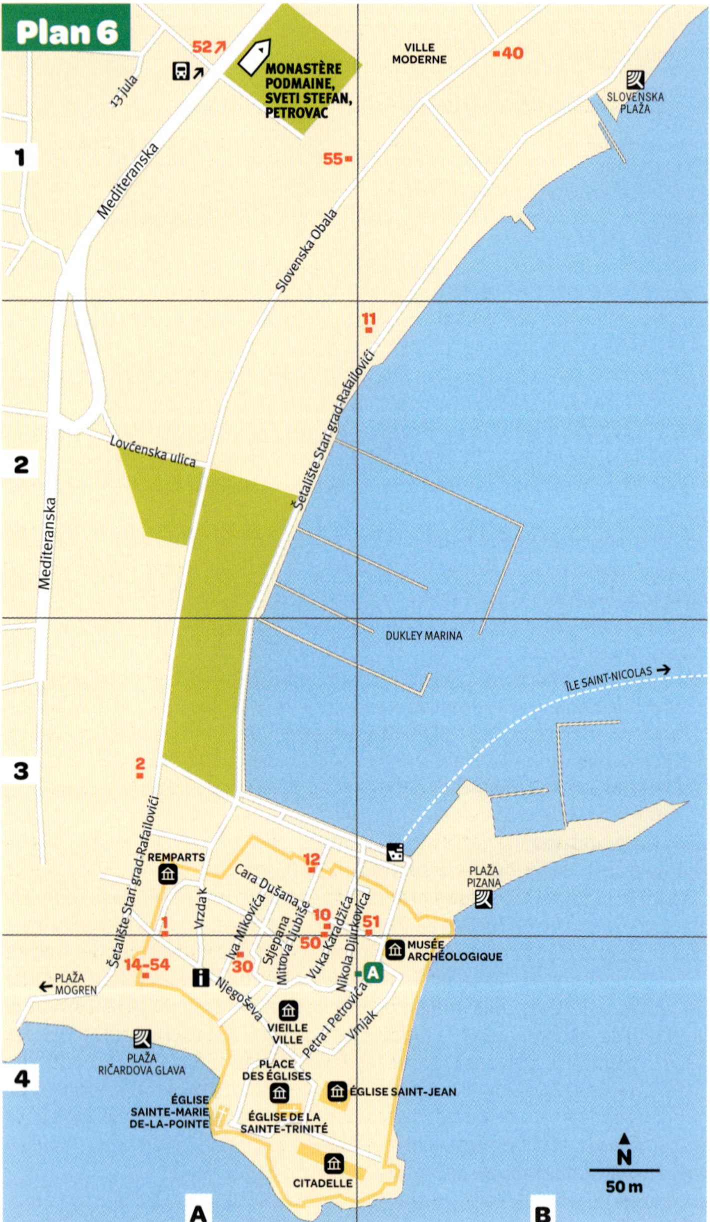
Plan 6
52 ↗
MONASTÈRE PODMAINE, SVETI STEFAN, PETROVAC
VILLE MODERNE
40
SLOVENSKA PLAŽA
13 jula
1
Mediteranska
55
Slovenska Obala
11
Šetalište Stari grad-Rafailovići
Lovćenska ulica
2
Mediteranska
DUKLEY MARINA
ÎLE SAINT-NICOLAS →
3
2
REMPARTS
12
Cara Dušana
PLAŽA PIZANA
Vrzdak
Iva Mikovića
Stjepana Mitrova Ljubiše
Vuka Karadžića
Nikola Djurkovića
10
51
50
1
14-54
30
MUSÉE ARCHÉOLOGIQUE
A
← PLAŽA MOGREN
Njegoševa
VIEILLE VILLE
Petra I Petrovića
Vrnjak
PLAŽA RIČARDOVA GLAVA
4
PLACE DES ÉGLISES
ÉGLISE SAINT-JEAN
ÉGLISE SAINTE-MARIE DE-LA-POINTE
ÉGLISE DE LA SAINTE-TRINITÉ
CITADELLE
N
50 m
A
B

à la verticale de l'esplanade des Églises, où s'ouvre sa porte principale. De là, un escalier très pentu dessert plusieurs terrasses surveillant la mer : des positions autrefois stratégiques, et particulièrement esthétiques aujourd'hui. Gravissez le petit chemin de ronde, vertigineux au-dessus des flots – qui prennent une belle teinte émeraude sur les rochers –, jusqu'au sommet de la tour principale : il offre une superbe vue à 360° sur toute la baie, les toits de tuiles de la vieille ville et les montagnes. Malheureusement, les buildings de la ville moderne déparent largement l'horizon... Le bar-restaurant Citadela occupe une partie du bastion.

Avr.-oct. : tlj. 9h-0h (horaires réduits l'hiver) € 2,50€

Les remparts de la vieille ville de Budva

Fantômes de l'Antiquité

Musée archéologique / Arheološki muzej (plan 6, B4)

Cet édifice ancien présente, sur trois petits niveaux, des collections issues des chantiers de fouilles menées à Budva, spécialement celles de l'ancienne nécropole hellénistique mise au jour à l'entrée de la vieille ville, siège de la cité antique. Datant des 5e-2e s. av. J.-C., les lampes à huile, vases, coupelles, pots, fioles, casques, lances, etc., ressuscitent avec simplicité le quotidien de l'ancien comptoir grec. On s'attardera volontiers sur la vitrine renfermant la collection de bijoux (1er étage), dont la finesse et l'inspiration naturaliste illustrent le fascinant savoir-faire des orfèvres de l'Antiquité. Viennent ensuite les vestiges de la domination romaine (1er-3e s. ap. J.-C.), qui font également montre de belles qualités artisanales : urnes et pots de terre cuite, fibules de bronze, jeux de dés, monnaies et, surtout, verreries fines. Changement d'époque au dernier étage, où sont exposés des costumes folkloriques, du mobilier, des armes à feu et autres objets de la vie quotidienne du 19e s.

Cara Dušana 19 033 453 308 Mar.-ven. 8h-21h, sam.-dim. 10h-21h (horaires variables hors saison) € 2€

SUR LES TRACES DE...

Une légende locale attribue la fondation de la ville au héros grec Cadmos, prince de Phénicie (actuel Liban) envoyé par son père à la recherche de sa sœur Europe, enlevée par Zeus, avec l'interdiction de revenir sans elle ! S'il s'agit d'un mythe, des Grecs fondèrent bien sur cette côte alors occupée par les Illyriens la colonie de Budva vers 500 av. J.-C.

Balade au-dessus des toits

Remparts 👍 (plan 6, A3-B4)

Élevés au Moyen Âge, entièrement reconstruits après le tremblement de terre de 1667, les remparts cernent toute la vieille ville. On y accède par deux escaliers qui se cachent, l'un à la hauteur du Caffe Mozart (p.101), l'autre à celle du restaurant La Villa (p.102). Le chemin de ronde ménage des vues originales sur les toits de la cité, quelques jardins discrets, le port et la mer. À noter : l'entrée est parfois payante en saison, un agent de la ville contrôlant au moins l'un des accès.

Tlj. 9h-22h 1,50€

LA VILLE MODERNE ET SES ENVIRONS

Chaotique et labyrinthique, la Budva moderne s'étend au nord-ouest de la cité historique, sans nulle proportion avec cette dernière : née le long de la plage de Slovenska au début du 20e s., la station balnéaire n'a cessé de se développer vers les hauteurs, au point que l'on excave aujourd'hui la montagne pour y élever des immeubles ! De là un décor disparate de tours clinquantes, de villas construites en tous sens, de voies rapides et de rues aménagées à la va-vite. Bref, on ne gagne pas grand-chose à s'y aventurer, d'autant qu'en pleine saison, même la **promenade de bord de mer**, doublée par la grande avenue piétonne **Slovenska Obala**, est d'un agrément tout relatif avec son défilé de snacks peu appétissants, d'échoppes de souvenirs de pacotille, de manèges forains et de boîtes de nuit en plein air ultra-bruyants le soir venu...

Crique sur l'île Saint-Nicolas

Fresques harmonieuses

Monastère Podmaine / Manastir Podmaine

À l'ouest de la ville, il jouissait encore récemment d'un environnement bucolique, mais l'urbanisation est à ses portes, et il voisine dorénavant avec une boîte de nuit et de nombreuses carcasses de voitures abandonnées... Le sanctuaire mérite cependant une visite. À l'abri de ses murs, les moines ont su préserver une atmosphère intemporelle, chérissant leur petit jardin de vignes en espaliers et d'hortensias, ainsi que leur église, qui ressemble beaucoup à celle de la Sainte-Trinité nichée dans la vieille ville : même appareillage de pierres roses et blanches, même coupole centrale, et même décor de fresques – mais ici demeurées dans leur jus ; leur alliance de tons bleu, vert, ocre et or est splendide. Notez comme le mur sud de la nef penche dangereusement, rappelant la nature sismique de la région. Faute de documents, le mystère plane sur les origines du lieu de culte, sans doute fondé au 17e s.

À 1km de la ville (fléché à partir du boulevard de ceinture Žrtava Fašisma ; mieux vaut s'y rendre en voiture, la balade à pied est peu agréable) 033 459 084 manastirpodmaine.org Lun.-ven. 5h-21h, sam. 5h-23h, dim. 7h-22h Entrée libre

À FAIRE

Échappez-vous sur une île

Île Saint-Nicolas / Ostrvo Sveti Nikola

Sa silhouette effilée ne laisse aucun doute : c'est bien la cime d'une montagne qui perce au-dessus des eaux de la baie de Budva, préservant une étonnante parcelle de forêt en pleine mer. À 900m de la ville, l'île Saint-Nicolas forme une crête longue de 2km, restée inhabitée hormis quelques constructions à proximité du débarcadère. De nombreux taxi-boats alignés sur les quais du port de Budva (côté nord de la vieille ville) proposent d'y emmener les touristes ; comptez 3€/pers. pour rejoindre la plage principale (envahie de transats et de parasols en pleine saison), ou 10€ pour rallier les criques discrètes de sa côte sud (à éviter en cas de vent, car ces dernières font face au large). On peut convenir d'une heure de retour avec leurs pilotes.

Profitez des plages

Les plages de Budva et de ses environs sont en grande majorité privées (comptez entre 8 et 15€/j. pour la location d'un transat et d'un parasol), à l'exception de certaines portions gratuites. N'escomptez pas du calme durant l'été : Serbes, Ukrainiens et Russes envahissent le moindre centimètre carré, et les bars de plage n'hésitent pas à monter la sono... Les stands de prestataires de loisirs sont légion et proposent location de pédalos et de jet-skis, parachute ascensionnel ou bouées tractables : la mer est un grand terrain de jeu !

Plaža Ričardova Glava (plan 6, A4)

C'est l'une des bonnes surprises de la vieille ville, dont le rempart sud ouvre directement sur le sable ! Désormais dominée par un vaste ensemble

La plage de Ričardova Glava vue du ciel

immobilier, la plage est évidemment prise d'assaut, mais elle offre une belle vue sur les remparts.

Plaža Mogren (hors plan 6 par A4)

Serpentant au pied de la falaise côtière, un petit chemin mène en 5 à 10min jusqu'à ces deux anses étonnamment sauvages. La première est connue comme “Mogren 1”, la seconde comme “Mogren 2”. Pourquoi faire compliqué ? Cachée derrière un petit cap rocheux, Mogren 2 est sans doute la plus attrayante, car plus verdoyante, d'où des eaux parées de reflets turquoise...

À 500m de la vieille ville ; le sentier débute au bout de la plage de Ričardova Glava ◷ Chemin d'accès ouvert tlj. 8h-21h

Slovenska plaža (plan 6, B1)

La plage principale de la ville moderne s'étire sur plus de 1,5km, du port jusqu'au cap Zavala. Ne vous attendez pas à une belle étendue de sable, elle se résume à un mince cordon de gravier, parfois étroit comme un trottoir, où les transats sont à touche-touche. Ajoutez la surùrbanisation en arrière-plan, les animations de fête foraine, les stands de friture, une propreté douteuse, et les charmes balnéaires vous sembleront loin...

Uvala Jaz

La meilleure option pour passer une journée à la plage ! Certes, les abords comptent leur lot d'ordures abandonnées, mais passez outre et découvrez cette grande baie (*uvala*) épargnée par l'urbanisation. Deux anses se distinguent : face au parking, la première est la plus fréquentée, avec de nombreux bars de plage et leurs parasols alignés en bon ordre ; sur la gauche, la seconde se révèle, en revanche, relativement tranquille et préservée...

5km à l'ouest de Budva par la route littorale (E65) dir. Tivat (attention aux embouteillages en été) Parking payant en saison 3€ Liaison en bus de Budva (arrêts sur Jadranski put) toutes les 90min de 8h à 20h (ticket 2,50€)

Uvala Trsteno

Tapie dans un repli de la côte à l'ouest de Jaz, cette crique très échancrée mérite le coup d'œil pour ses eaux translucides et ses deux caps couverts de végétation. Vous pouvez poursuivre sur la même route jusqu'à **Ploče** (2km à l'ouest), étonnant petit bout de plage artificielle créé sur les rochers : plusieurs piscines y ont été creusées, et des plateformes de béton accueillent transats, bars et DJ. Jusqu'à l'horizon, les montagnes plongent dans la mer...

2,5km à l'ouest de Jaz par la même route (même ligne de bus que Jaz)

Dévalez des toboggans aquatiques

Aquapark Budva

Il est si vaste qu'on le voit à des kilomètres à la ronde au-dessus de la ville ! Certains crieront au saccage environnemental, un énorme pan de montagne ayant été creusé pour laisser courir ses toboggans géants, plus d'une dizaine, tournoyant ou épousant la pente la plus raide... Également, de nombreux jeux d'eau adaptés aux tout-petits. Attention au soleil, qui tape fort sur ces hauteurs mises à nu.

Topliški put (2,5km au nord-ouest de la ville) 033 683 303 www.aquaparkbudva.com Début juin-fin sept. : tlj. 10h-19h 25€ (demi-journée 15h-19h 17,50€), enfants de 1 à 1,30m 20€ (14€), moins de 1m gratuit

NOS ADRESSES

PAUSES

Tarte à la crème

Caffe Mozart

Institution locale postée à l'entrée de la vieille ville, ce café à l'italienne, qui fait aussi restaurant, est apprécié pour ses glaces très classiques (ananas, yaourt, caramel, citron, etc.) et ses pâtisseries généreuses (mille-feuilles, tartes aux fruits et gâteaux à la crème aux noms compliqués, mieux vaut aller choisir dans la vitrine !). Sa grande terrasse s'étend au pied des remparts.

BUDVA (plan 6, A3 n°1) Njegoševa 1 Stari Grad 069 101 789 www.caffemozart.com Tlj. 8h-1h (fermeture selon affluence hors saison)

L'as de la glace

Il Bio Gelato di Salvatore

Chaque été, ce petit cabanon prend ses quartiers à deux pas des remparts. Très sympathique, Salvatore met du cœur à préparer ses glaces et sorbets maison, élaborés à partir d'ingrédients bio. Parfums classiques : fruits rouges, agrumes, chocolat, tiramisu, caramel...

BUDVA (plan 6, A3 n°2) Slovenska Obala 2 069 668 860 Page FB Juin-sept. : 8h-1h

Pour jouer à Robinson

Malaya Beach ♥

Sur la plage de Jaz (p.100), traversez toute l'anse de gauche sur sa longue passerelle de bois, puis franchissez l'amas de rochers : derrière se cache cette paillote colorée, bordée d'une longue pergola couverte de vigne, où se balancent quelques hamacs. Isolé, l'endroit prête à une douce parenthèse, en particulier au coucher du soleil... Carte de cocktails et, pour se restaurer, poisson grillé.

UVALA JAZ (5km à l'ouest du centre-ville par la route littorale E65 dir. Tivat) 069 552 035 Page FB Début juin-fin sept. : tlj. 9h-21h

Voir aussi **Casper Bar** (p.92).

RESTAURANTS

Snack à l'orientale
Smsom €

Créé par un jeune duo libano-monténégrin, un petit repaire dédié au *smsom*, c'est-à-dire au sésame. Comme au Moyen-Orient, tout tourne ici autour du *saj* (la plaque de cuisson traditionnelle), sur lequel sont préparés les incontournables *man'ouché*, ces galettes garnies d'herbes et épices (*zaatar*), voire d'houmous et de falafels. Parfait pour un repas végétarien simple et rapide (4-7€ la galette).

BUDVA (plan 6, A3 n°10) Cara Dušana, 8 Stari Grad 067 726 950 ou 068 472 001 Page FB Haute saison : tlj. 10h-23h (horaires variables l'hiver)

Les pieds dans le sable
Restoran Jadran Kod Krsta €€

Une institution du bord de mer, née en 1979, bien avant la disparition de la Yougoslavie ! Son décor de cordages et de chaloupes en bois n'est plus de première fraîcheur, mais la terrasse sort du lot : les tables prennent leurs aises sur la plage... Produits de la mer à l'honneur : soupe de poisson, risotto à l'encre de seiche, poulpe grillé, etc. Plats env. 8-10€ (poisson à partir de 40€/kg).

BUDVA (plan 6, B2 n°11) Slovenska Plaža 069 030 180 ou 069 338 332 www.restaurantjadran.com Tlj. 7h-1h

Une valeur sûre
La Villa €€

Un décor soigné alliant vieilles pierres et touches déco élégantes, et, pour dîner en extérieur, deux ambiances : un joli patio abrité derrière les remparts et une grande terrasse face au port. La carte affiche une certaine ambition (carpaccio de loup de mer à l'huile de truffe et wasabi, risotto aux crevettes et safran...), avec un beau choix de pizzas et de pâtes à moindre coût. Plats 9-19€.

BUDVA (plan 6, A3 n°12) Cara Dušana 2 Stari Grad 063 225 407 Page FB Tlj. 10h-0h (sous réserve en hiver)

Sentiment d'exclusivité
Hotel Astoria-Rooftop €€€

Lassé par les restaurants trop touristiques, le bruit, la foule ? Réfugiez-vous sur le toit-terrasse de cet hôtel, perché au-dessus de la vieille ville. La nuit venue, à la lumière des bougies, le romantisme est au rendez-vous, d'autant que la carte vise la finesse et l'originalité, à l'instar de ce risotto

Moules et supions à la dalmate

de homard aux épices. Plats 18-33€ (poisson grillé à partir de 63€/kg). Réservation conseillée.

BUDVA (plan 6, A4 n°14) Njegoševa 4 Stari Grad 033 451 110 www.astoriamontenegro.com Tlj. à partir de 19h (dîner uniquement)

À l'écart de la ville
Hotel Poseidon ♥€€

Sur la belle plage de Jaz (p.100), l'adresse ne manque pas d'atouts : protégée par une végétation filtrant les rayons du soleil, sa vaste terrasse livre une superbe perspective sur les falaises littorales. Joli choix à la carte : pizzas, pâtes, viandes panées ou poulpe grillé (plats 6-10€), et poisson de la pêche (29-39€/kg). Le tout accompagné de jus de fruits et de légumes détox...

UVALA JAZ (5km à l'ouest du centre-ville par la route littorale E65 dir. Tivat) 033 463 134 ou 69 411 240 www.poseidon-jaz.com Fin avr.-fin oct. : tlj. midi et soir

SHOPPING

Pour un souvenir original
Magic Yard

Quatre amis, monténégrins et russes, ont créé cette galerie atypique, où ils présentent les œuvres d'une cinquantaine de jeunes artistes des Balkans (Monténégro, Serbie, Macédoine...), la plupart issus de l'Université des arts de Belgrade. Peintures, sculptures, céramiques, bijoux, foulards peints, etc. En hiver, le lieu fonctionne davantage comme un club social, proposant projections, lectures...

BUDVA (plan 6, A4 n°30) Iva Mikovića Stari Grad 069 875 110 ou 068 370 054 Page FB Été : tlj. 9h-23h ; hiver : tlj. 9h-21h

SORTIES

Destination très festive, en particulier pour la jeunesse serbe en haute saison, Budva a des allures de boîte de nuit en plein air dans toute la vieille ville, mais surtout le long de Slovenska Obala, l'avenue parallèle au bord de mer, où se succèdent les bars et les clubs, promus par des rabatteuses aux tenues aguicheuses.

Tour Eiffel comprise
Trocadero

Dans la ville moderne, le plus fameux des établissements nocturnes locaux : sa piste de danse extérieure est visible de loin avec sa reproduction de la tour Eiffel haute de plusieurs mètres... Décibels et foule enjouée au programme.

BUDVA (plan 6, B1 n°40) Mediteranska 4 069 069 086 www.trocaderobudva.com

Au sommet de la nuit
Top Hill

Tard dans la nuit, la foule des clubbers migre vers les hauteurs de la ville, où cette boîte de nuit fait figure d'incontournable.

BUDVA Topliški put bb (3km au nord de la vieille ville) 067 478 888 www.tophill.me

RIVIERA DE BUDVA

C'est bien sûr en référence à la Riviera franco-italienne que cette portion du littoral, qui s'étend entre Budva et Petrovac, a reçu son nom. Si le spectacle des montagnes plongeant dans la mer est conforme à ce patronage, le charme opère diversement tant la côte a subi, il faut le dire, un bétonnage massif. Et quand subsistent des espaces préservés, ils sont souvent privatisés : même l'îlot de Sveti Stefan, le "Mont-Saint-Michel monténégrin", a été transformé en hôtel de luxe.

À VOIR

BEČIĆI, PRŽNO ET SVETI STEFAN

Royaume du "tout-inclus"

Bečići et Rafailovići

Juste à l'est de Budva, Bečići (prolongée sans transition par Rafailovići) aligne ses vastes complexes hôteliers le long de la voie rapide côtière. C'est, sur la côte, le principal fief du tourisme "tout-inclus". Sauf à y séjourner, l'intérêt de s'y arrêter est très relatif : la promenade de bord de mer a pour cadre une succession de hautes grilles protégeant les enclaves hôtelières, quelques terrains vagues en attente d'être lotis, et tout un cordon de bicoques abritant des bars, glaciers ou boutiques de souvenirs. La plage, longue de 1,8km, est peu attrayante avec son sable gris, sa foule et son manque d'entretien : les bouteilles d'alcool vides abandonnées ne sont pas rares... Tout à l'est, un petit tunnel franchit le cap Đevištenje et débouche sur l'**anse de Kamenovo**, plus intime mais malheureusement surplombée par la route littorale.

1km à l'est de Budva sur l'E65

Tout reclus

Monastère Duljevo / Manastir Duljevo

La route ne va pas plus loin et c'est tant mieux, car ses lacets sont fastidieux ! Sur les hauteurs de la côte, ce minuscule monastère séduira les férus d'histoire religieuse : pas plus grande qu'une chapelle, l'église daterait du 14e s. Sur ses murs grossièrement repris au ciment – le tremblement de terre de 1979 n'a pas épargné l'édifice – subsistent quelques fragments de fresques, dont deux personnages surgissant de la paroi tels des fantômes, assimilés, selon une légende sans doute mâtinée de nationalisme, au grand roi serbe Stefan Dušan (1331-1355) et son fils. Une dizaine de nonnes habitent aujourd'hui le couvent. Elles accueillent les visiteurs avec une grande gentillesse et proposent, dans une petite boutique, souvenirs pieux, huiles d'olive, savons, bougies, etc.

À 6km de Bečići (suivre la route littorale vers le sud et, 500m après l'anse de Kamenovo, prendre à gauche ; monter sur 4km) 068 301 010 www.manastirduljevo.com © Entrée libre

À NE PAS MANQUER

- Pržno
- Sveti Stefan
- Sentier littoral de Miločer

Sur le bord de mer de Pržno

Charmant refuge

Pržno

Peu après Bečići, cette petite cité nichée dans un repli de la côte constitue une jolie surprise. Certes, le stationnement sur la route qui descend vers la plage est difficile en haute saison, mais ce minuscule port méditerranéen conserve tout son cachet avec ses vieilles maisons de pierre étagées en un amphithéâtre au-dessus de la mer et toisant un curieux îlot rocheux coiffé d'une ruine. Le soir venu, ce tableau est d'autant plus charmant que l'endroit retrouve tout son calme ; le quai offre alors de délicieuses terrasses pour le dîner, cf. Restaurants (p.107). Du village, le chemin côtier qui rejoint Sveti Stefan déroule une superbe balade, cf. Sentier littoral de Miločer (p.107).

3km au sud de Bečići par l'E65

Pause photo

Sveti Stefan ★

Imaginez le Mont-Saint-Michel transformé en hôtel de luxe et réservé à ses clients : tel est le cas du célèbre îlot de Sveti Stefan, objet de tant de cartes postales, aujourd'hui géré par le groupe singapourien Aman. Sauf à profiter des visites guidées (un tour de 40 minutes à travers les ruelles du village), l'entrée sur la petite digue d'accès est rigoureusement interdite aux touristes. On se contente donc de contempler le site depuis la côte, qui ne manque certes pas d'attraits : le village, fortifié au 15e s., se révèle très photogénique avec sa myriade de toits de tuiles et de cyprès enserrés par les flots.

3,5km au sud de Pržno par l'E65 (parking payant face à la digue d'accès) Billetterie à l'entrée de la digue ⏲ Visites guidées Ouvert mai-oct. : tlj. à 11h et 14h (variable en hiver) Se rendre sur place 30min à l'avance (10 pers. maximum) € 20€/pers.

Iconostase, monastère Praskvica

Déluge d'icônes
Monastère Praskvica / Manastir Praskvica

Juché sur les collines au-dessus de Sveti Stefan, cet imposant monastère, fondé en 1413, offre un tableau charmant, mêlant vieilles pierres, cyprès et vue plongeante sur la côte... Dans ce cadre bucolique, l'église principale, Saint-Nicolas, brille par sa sobriété. Seules quelques fresques anciennes habillent encore ses murs, largement reconstruits au milieu du 19e s. Ceux-ci mettent d'autant plus en valeur la richesse de l'iconostase. Élevée au même moment, elle occupe toute la hauteur de l'édifice et évoque un grand retable baroque, paré de peintures classiques d'une belle facture – dues à Nicholaos Aspioti, artiste originaire de Corfou. À l'arrière s'étend un vaste cimetière, bordé par la chapelle de la Sainte-Trinité, de date incertaine.

2km au nord de Sveti Stevan (au bord de la route littorale E65, à mi-chemin entre Pržno et Sveti Stefan) 🕒 Tlj. 5h-19h (service à 17h) € Entrée libre

À FAIRE

Profitez de la plage
Plages de Sveti Stefan

Deux plages s'étirent de part et d'autre de la digue d'accès à Sveti Stefan : à droite, celle qui dépend de l'hôtel, et donc payante (100€ par jour !) ; à gauche, la plage publique, autrement plus fréquentée et animée, mais agréable avec sa vue parfaite sur l'îlot fortifié.

Crvena Glavica

Plusieurs criques rocheuses se dissimulent sur la côte, au sud de Sveti Stefan. Elles sont accessibles à partir du camping Auto Camp Crvena Glavica (à la sortie sud de la localité sur l'E65/E80), qui fait payer l'accès en saison (3€). De là, la route mène jusqu'à l'anse principale de Crvena Glavica, au creux de falaises rougeoyantes, couvertes de maquis. Un havre magnifique, mais tempéré par quelques bémols : un tapis de galets plutôt inconfortables et, en haute saison, un bar de plage à la sono assourdissante... Plusieurs autres criques se cachent alentour, certaines appréciées des nudistes, que l'on rejoint par des petits sentiers assez accidentés, à peine visibles un peu plus haut sur la route.

3km au sud de Sveti Stefan

Randonnez en bord de mer

Sentier littoral de Miločer

Le chant des grillons, l'odeur des pins, les rochers et les eaux émeraude... Ce bout de rivage évoque un petit paradis. Mais aussi une cage dorée. S'il est si préservé – une exception sur le littoral –, c'est qu'il est une enclave privilégiée, propriété de l'hôtel Aman Sveti Stefan (p.286), qui gère ce vaste parc de bord de mer et ancien domaine royal de la dynastie Karađorđević. Seul le sentier littoral est autorisé au public. Au départ de Pržno, vous longerez d'abord une première plage, **Kraljičina Plaža** ("de la Reine"), à peine décelable derrière le bâtiment très chic qui abrite le spa de l'hôtel de luxe. L'anse suivante, connue sous le nom de **Kraljeva Plaža** ("du Roi"), et surtout de **Miločer Plaža**, constitue sans doute, avec son sable clair et ses eaux limpides, la plus belle crique monténégrine... Elle n'est cependant accessible qu'à condition de louer un transat au prix de 130€ la journée ! Enfin, le sous-bois rejoint Sveti Stefan.

Entre Pržno et Sveti Stefan (sentier de 1,5km)

NOS ADRESSES

RESTAURANTS

Au bord de l'eau

Konoba More ♥€€

Les flots à vos pieds, le village en arrière-plan, les îlots rocheux au premier et, la nuit venue, les lumières littorales illuminant l'horizon : superbe décor pour un repas dans la jolie marina de Pržno. La cuisine n'est pas en reste, riche de saveurs iodées : salade de fruits de mer, langoustines grillées, poisson local frit... Plats 9-15€, poisson à partir de 39€/kg.

PRŽNO Obala 18 (7km au sud-est de Budva, sur la plage) 033 468 255 ou 069 040 579 www.konobamore.me Tlj. 12h-23h30 (sous réserve en hiver)

Vue de carte postale

Restaurant Drago €€

Idéalement située, sa terrasse couverte de vigne domine le célèbre îlot de Sveti Stefan – un époustouflant panorama, dont on profite plus ou moins selon les tables. À l'unisson de cette adresse familiale, la carte joue avec sincérité la tradition locale : soupe de veau ou de poisson, salades de fruits de mer, goulasch de bœuf, assiettes de pâtes, grillades de viande ou de poisson, etc. Plats 8-15€.

SVETI STEFAN Slobode 32 (8,5km au sud-est de Budva, sur la route qui descend vers l'îlot) 033 468 477 ou 069 032 050 restaurantdrago.com Mars-nov. : tlj. 8h-23h

Autre vue de carte postale !

Hotel Adrović €€€

Malgré la proximité de la route à l'arrière, les deux terrasses et la salle offrent un panorama magistral de Sveti Stefan, idéal pour un repas romantique... La carte s'y prête également, revisitant les classiques locaux avec une pointe d'invention, comme cette dorade à la crème, asperges et risotto safrané. Plats 14-25€.

SVETI STEFAN Jadranski put bb (8km au sud-est de Budva, au carrefour de l'E65 et de la route d'accès à Sveti Stefan) 033 468 507 ou 069 322 195 www.hoteladrovic.com Tlj. 7h-22h (23h en haute saison)

PETROVAC

Il y a peu encore, Petrovac était le secret le mieux gardé de la côte : une anse superbe au creux des montagnes, avec un port grand comme un timbre-poste, un petit fort vénitien dominant des eaux azur, et un long front de mer idéal pour flâner en soirée. Hélas, les promoteurs ont flairé le filon et d'énormes complexes hôteliers ont fleuri. La localité reste cependant l'un des meilleurs points de chute sur le littoral monténégrin... à condition d'accepter la foule estivale !

ACCÈS

- De la route littorale E65/E80, deux voies secondaires descendent jusqu'au cœur de la localité, où elles se rejoignent pour former une artère principale sinuant entre les villas et les hôtels jusqu'à la rue Nika Anđusa, où se trouvent plusieurs parkings (payants en saison).

À VOIR

PETROVAC ET SES ENVIRONS

100% flânerie

Petrovac

Vouées à une urbanisation chaotique, les hauteurs de Petrovac se traversent rapidement pour gagner le rivage : tout le charme de la station tient à sa promenade de bord de mer longue de 700m. Au large, les deux curieux îlots de **Katič** et **Sveta Nedjelja** fendent les flots et ajoutent un attrait supplémentaire à la baie, encadrée par deux superbes éminences rocheuses tapissées de maquis. L'un d'eux est surmonté d'une minuscule chapelle. Certes, en journée, les transats sont à touche-touche sur la plage, mais le soir venu, c'est un lieu de flânerie agréable, où les maisons de pêcheurs et les villas du siècle dernier plantent un décor intime. Tout à l'ouest, une digue longue de quelques mètres protège le **port**, aussi minuscule que croquignolet. Juste au-dessus se tient la petite **forteresse** construite par les Vénitiens au 17e s., bordée par un long bâtiment de pierre, ancien **lazaret** où les marins étaient mis en quarantaine en cas d'épidémie.

DRÔLE D'AFFAIRE

Paisible localité il y a 15 ans, Petrovac est devenue méconnaissable, avec l'édification de dizaines de tours d'immeubles... Face à ces ravages irrémédiables, la municipalité a annoncé en 2017 l'arrêt de toute nouvelle construction. Mais pouvait-il en être autrement, tant la plage, bondée en été, semble incapable d'absorber des vacanciers supplémentaires ?

Fantômes d'autrefois

Monastère Reževići / Manastir Reževići

Au faîte de la falaise côtière, surveillant le large, cet ensemble monastique baigne, malgré la proximité de la route littorale, dans une douce quiétude, bercée par le concert des grillons en été... Un joli édicule peint de fresques

À NE PAS MANQUER

- Petrovac
- Monastère Gradište
- Promenade sur les falaises de Petrovac à Perazića Do
- Plaža Lučice

La côte rocheuse vue de la forteresse de Petrovac

commande l'accès au sanctuaire, dominé par les façades mitoyennes de deux églises. La plus grande, l'église de la Sainte-Trinité, n'est pas la plus intéressante : datant du 19e s., elle recèle un ensemble de fresques très restaurées, dont les personnages présentent des traits relativement grossiers. On s'attardera davantage dans sa voisine, l'église de l'Assomption-de-la-Vierge : les murs de ce petit oratoire, sans doute contemporain de la fondation du site (13e s.), laissent apparaître, entre de grosses reprises de ciment opérées après le séisme de 1979, les restes de visages sans âge, dont l'expression profondément sereine demeure prégnante...

4km au nord de Petrovac au bord de l'E65 🕒 Tlj. 9h-19h € Entrée libre

Saint âne

Monastère Gradište / Manastir Gradište

En quittant Petrovac vers le sud, il est difficile de ne pas remarquer cette chapelle, qui joue les équilibristes au-dessus de la route littorale, perchée sur un éperon rocheux. Ne résistez pas à l'ascension, malgré la route très abrupte : le monastère, qui a fêté ses 900 ans en 2016, est l'un des plus ravissants du pays. Trois églises s'y dressent à flanc de roche, et leurs gracieux campaniles se détachent magnifiquement sur l'Adriatique, cernés par les cyprès et les oliviers... Derrière le portail d'entrée se tient l'église Saint-Sava, au bel appareillage de pierres roses et blanches. Datant du 19e s., elle remplacerait un sanctuaire plus ancien. Malheureusement, ses fresques ont été entièrement repeintes dans les années 2000 et ont perdu leur charme passé. Plus haut, on découvre l'église principale, Saint-Nicolas, qui recèle les plus belles fresques, héritées du début du 17e s., ainsi qu'une iconostase du 18e s. : patiné par les ans, ce cortège de saints – dont l'un à tête d'âne ! – est de toute beauté. Enfin,

Monastère Gradište

dans le cimetière s'élève l'église de l'Assomption-de-la-Vierge (17e s.), nantie de quelques fresques d'époque.

1,5km au sud-est de Petrovac sur l'E65 (un discret panneau indique la route du monastère, côté montagne : une voie très pentue sur 500m, que l'on peut emprunter avec une voiture de tourisme, bien qu'impressionnante ; sinon, monter à pied) ⏲ Horaires d'ouverture des différentes églises variables € Entrée libre

À FAIRE

Promenez-vous sur les falaises

De Petrovac à la plage de Perazića Do 👍

Peu de touristes remarquent l'escalier qui démarre derrière le lazaret, tout au bout de la promenade de bord de mer de Petrovac (p.108). Il ouvre pourtant sur un sentier de toute beauté, sinuant à flanc de falaise. Dans l'odeur des résineux et rythmée par le chant des oiseaux, la balade dévoile des vues magnifiques sur les flots émeraude en contrebas, tandis qu'à l'horizon les montagnes brossent un tableau grandiose. Après 15min de marche, le chemin s'enfonce dans la roche à travers un impressionnant tunnel piéton long de 500m (en plusieurs portions). Malheureusement, l'enchantement ne dure pas quand on atteint l'autre côté : sur la **plage de Perazića Do**, dans une crique autrefois sauvage, gît l'immense carcasse de béton d'un hôtel inachevé fiché dans la falaise et abandonné depuis 2003, suite à un improbable imbroglio politico-financier...

Profitez de la côte

Moins de 20km séparent Petrovac de Bar. Relativement escarpée, cette portion du littoral se révèle plus préservée qu'ailleurs : la végétation est reine sur les falaises, mais celles-ci tombant directement dans l'Adriatique, les accès au bord de l'eau sont rares. Seules se distinguent les plages de Čanj (10km au sud de Petrovac) et de Sutomore (4km après Čanj), dont les abords accueillent des stations très populaires, essentiellement dédiées au tourisme local. Indéniablement, ce sont les environs immédiats de Petrovac qui retiendront votre intérêt.

Plage de Petrovac

La plage principale de Petrovac ne manque pas d'attraits : la baie est superbe, ses eaux sont relativement protégées, et le sable, bien que grossier, invite à poser sa serviette. Malheureusement, la fréquentation est à son comble en plein été : amateurs de calme s'abstenir...

Plaža Lučice 👍

Hors saison, le site est idyllique : une petite anse aux eaux bleu-vert, prise entre deux pointes rocheuses coiffées de pins... Évidemment, le secret ne s'en est pas gardé et, en été, la plage est aussi fréquentée que celle de Petrovac. Dans cet univers clos, la densité des transats et des serviettes est d'autant plus étouffante... À noter un long toboggan aménagé le long des rochers et qui fait le bonheur des enfants. Du centre de la station, l'accès à pied est facile (comptez 10-15 minutes), et le sentier se poursuit vers l'est à travers le maquis côtier, menant en 20min environ à la plaine de Buljarica.

À 850m à pied au sud-est du centre de Petrovac (du bord de mer, contourner l'Hotel Rivijera)
Accès payant en voiture en saison (7h-18h, tarif 3€, 2€ après 15h)

Plaine de Buljarica

Véritable exception sur un littoral montagneux, la petite plaine de Buljarica ressemble à un tapis de verdure quand on la découvre du haut de la voie côtière. Seule une route de campagne la sillonne, sinuant à travers ses oliveraies et ses vastes zones peuplées d'ajoncs. La plaine reste en grande partie marécageuse, ce qui explique qu'elle ait jusqu'à aujourd'hui échappé à l'urbanisation, bien que des projets d'aménagement soient régulièrement évoqués. Sa frange maritime s'étire en une plage longue de 2km, lotie de quelques bâtisses à l'ouest, et entièrement sauvage plus loin. C'est ici que vous poserez votre serviette si vous recherchez du calme. Sachez aussi que la grève est constituée de gros galets mêlés à des déchets végétaux, environnement naturel oblige.

6km au sud de Petrovac par l'E65 (suivre les panneaux du camping Maslina)

Pagayez sur la baie, cabotez sur la côte

Quelques stands nautiques s'installent pour la saison sur le petit port de Petrovac et pratiquent notamment la location de kayaks de mer : l'occasion d'une activité réjouissante à petit prix (5€/h), permettant d'approcher les îlots déserts de Katič et Sveta Nedelja. Quelques taxi-boats proposent également

La plage de Lučice

de vous mener à la plage de Buljarica ou dans des criques inaccessibles, en particulier Kraljičina Plaža ("plage de la Reine"), une anse superbe mais en partie privatisée (5€/pers.).

Envolez-vous

Paragliding

Rampe de lancement idéale pour les parapentistes, le littoral est souvent constellé de voiles virevoltant à la verticale de la mer. Ce club propose des départs depuis les hauteurs de la plaine de Buljarica. Formidable horizon pour un vol d'environ 20min (comptez 65€ pour un tandem avec un instructeur). Des départs sont également organisés au-dessus de Budva et de Bečići.

Petrovac 069 994 557 paragliding4.me Sur réservation

NOS ADRESSES

PAUSES

Face à la mer

Panini

Au cœur de la station, sa vaste terrasse regarde la mer... L'endroit est tout indiqué pour une pause, qu'il s'agisse d'y prendre une simple boisson fraîche (joli choix de cocktails de fruits frais, 3,50€), un cornet de glace (parfums cacao, cheesecake, kiwi, etc., 0,90€ la boule) ou un repas sans chichis mais de bonne tenue : paninis et sandwichs, salades, pâtes, pizzas, etc., entre 3 et 9€.

PETROVAC Obala 103 68 410 289 Page FB
Tlj. 8h-1h (horaires variables en hiver)

Le songe d'une nuit d'été

Ponta ♥

Au bout de la promenade de bord de mer de Petrovac, un étroit tunnel perce la falaise... Quelle belle surprise de l'autre côté ! Un petit havre lové parmi les rochers, isolé face au large, rêvé pour contempler le coucher du soleil ou les étoiles ! On peut y siroter bières et cocktails, et même y manger (gaspacho, brochettes de viande, pâtes, poisson grillé, etc., de 5 à 15€). Concerts en saison.

PETROVAC Obala (tout à l'est de la promenade de bord de mer, à l'opposé du lazaret) ⏲ Haute saison : tlj. 8h-1h

RESTAURANTS

Pour manger sur le pouce, vous trouverez sur le front de mer des snacks tout à fait recommandables, proposant kebabs, burgers, sandwichs, pizzas et autres. En haute saison, plusieurs restaurants de plage affichent des cartes à prix doux sur la plage de Lučice.

Aux petits oignons
Mediterraneo ♥€€

Cette adresse familiale – une rareté dans le pays – fait plaisir ! Sur la promenade de bord de mer, sa terrasse plantée de citronniers est agréable pour observer le ballet des passants. La cuisine se révèle soignée, tels cette fraîche salade de poisson en entrée, ce filet de loup à la dalmate – un classique, ici bien goûteux – et l'incontournable dessert *tre lecce*, particulièrement réussi. Plats 10-18€.

PETROVAC Obala 37 ☏ 033 401 612 ou 069 562 408 Page FB ⏲ Avr.-oct. : tlj. midi et soir

Vue magistrale
Ambassador €€

Tout à l'ouest du front de mer, sa terrasse offre sans doute le point de vue le plus large sur la plage et les superbes falaises qui referment l'horizon. La cuisine, classique, fait profession de qualité, qu'il s'agisse des assiettes de pâtes et des salades, des viandes grillées ou du poisson (à partir de 39€/kg). Parfait pour un déjeuner ensoleillé, comme pour un dîner sous les étoiles... Plats 3-19€.

PETROVAC Obala 15 ☏ 033 426 900 www.montecasa.com ⏲ Avr.-oct. : tlj. midi et soir

Table traditionnelle : jambon de Njeguši, *ćevapi*, *burek*...

BAR

Principal port industriel du pays (20 000 habitants), Bar n'a rien d'une station balnéaire. Le centre-ville, marqué par l'urbanisme yougoslave, ne mérite qu'un coup d'œil, et l'on s'attardera plus volontiers à Stari Bar ("Vieille Bar"), perchée dans l'arrière-pays, forte d'un héritage ottoman toujours vivace. En arrivant du nord, c'est l'une des premières contrées où les minarets dominent l'horizon et où le chant du muezzin rythme la journée...

À VOIR

BAR

De loin, on en aperçoit d'abord les gros réservoirs d'hydrocarbures festonnant la côte. Rien de très engageant et, de fait, avec son petit front de mer peu aménagé et sa minuscule plage de galets, Bar ne prête guère à la villégiature. On l'appelle parfois Novi Bar ("Nouvelle Bar"), par opposition à la cité historique, Stari Bar (p.115). Cette ville moderne ne fut en effet fondée qu'en 1908. On fait rapidement le tour de son centre, typique de la Yougoslavie de Tito avec ses larges avenues et ses gros immeubles. Ne manquez pas, sur le carrefour central, le grand centre commercial **Robna Kuća Izbor** (1980), qui résume toute une utopie avec son étonnante silhouette de vaisseau spatial ! Non loin, sur l'axe de la route littorale, vous ne pourrez ignorer l'imposante **cathédrale Saint-Jean-Vladimir** (Hram Svetog Jovana Vladimira), surmontée d'aveuglants dômes d'or. Témoignage de la résurgence de la religion orthodoxe dans le pays, l'ensemble a été achevé en 2016 et dévoile un ambitieux programme de fresques de facture contemporaine.

Villégiature bourgeoise

Palais du roi Nicolas / Dvorac kralja Nikole

Le mot de "palais" est sans conteste exagéré : posée sur la promenade du bord de mer, la demeure évoque davantage une imposante maison de maître. Élevée en 1885, elle fut la résidence d'été du roi Nicolas Ier et de sa famille. La visite en est fort rapide : quelques pièces – la salle à manger, la chambre à coucher, le salon avec son piano – au mobilier sans lustre mais typique des intérieurs bourgeois de la fin du 19e s., tandis que d'autres exposent des collections disparates : pêle-mêle, quelques amphores romaines, des vestiges de navires de guerre modernes, des costumes folkloriques, de la vaisselle et même, esseulé dans une vitrine, un vieux pot de chambre ! Alentour, l'ancien parc de la demeure, devenu public, prête à une promenade ombragée.

Šetalište kralja Nikole (sur la promenade de bord de mer) ◷ Juin-sept. : tlj. 8h-22h ; oct.-mai : tlj. 9h-20h € 1€

À NE PAS MANQUER

- Stari Bar

Sur la route de Stari Bar

SUR LES TRACES DE...

Les abords de Bar cachent une petite star : Stara Maslina, un "vieil olivier" qui serait âgé de 2 240 ans, et que l'on dit être le plus vieil arbre d'Europe ! Les arbres prétendant au titre d'aîné du continent sont en réalité nombreux, mais cet aïeul porte encore très beau...

4km au sud de Bar par la M2.4 dir. Ulcinj, indiqué sur la gauche

STARI BAR

Isolée sur les hauteurs de l'arrière-pays, la "Vieille Bar" n'est plus qu'un fantôme... Sans doute fondée par les Illyriens il y a 2 500 ans, puis développée par les Romains, l'antique Antivari (ainsi nommée en écho à la ville italienne de Bari, ancrée sur la rive opposée de l'Adriatique) n'aura pas survécu à la guerre contre les Ottomans au 19e s. À son pied s'est développé un nouveau village, dont la rue principale dévoile un décor de maisonnettes pittoresques, combinant le bois et la pierre, évoquant certains bourgs de Turquie. De fait, la localité n'a pas renié son héritage ottoman, et ses habitants sont restés fidèles à la religion musulmane, signalée par les minarets fuselés qui se dressent dans le ciel. Face à l'entrée de la vieille ville, jetez donc un coup d'œil à la noble **mosquée Omerbašić**, datée de 1662 et cernée de belles pierres tombales calligraphiées.

4km à l'est de la ville moderne (bien indiqué sur la M2.4, dir. Ulcinj)

Bastion millénaire

Visite des ruines

Vous n'arpentez pas ici un site archéologique, mais des ruines de guerre ! Ottomane à partir de 1571, la cité fut "libérée" par les Monténégrins en 1878, au prix d'un bombardement massif : une victoire à la Pyrrhus, puisqu'elle ne put jamais être reconstruite... Derrière ses remparts toujours impressionnants, le tracé des rues reste bien lisible, la plupart des bâtiments ayant gardé leurs murs sur une hauteur d'un mètre. On découvre ainsi une cité figée à l'époque ottomane, qui conserve notamment ses bains turcs. En revanche, il ne subsiste que les fondations de la cathédrale Saint-Georges (11e-15e s.), qui avait été transformée en mosquée. Auparavant, la ville avait été occupée par les Vénitiens (d'où plusieurs palais du 15e s., aux belles baies caractéristiques) et, plus tôt encore, par les dynasties serbes régnant sur la région, auxquelles on doit quelques architectures romanes. Enfin, la citadelle, qui arbore toujours des murs vertigineux (10e-19e s.), révèle une vue imprenable sur la région.

Tlj. 8h-20h 2€

NOS ADRESSES

PAUSES

Pâtisseries orientales

Kamelija

La famille Karađuzović règne sur cette petite entreprise depuis 1934 – les photos en noir et blanc sur le mur racontent aussi l'histoire d'une dynastie. Fidèle à la tradition de cet ancien fief ottoman, le présentoir regorge de pâtisseries turques, baklavas et autres douceurs à base d'amandes et de fruits secs (0,50-0,90€). Pour vous rafraîchir, profitez aussi des sorbets (citron, kiwi...).

STARI BAR (dans la rue principale menant aux ruines) 030 315 856 ou 030 340 878 ou 069 031 862 Mai-sept. : tlj. 9h-17h (jusqu'à 22h en haute saison)

RESTAURANTS

De Bar à Bari

Caffe Pizzeria Ciao €

Une institution du bord de mer de Bar. Évidemment, ses pizzas et spécialités italiennes (pâtes, lasagnes, gnocchis, risottos, etc.) n'atteignent pas les sommets de l'autre côté de l'Adriatique, mais elles sont honorables. De surcroît, l'endroit est chaleureux avec ses boiseries et son auvent où de gros canapés prennent leurs aises... Pâtes et pizzas 5-8€, viandes 16€.

BAR Šetalište kralja Nikole bb 067 658 226 Page FB Tlj. midi et soir

Jardin princier

Restoran Knjaževa Bašta €€

Ce restaurant jouit d'un écrin de choix : les serres historiques du palais du roi Nicolas (p.114), bordées d'une vaste terrasse environnée d'arbres centenaires. Délicieux pour un dîner en amoureux... et idéal en famille, car les jeux pour enfants du parc sont à portée de regard ! Carte classique : soupe de poisson, risottos, pâtes, poisson ou veau, etc. Plats 6-15€.

BAR Dvorac kralja Nikole 069 090 499 ou 030 312 601 www.knjazevabasta.com Tlj. midi et soir

De Stari Bar à Istanbul

Bedem ♥€€

Fidèle à la tradition de Stari Bar, la cuisine cultive ici de belles origines orientales, loin des menus standardisés de la côte : ainsi le *tanjir povrća* (spécialité végétarienne aux épices), le veau au vin rouge et au chocolat, ou encore le tzatziki... Pour s'installer, on hésite entre le joli patio, le balcon de la maisonnette, et ses petites pièces chaleureuses (branchages, coussins...). Plats 6-12€.

STARI BAR (dans la rue principale menant aux ruines) 069 666 336 ou 069 777 220 Page FB Mars-nov. : tlj. midi et soir

Charme voyageur

Kaldrma ♥€€

Cette maison croquignolette et sa terrasse ombragée vous feront à coup sûr de l'œil : voilages, tables basses et banquettes débordant de coussins évoquent une enclave orientale... La cuisine rappelle aussi joliment les racines ottomanes de la localité : aubergines au yaourt, poivrons farcis, agneau rôti aux légumes... sans oublier l'authentique café turc, servi dans le *cezve* en laiton ! Plats 6-16€.

STARI BAR (dans la rue principale menant aux ruines) 030 341 744 ou 067 846 404 Page FB Mars-nov. : tlj. midi et soir ; déc.-fév. : tlj. uniquement midi

SHOPPING

Grenadine maison

Bedem ♥

Cette jolie boutique de produits locaux est liée au restaurant du même nom et à une exploitation située à quelques kilomètres. Parmi le choix d'huiles d'olive, de confitures et de fromages de chèvre, se distinguent les vins de la propriété (en blanc ou rouge), la liqueur d'ortie sans sucre ajouté, ou encore le sirop de grenadine tiré de grenades sauvages cueillies dans la région, d'une ensorcelante suavité...

STARI BAR 069 666 336 Mars-nov. : tlj. 9h-tard (jusqu'à 0h en haute saison)

Sacs turcs

Konoba Kula Shop

Associée à la *guest house* et au restaurant du même nom, cette échoppe est une véritable caverne d'Ali Baba pour ses sacs en toile. Tous sont importés de Turquie et présentent des patchworks de tissus colorés caractéristiques. Certaines toiles épaisses évoquent d'ailleurs des kilims. Idéal pour un look ethnique, voire franchement "boho" (bourgeois-bohémien) ! Entre 10 et 35€ le sac.

STARI BAR 030 340 729 ou 067 341 305 Tlj. 9h-21h (horaires parfois réduits en hiver)

LIEUX DE SORTIE

L'animation nocturne de Bar se concentre sur la promenade de bord de mer, et sa voie perpendiculaire dans l'axe de la gare maritime, **Vladimira Rolovića**, où se côtoient plusieurs bars musicaux qui se livrent souvent à un assourdissant concours de décibels. Choisissez la terrasse qui vous agrée le mieux selon la programmation du jour... et votre résistance au bruit.

ULCINJ

Dernier arrêt avant l'Albanie ! Tout au sud du pays, Ulcinj (prononcez "oul-ci-ni") cultive sa différence. Marquée par un long passé ottoman, cette ville-frontière évoque la Méditerranée orientale avec ses minarets, ses boutiques aux airs de bazar, sa circulation automobile chaotique, ses cafés très animés… Destination prisée des Albanais et des Kosovars, la localité mise tout sur ses plages – dont la plus longue du littoral monténégrin, Velika Plaža, qui s'étire sur 12km jusqu'à la frontière !

ACCÈS

- Attention à la circulation et au stationnement anarchiques. En saison, le plus simple est d'opter pour l'un des parkings payants situés sur la montée vers la vieille ville, ou bien sur le cap juste après Mala Plaža.

À VOIR

ULCINJ

À l'instar des autres cités historiques de la côte, Ulcinj s'est épanouie dès l'époque illyrienne, avec l'avantage d'un port naturel protégé par un imposant promontoire rocheux surveillant l'Adriatique. Celui-ci sera fortifié dès l'Antiquité : des murs cyclopéens (d'inspiration grecque), vieux de plus de 2 500 ans, ont été mis au jour au nord de la vieille ville. Conquise tour à tour par les Byzantins, les Serbes, les Vénitiens, puis les Ottomans, la cité jouira d'une réputation sulfureuse avant l'époque moderne, constituant l'un des principaux fiefs de la piraterie en Adriatique. De nos jours, la ville présente un visage authentiquement balkanique, avec son paysage heurté de collines loties en tous sens de bâtisses hétéroclites souvent demeurées en chantier. Ici plus qu'ailleurs, une certaine pauvreté est sensible, jusque dans le centre historique, resté en grande partie en ruine, faute de moyens, depuis le tremblement de terre de 1979.

COULEUR LOCALE

Bien que revendiquée par les Albanais, Ulcinj a rejoint le giron du Monténégro en 1880. Pour autant, aujourd'hui encore, 60 à 70% de ses habitants se déclarent albanais et musulmans, et la langue albanaise y demeure majoritairement parlée. Nul besoin de franchir la frontière, située à 15km, pour avoir un aperçu de cet autre versant des Balkans !

Animation à l'orientale

Ville moderne d'Ulcinj

Avec sa topographie complexe, ses immeubles bigarrés, sa circulation fiévreuse et les libellés de ses rues déclinés en albanais, Ulcinj déconcerte au premier abord. De la route littorale M2.4, le long boulevard Đerđ Kastrioti Skenderbeg mène au centre de la localité, pris en goulot entre deux collines : seul un étroit col ouvre le passage vers le bas de la ville, où s'immisce sa rue

À NE PAS MANQUER

• Velika Plaža

Dans la vieille ville d'Ulcinj

principale, Hazif Ali Ulqinaku, qui descend en ligne droite vers Mala Plaža ("petite plage"). Mises à mal par le régime communiste et le séisme de 1979, les nombreuses **mosquées**, la plupart fondées par les Ottomans, sont des reconstitutions récentes. Elles se concentrent en haut d'Hazif Ali Ulqinaku, où se tient également le **marché**. À l'angle de Đerđ Kastrioti Skenderbeg, ces halles sont particulièrement populaires – des volailles en liberté picorent au pied des étals de légumes et de fruits secs ! Du marché au bord de mer, comptez une petite vingtaine de minutes de balade.

Tremblement et stupeur
Vieille ville d'Ulcinj / Stari Grad

Les photographies du centre historique sont flatteuses, en particulier celles qui sont prises de la Mala Plaža, d'où il montre son plus beau profil : celui d'une robuste citadelle dont les remparts s'avancent fièrement dans la mer. Pourtant, c'est un autre spectacle qu'il dévoile quand on y pénètre : la vieille ville d'Ulcinj fut laminée par le tremblement de terre de 1979 et, par manque de ressources financières, elle ne s'en est jamais relevée ; seuls quelques bâtiments ont pu être reconstruits – surtout occupés aujourd'hui par des hôtels et des restaurants. On découvre ainsi une vaste enclave de bâtisses effondrées, émaillées de tas de gravats (et d'ordures...). En journée, peu de touristes s'y aventurent ; c'est en soirée, à la faible lueur des réverbères, que cet étrange décor revêt le plus de charme, d'autant que la clientèle des restaurants amène un peu d'animation. À l'extérieur de la porte principale se dresse la cathédrale orthodoxe de la ville, Saint-Nicolas (Sv. Nikola), érigée à la fin du 19e s.

Porte principale en haut de la rue Hafiz Ali Ulqinaku, et rampe d'accès piétonne au départ de la plage et du port

Velika Plaža

Les Balkans d'autrefois

Musée d'Ulcinj / Muzej Ulcinja

Voisin de la porte principale de la vieille ville, il réunit diverses petites collections (musée archéologique, galerie d'art et musée ethnographique), réparties dans plusieurs bâtiments adossés aux remparts. Dans ce décor de vieilles pierres se distingue l'ancienne église Sainte-Marie (début du 16e s.), transformée en mosquée à la fin du 17e s. et flanquée alors d'un petit minaret qui subsiste sur la moitié de sa hauteur. Elle recèle aujourd'hui quelques terres cuites antiques, et surtout des vestiges de l'époque médiévale et ottomane (vaisselle, verrerie, etc.). À côté, la "galerie d'art" réunit des photographies anciennes d'Ulcinj, dont les scènes de vie évoquent particulièrement l'Albanie. Enfin, quoique modeste, la collection ethnographique est la plus riche : costumes folkloriques aux broderies colorées, objets agricoles ou de la vie quotidienne, ainsi que la reconstitution d'un intérieur traditionnel, typiquement oriental avec ses tapis et meubles bas.

À côté de la porte principale de la vieille ville 030 421 419 Mi-mai-fin sept. : tlj. 8h-20h ; oct. : tlj. 8h-18h ; nov.-mars : tlj. 8h30-15h ; avr.-mi-mai : tlj. 8h30-18h 2€

LES ENVIRONS D'ULCINJ

Le premier argument de la localité est sa Velika Plaža ("longue plage"), qui s'étend jusqu'à la frontière albanaise (p.121). Dans les terres, les ruines de l'ancienne Svač, dominant le petit lac de Šasko, se révèlent relativement anecdotiques, mais l'on peut y marquer l'arrêt si l'on souhaite rejoindre le lac de Skadar par l'est.

Ruines médiévales

Svač

Un petit chemin caillouteux part à l'assaut de la colline, au sommet de laquelle quelques murs esseulés émergent de la végétation : peu de vestiges subsistent de cette ancienne cité médiévale détruite par les Ottomans à la fin du 16e s. En revanche, le site de ce long éperon rocheux dominant la région – et l'Albanie à l'horizon – est superbe, et sur l'autre versant se dévoile une vue imprenable sur le lac Šas (Šasko jezero), qui miroite sur près de 400ha dans un vaste écrin de verdure. Demeurée sauvage, l'étendue d'eau n'est bordée par aucune route, et l'un des rares points d'accès à ses rives se situe près du restaurant Shasi, connu pour ses spécialités de poisson d'eau douce (bien indiqué sur la route 2,5km après les ruines de Svač).

20km au nord-est d'Ulcinj (par la M2.4 sur 18km, puis une route secondaire sur 2km) ; un panneau indique le site des ruines sur la droite, à la hauteur d'un terrain de foot abandonné où il faut laisser son véhicule et poursuivre à pied (env. 10min de montée)

À FAIRE

Arpentez les plages

Mala Plaža

Elle doit son nom de *mala plaža* ("petite plage") par opposition à la *velika plaža* ("grande plage") qui s'étend à la frontière albanaise. Au cœur de la cité, au pied de la vieille ville, elle dessine une anse protégée, mais surfréquentée aux beaux jours. Détail insolite : elle est flanquée d'une petite mosquée, dont l'appel du muezzin couvre à peine le brouhaha des baigneurs dénudés – ce qui prouve que la religion est relativement sécularisée dans la région.

Velika Plaža 👍

Sur les rives de l'Atlantique, ce serait une petite plage ; sur le littoral oriental de l'Adriatique, elle est exceptionnellement longue. Ses 12km de sable ont fait sa renommée, et le site est aujourd'hui un lieu de vacances très populaire, en particulier auprès des estivants albanais et kosovars. Au plus fort de la saison, elle revendique de pouvoir accueillir "500 000 baigneurs en même temps" : voilà qui donne une idée de la fréquentation de ce large ruban de sable gris, un brin monotone, où se succèdent les concessions privées, que l'on reconnaît à leurs champs de parasols de couleurs différentes. L'eau, peu profonde, attire logiquement de nombreuses familles.

5km à l'est d'Ulcinj par la R-17 et de nombreuses routes secondaires

Ada Bojana

Prenant sa source au lac de Skadar, le fleuve Bojana (Buna en albanais) marque la frontière entre le Monténégro et l'Albanie sur une quarantaine de kilomètres, avant de se jeter dans l'Adriatique au sud de Velika Plaža. Son delta réserve une surprise : protégée par deux bras du fleuve, une vaste île sableuse, dessinant un triangle de 3km de côté. Ce petit bout de terre accueille depuis les années 1970 un centre de vacances naturiste, qui a longtemps joui d'une renommée internationale, mais souffre aujourd'hui d'un sérieux manque d'entretien. L'accès à l'île est payant en été (péage après le pont d'accès).

15km au sud-est d'Ulcinj dans le prolongement de Velika Plaža © 6€/voiture et 1€/passager, ou 2€/piéton (du péage, 1km à pied pour rejoindre la plage)

Randonnez de la "petite" à la "longue" plage

Pour fuir l'agitation d'Ulcinj, n'hésitez pas à vous échapper le temps d'une balade sur la falaise littorale qui, à l'est de la ville, a résisté à l'urbanisation. De Mala Plaža, grimpez sur le cap à l'opposé de la vieille ville et suivez la petite route goudronnée (Steva Đakonovića Čiče) qui serpente au-dessus des flots. Elle dessert quelques établissements hôteliers et plusieurs criques rocheuses aménagées en plages privées (avec plateformes de béton et échelles métalliques pour se mettre à l'eau). Parmi elles se distingue la "plage des femmes" (Šenska Plaža), profonde échancrure dans la falaise, soustraite aux regards extérieurs et réservée aux femmes depuis l'époque ottomane. Après 1km, la route n'est plus qu'un chemin rocailleux au milieu de la très odorante pinède côtière. Puis la végétation se fait plus clairsemée, et l'on trouve facilement de gros rochers où poser sa serviette en toute tranquillité. Le chemin est peu fréquenté et longe toute la côte jusqu'à Velika Plaža (comptez 1h30-2h aller).

NOS ADRESSES

RESTAURANTS

Pour un repas rapide
Ristorante-pizzeria Bazar €

Parfait point d'observation sur l'animation de la ville, la salle, située au 1er étage, est placée dans l'axe de la rue principale descendant vers le bord de mer : la perspective est idéale sur le frénétique ballet des piétons et des voitures. La cuisine est toute simple et bon marché : de grosses assiettes de pâtes ainsi que des pizzas (4-8€), des viandes grillées (6-14€) et quelques plats de poisson (25-40€/kg).

ULCINJ Hazif Ali Ulqinaku bb (750m au-dessus de la plage) 030 421 639 ou 069 035 908 Tlj. midi et soir

Tendance et généreux
Pirate Wine Bar & Restaurant €€

Ouverte en 2017, cette table détonne avec son décor contemporain et élégant, associant pierre, bois verni et cave – vocation de bar à vins oblige. En revanche, si la terrasse est agréable, elle ne jouit pas de la vue sur la mer. La carte mise sur les valeurs sûres : soupe de poisson ou minestrone, salades, pâtes et risottos (plats 6-15€), sans oublier le poisson grillé (15-35€/kg).

ULCINJ Stari Grad (non loin de l'entrée principale et du musée) 069 032 804 Page FB Tlj. midi et soir (variable hors saison)

Plein large

Restaurant Antigona

Cette institution de la vieille ville bénéficie d'un argument de poids : à l'aplomb des remparts, sa vaste terrasse offre une vue plongeante sur les flots. Au soleil couchant, quand les oiseaux nichant sur la falaise se lancent dans leurs chorégraphies aériennes, le spectacle est captivant... L'adresse est certes touristique, mais la cuisine parie opportunément sur le poisson local grillé. Plats 14-15€.

ULCINJ Stari Grad (bien fléché) 069 154 117 Page FB Tlj. midi et soir (variable hors saison)

Parfum d'ailleurs

Restoran Miško ♥

À l'entrée d'Ada Bojana (p.122), en bordure de rivière, cette maison sur pilotis tout en bois distille un sacré

Poulpe grillé

exotisme. Logiquement, le menu fait honneur aux produits de la mer : écrevisses, anguille, poulpe, dorade, thon, rouget, pagre, rascasse, sole, turbot, etc. Les pièces, luisantes de fraîcheur, mettent en appétit ! Plats 9-13€, et 12-50€/kg au poids.

ADA BOJANA (15km au sud-est d'Ulcinj ; suivre Ada Bojana ; le restaurant est situé juste avant le pont sur la rivière, en contrebas sur la droite) 069 324 346 ou 069 022 868 Page FB Tlj. midi et soir (horaires variables l'hiver)

SORTIES

L'animation nocturne d'Ulcinj se concentre sur la promenade de Mala Plaža, dont les snacks et bars musicaux drainent une foule étonnante en été, réunissant mamies albanaises voilées, jeunes filles court vêtues, adolescents roulant des mécaniques et tziganes réduits à la mendicité.

La mer et les étoiles

Sunset Beach Old Town

Une surprenante enclave protégée de l'agitation. L'accès peut dérouter : une ruine de la citadelle ouvre sur un escalier vertigineux et passablement bricolé, menant au pied des remparts. Le café prend ses aises sur les rochers, au-dessus des flots. Un spot romantique à souhait, au bas de cette vieille ville où flotte un singulier parfum d'abandon... En journée, on profite de la crique rocheuse (location de transats).

ULCINJ Stari Grad (du côté ouest des remparts) 069 889 209 Page FB Mai-sept. : tlj. tard

On s'étonne, dans un pays si montagneux, de découvrir un horizon si plat : celui de l'immense lac de Skadar, paradis naturel dont il faut savoir explorer les recoins, et celui de la vaste plaine de Podgorica, au sein de laquelle la capitale du Monténégro semble un mirage hérité de la période yougoslave. À l'ouest, la montagne reprend ses droits, vers Cetinje, charmante capitale culturelle du pays, et l'audacieux monastère d'Ostrog qui tutoie le vide !

Le centre

Méandres de la rivière Crnojevića, au nord-ouest du lac de Skadar

Plan 7
BILEĆA
Poste frontière
PLUŽINE
E762
Velimlje
Ivan
Lukovoo
Lac Krupac
Nikšić
Lac Slansko
Vieux pont romain de la Moštanica
M6
Vilusi
Pont Impérial
TREBINJE
MONASTÈRE D'OSTROG
Bogetići
BOSNIE-HERZÉGOVINE
Nudo
Grahovo
LISAC 1 589 M
E762
Zagorak
PAZUA 1 769 M
CROATIE
Čevo
Risan
Lipci
Resna
PARC NATIONAL DU LOVĆEN
HERCEG NOVI
Maison natale de Njegoš
Erakovići
BOUCHES DE KOTOR
TIVAT
Col de Krstac
Njeguši
KOTOR
MAUSOLÉE DE NJEGOŠ
Dubovik
ŠTIROVNIK 1 749 M
JEZERSKI VRH 1 657 M
CETINJE
Ivanova Korita
Grotte Lipa
Rijeka Crnojevića
M2.3
BUDVA
Bečići
MER ADRIATIQUE
PETROVAC
M2
E80
N
5 km

ŽABLJAK
Vučje
LASTVA
2 226 M
BABIN ZUB
2 277 M
KOLAŠIN
Lac de
liveroviĆi
Monastère
San Luka
MEĐEĐI VRH
2 139 M
KULA
1927 M
KOM KUCKI
2 487M
Morača
E80
ZETA
DANILOVGRAD
Spuž
UBLI
Medun
Forteresse
de Medun
Rogami
Duklja
PODGORICA
MORAČA
E80
M18
VALLÉE DE LA CIJEVNA
M2.3
Aéroport
de Podgorica
TUZI
Karuć
Riječani
Dodoši
E762
Božaj
Poste frontière
PREVLAKA
Žabljak
Crnojevića
Monastère
de Kom
Komarno
Vranjina
Fort Lesendro
Monastère
Saint-Nicolas
PARC NATIONAL
DU LAC DE SKADAR
Virpazar
LAC DE SKADAR
Fort de Bessac
Godinje
KOPLIK
ALBANIE
P16
Monastère
de Starčeva
Gorica
Monastère
de Beška
Murići
Sutomore
Monastère
de Moraćnik
Šušanj
Bar
Ostros
Ckla
P16
SHKODËR

SIX BONNES RAISONS...

... de découvrir le centre du pays, son ancienne capitale royale, ses parcs naturels, ses villages reculés et ses monastères reclus.

ON RENOUE AVEC UN DÉCORUM D'ANTAN Ancienne capitale du royaume du Monténégro, Cetinje (p.134) préserve les charmes d'une petite monarchie slave de la fin du 19e s., avec ses palais baroques et ses musées d'art et d'histoire.

ON ADMIRE LES PÉLICANS FRISÉS Sous leur coquette mise en plis, ils comptent parmi les plus gros oiseaux du monde et sont les rois du lac de Skadar, où on les surprend au petit matin, à l'occasion d'une croisière ornithologique (p.152).

ON PAGAYE EN PLEINE NATURE Pour une sortie en kayak (p.153), difficile de rêver meilleur décor que celui de la rivière Crnojevića, dont les méandres sinuent à l'ouest du lac de Skadar. On croit pénétrer dans un sanctuaire naturel inviolé...

ON DOMINE LE MONDE Grand héros national, le prince-évêque Pierre II Petrović-Njegoš a été honoré d'un extraordinaire mausolée (p.141), coiffant une crête vertigineuse au cœur du parc national du Lovćen. Un décor wagnérien !

ON JOUE AUX PÈLERINS Même non croyant, on ne peut rester insensible à la ferveur des fidèles orthodoxes qui affluent au célèbre monastère d'Ostrog (p.166), le plus visité des Balkans. Un nid d'aigle arrimé à une saisissante paroi rocheuse !

ON REMONTE LE TEMPS Le village de Karuč (p.148), niché aux confins du lac de Skadar, semble toujours vivre en symbiose avec la nature. Quelques bâtisses de pierre, un minuscule port baigné par des eaux limpides et une végétation profuse...

RENDEZ-VOUS AVEC...

Dragan Bogojević, professeur de littérature et de civilisation françaises à l'Université du Monténégro, aime s'échapper de Podgorica, où il vit, pour arpenter les beaux paysages du centre du pays. Amoureux de la nature, de la simplicité et de la jovialité – guitare et danse comprises –, ce francophile partage avec nous ses meilleures adresses.

Mon repaire entre amis

A Džada

Je ne me lasse pas de ce bar chaleureux et animé, où je savoure le meilleur *dojč kafa* (sorte de double expresso) de la capitale et où je suis toujours sûr de retrouver quelques amis. La jolie terrasse s'abrite à l'ombre d'un arbre... cruciale en été ! Tout le quartier fourmille ainsi de petits cafés et de lieux de sociabilité. Bâti dans les années 1980 et connu sous le nom de Blok 5, il est parsemé de bâtiments typiques de l'architecture socialiste... que l'on méprisait à l'époque.

PODGORICA Vijenac Kosovskih Junaka
067 665 511 Page FB ⏲ Tlj. 7h-0h

Mon plaisir simple

B Stara Crna Gora

Mon adresse incontournable à Cetinje, notre ancienne capitale monarchique, aux beaux jours de l'été. Dans la rue principale, sous les frondaisons d'un grand tilleul odorant, le temps semble suspendu... Ce "Vieux Monténégro" (traduction de l'enseigne) propose des grillades et des pommes frites, des salades de saison, de la soupe pour les amateurs, le tout accompagné de bière pression de Nikšić. Souvent, la patronne assure elle-même le

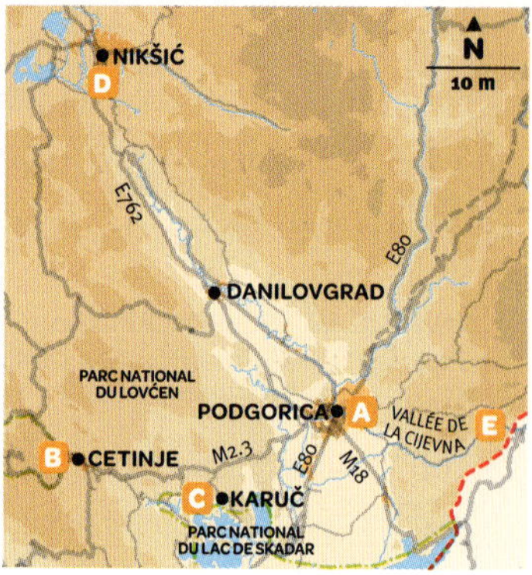

service, et les prix sont tout doux. Bref, rien de luxueux, rien d'apprêté, mais de la modestie et de la simplicité... C'est parfois tout ce qu'il nous faut dans la vie !

CETINJE Baja Pivljanina 33 067 691 101
⏲ Horaires variables

Mon escale lacustre

C Konoba Karuč

Il faut savoir se perdre sur les rives reculées du lac de Skadar pour découvrir le village de Karuč (p.148), niché dans un vallon superbe et pittoresque, digne d'un tableau impressionniste ! En empruntant un étroit chemin entre les maisons de pierre, on rejoint la petite *konoba* (taverne) de Slobo et Milanka, qui proposent les spécialités locales

Le petit port de Karuč, sur le lac de Skadar

SI PODGORICA ÉTAIT...

Une musique Ce serait un boléro monténégrin, dont le rythme répétitif s'intensifie peu à peu en se frottant aux rivières et collines qui l'entourent, au vent du nord qui balaye tout, au soleil qui chauffe avec ardeur...

(carpe ou anguille grillées ou fumées), du bon vin domestique (blanc ou rouge), et écrivent l'addition sur un bout de papier. La petite terrasse ouvre sur le lac. L'expérience de ce site au charme très rustique est incroyable... Pour les plus aventuriers, il est possible de louer une barque et de se lancer à la rame !

KARUČ (du parking du village, prendre le chemin à droite, on repère la terrasse sur la gauche après 50m) 069 498 690
Avr.-oct. en fonction de la météo

Ma dose de nostalgie

D Hotel Yugoslavia

Cet hôtel-restaurant est voisin de la faculté de philologie de Nikšić. L'ancien bistrot syndical, basique et bon marché, est devenu un restaurant moderne et agréable, où l'on mange bien (plats typiques et autres à la carte) et toujours à bon compte. Mentions spéciales pour l'ample terrasse, l'accueil avenant, et particulièrement pour toutes les photos ornant les murs, tirées de vieux films yougoslaves. Pour les nostalgiques d'un pays qui n'existe plus, et pour les nouvelles générations aussi...

NIKŠIĆ Danila Bojovića bb 040 283 100
hotelyugoslavia.me Tlj. 7h-23h

ENVIE D'UNE ESCAPADE ?

E Longez la rivière Cijevna à l'est de Podgorica. Jusqu'à la frontière avec l'Albanie, son canyon cisaillé offre des paysages étourdissants, surtout à l'approche de l'automne, avec ses couleurs changeantes. Un coup de cœur ! Voir aussi Sur les traces de... (p.161).

CETINJE ★

Au pied du mont Lovćen, l'ancienne capitale du Monténégro est l'une des villes les plus attachantes du pays, avec ses maisons colorées, ses somptueux édifices du 19e s. et ses passionnants musées. Si les visiteurs affluent, ils laissent la cité aux habitants en fin de journée. Les soirées d'été se révèlent particulièrement douces, lorsque les tilleuls exhalent leur parfum miellé sur l'avenue Njegoševa, où les promeneurs déambulent entre les terrasses de café. Charmante étape !

À VOIR

CETINJE

La naissance de Cetinje remonte à l'an 1482, quand Ivan Crnojević, souverain de la Zeta, y élève un premier palais puis un monastère. La cité ne prendra cependant son essor qu'après 1878, quand le Monténégro sera reconnu comme un État indépendant. Elle connaît alors ses heures les plus fastes, au travers de la réalisation d'un bel ensemble urbain, composé d'édifices publics (palais Bleu, ambassades, palais du gouvernement, théâtre royal) et de parcs, le tout à une échelle intime, puisqu'en 1909, Cetinje ne comptait encore que 5 000 habitants ! Avec ces bâtiments aujourd'hui transformés en musées, l'ancien fief monarchique est devenu la capitale culturelle du pays. L'essentiel des monuments se concentrent autour de la place principale (Trg Kralja Nikole), et le centre historique se découvre agréablement à pied.

Le visage d'une petite monarchie

Musée du Roi Nicolas / Muzej Kralja Nikole (plan 8, A2)

Affichant l'une des plus belles architectures de la ville, cette élégante demeure fut érigée en 1863 pour la princesse Darika, veuve du prince Danilo Ier, avant d'être investie par Nicolas Ier Petrović-Njegoš, dernier souverain du Monténégro (1841-1921). Agrandi à plusieurs reprises jusqu'en 1910, le palais a été transformé en musée en 1926. Au rez-de-chaussée sont présentés des armes, des décorations, le bureau du roi... La partie la plus intéressante se trouve à l'étage, où l'on arpente une quinzaine de pièces richement meublées reconstituant les appartements royaux. On y découvre, entre autres, la chambre du roi (remarquez les peaux d'ours et de loup, en guise de descentes de lit !), deux salles à manger – l'une familiale avec ses buffets en bois ouvragés, l'autre vouée aux grandes occasions avec sa très longue table –, le salon de réception de la reine, les chambres des princesses, etc. Une plaisante immersion dans le passé fastueux de la dynastie Petrović-Njegoš, dont les multiples portraits ponctuent la visite.

Trg Kralja Nikole 086 230 555 Avr.-oct. : tlj. 9h-17h ; nov.-mars : lun.-sam. 9h-16h 5€

À NE PAS MANQUER

- Musée du Roi Nicolas
- Monastère de Cetinje
- Musée d'Histoire du Monténégro
- Galerie d'Art du Monténégro
- Palais Bleu
- Parc national du Lovćen
- Mausolée de Njegoš
- Grotte Lipa

Musée du Roi Nicolas

Hommage au fondateur

Statue d'Ivan Crnojević / Spomenik Ivanu Crnojeviću (plan 8, A2)

Face au palais du roi Nicolas se dresse la statue monumentale en bronze d'Ivan Crnojević, fondateur de la ville en 1482. Personnalité de la Renaissance, cultivé et fin politicien, il reste l'une des figures majeures de l'histoire du Monténégro. Cette œuvre du sculpteur Ante Gržetić a été érigée en 1982, à l'occasion du 500e anniversaire de Cetinje.

Trg Kralja Nikole

BON À SAVOIR

Un pass avantageux (10€, réduit 5€), utilisable dans la journée, permet de visiter plusieurs sites de la ville : le musée du Roi Nicolas, le Musée ethnographique, le musée Njegoš, le plan-relief du Monténégro, ainsi que le musée d'Histoire et la galerie d'Art du Monténégro. Achat à l'entrée de l'un de ces sites.

Vêtures traditionnelles

Musée ethnographique / Etnografski muzej (plan 8, A2)

Installé dans l'ancienne ambassade de Serbie, ce petit musée abrite une exposition intitulée "Du fil aux tissus", qui met en scène des objets et des vêtements des années 1850 à 1950. Au rez-de-chaussée, rouets, peignes pour carder la laine, et métiers à tisser côtoient gants, mitaines, écharpes, vestes, tapis, etc. À l'étage, on admire quelques beaux vêtements traditionnels monténégrins – manteaux, vestes, chemisiers en soie – rehaussés de broderies aux couleurs chatoyantes.

Trg Kralja Nikole 086 230 310 www.mnmuseum.org Tlj. 9h-17h 2€

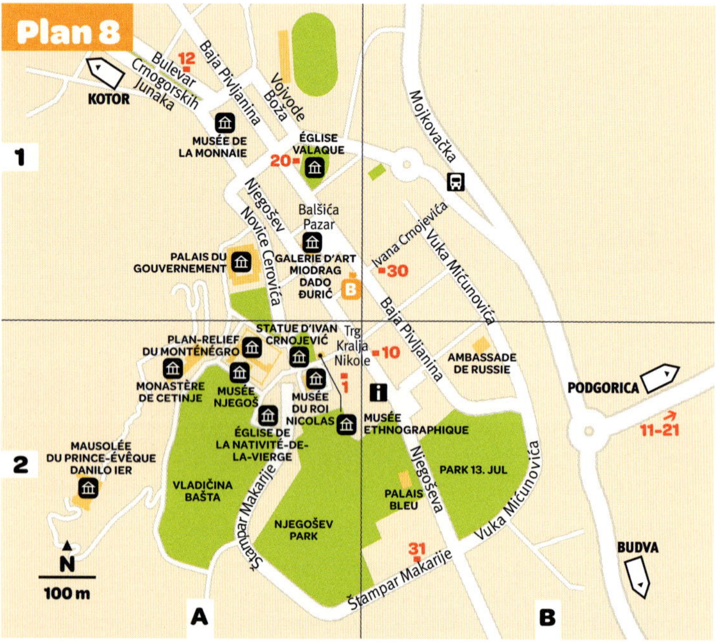

Pause (n°1)
1 Gradska Kafana - *p.143* A2

Restaurants (n°10 à 12)
10 Konoba Korzo - *p.144* B2
12 Restaurant Kole - *p.144* A1
11 Restoran Belveder - *p.144* ... B2

Shopping (n°20 et 21)
20 Marché de Cetinje - *p.145* A1
21 Radojica Radović - *p.145* B2

Hébergements (n°30 et 31)
31 Hotel Grand - *p.287* B2
30 Pansion 22 - *p.287* B1

RENDEZ-VOUS AVEC...
L'adresse de Dragan Bogojević
Restaurant
B Stara Crna Gora - *p.132* A1

Lieu de mémoire national

Musée Njegoš / Njegošev muzej Biljarda (plan 8, A2)

Construit en 1838 à la demande de Pierre II Petrović-Njegoš, le palais du "Billard" est devenu un musée-mémorial en l'honneur de cette figure clé de l'histoire politique et littéraire du pays, cf. La plume et l'épée (p.247). La résidence, aux allures martiales, comptait 25 pièces, mais le prince-évêque n'en utilisait que trois pour ses besoins personnels. Le reste était destiné aux hôtes de passage et abritait le siège du Sénat. Concentrez-vous sur les premières salles, réellement consacrées à Njegoš. Dans la deuxième, vous découvrirez le fameux billard qui a donné son nom au palais – le premier à avoir été acheminé au Monténégro en 1840 ! –, ainsi qu'un très beau portrait du monarque, exécuté par le peintre autrichien Johann Boess en 1853. Dans la salle suivante (son bureau), la foisonnante bibliothèque donne la mesure de cet esprit épris de culture. Elle renferme en effet plus d'un millier d'ouvrages (à noter, les œuvres complètes de Voltaire). On y découvre aussi le carnet

COULEUR LOCALE
Capitale de l'éphémère royaume du Monténégro (1878-1918), Cetinje accueillit alors de glorieuses ambassades, notamment celles de Russie (plan 8, B2), bâtie en 1900 dans un esprit baroque (aujourd'hui la faculté des Beaux-Arts), de Bulgarie, occupée par le Gradska Kafana (p.143), et de Serbie, investie par le Musée ethnographique. Sur Njegoševa, l'ambassade française date de 1908.

dans lequel Njegoš notait ses poèmes. Enfin, sa chambre expose ses précieux vêtements d'évêque en soie brodée d'or et d'argent.

Novice Cerovića bb 086 230 310 www.mnmuseum.org Mi-avr.-oct. : tlj. 9h-17h ; nov.-mi-avr. : lun.-sam. 9h-16h 3€

Plan-relief du Monténégro / Reljefna karta Crne Gore

En 1916, l'armée austro-hongroise occupe Cetinje. Le quartier général, installé dans le palais du "Billard", fait alors réaliser ce vaste plan en relief du pays, à l'échelle 1/10 000, qui met en exergue le réseau routier de l'époque, les cours d'eau, les zones boisées et urbaines. Il montre aussi à quel point le Monténégro n'est qu'une succession de montagnes et donne une bonne idée de l'étendue du lac de Skadar.

Mêmes horaires d'ouverture que le musée 1€

Centre spirituel

Monastère de Cetinje / Cetinjski manastir (plan 8, A2)

Au pied de la colline Orlov krš, à deux pas de l'emplacement du premier monastère de la ville édifié au 15e s., Danilo Ier fit élever, entre 1701 et 1704, cet ensemble monastique qui devint le centre spirituel du Monténégro, bien que démoli et reconstruit à plusieurs reprises. L'essentiel des bâtiments visibles aujourd'hui datent de 1786. Le plus important se passe dans la **chapelle de la Naissance-de-la-Vierge** (à droite de l'entrée), où les fidèles orthodoxes viennent se recueillir devant la châsse renfermant les reliques de saint Pierre de Cetinje, alias Pierre Ier Petrović-Njegoš (1747-1830), canonisé après sa mort. On y remarque également une belle iconostase, œuvre d'artistes grecs du 19e s. Autre pièce maîtresse du site, hélas accessible uniquement aux groupes, le **trésor** recèle une abondante collection d'art sacré : manuscrits, vêtements sacerdotaux, icônes, calices (13e-20e s.), ainsi qu'un fragment de la Sainte-Croix et une relique de la main droite de saint Jean-Baptiste.

**Au nord-ouest du palais du "Billard"
Tlj. 8h-18h Entrée libre**

Icône, monastère de Cetinje

Palais du gouvernement

Souvenir et panorama

Mausolée du prince-évêque Danilo Ier (plan 8, A2)

Un chemin qui démarre à l'ouest du monastère vous mènera en 15min sur la colline d'Orlov krš ("colline de l'Aigle"), où a été élevé le mausolée de Danilo Ier, premier prince-évêque de la dynastie Petrović-Njegoš. Datant de 1896, il arbore une voûte ornée de sculptures et soutenue par quatre piliers. La balade vaut aussi le détour pour le joli point de vue sur la ville.

Traverser le parc (Vladičina bašta) dont l'entrée se trouve à l'ouest du monastère, puis grimper vers la droite pour rejoindre le mausolée

Petite nécropole royale

Église de la Nativité-de-la-Vierge / Crkva na Ćipuru (plan 8, A2)

Cette discrète église à une seule nef se dresse face au monastère. Édifiée en 1890 à la demande du roi Nicolas Ier, elle était destinée aux cérémonies religieuses de la cour. Sous l'iconostase, exécutée par des artistes russes à la fin du 19e s., vous remarquerez le tombeau d'Ivan Crnojević, fondateur de la cité. Non loin, des tombes en marbre abritent les dépouilles du roi Nicolas et de son épouse la reine Milena.

Dvorski Trg ◷ Jours et horaires d'ouverture variables

DRÔLE D'AFFAIRE

Démise de ses fonctions royales en 1918, la dynastie Petrović-Njegoš n'a pas disparu : son héritier est un architecte français breton, Nicolas Petrović-Njegoš, qui ne faisait pas grand cas de son histoire familiale avant que les autorités monténégrines ne lui reconnaissent la nationalité et un statut officiel en 2011, avec un pouvoir de représentation du pays !

La mémoire politique et artistique du pays

Palais du gouvernement / Vladin Dom (plan 8, A1)

Cet édifice majestueux, le plus beau de la ville, fut construit en 1910 dans un style qui emprunte au baroque et à la Renaissance. Il était alors le siège de l'Assemblée nationale et du gouvernement, qui se partageaient les lieux avec les postes et télégraphes, une maison d'imprimerie et un théâtre. Il héberge désormais le musée d'Histoire et la galerie d'Art du Monténégro.

Novice Cerovića 7

DRÔLE D'AFFAIRE
Pièce maîtresse de la galerie d'Art, l'icône de la Vierge de Philerme, exposée seule dans la "chapelle bleue", reste mystérieuse. Elle aurait été découverte à Rhodes au 14e s. par les chevaliers de l'ordre de Saint-Jean de Jérusalem, et considérée alors comme miraculeuse. Passée de pays en pays au fil des siècles, elle a trouvé son port d'attache à Cetinje.

Musée d'Histoire du Monténégro / Istorijski muzej

Offrant un panorama historique qui court de la préhistoire à nos jours, ses collections sont organisées en six sections : l'époque préslave (exposition sur les sites archéologiques les plus importants du Monténégro), le Moyen Âge (copies de fresques provenant des monastères majeurs du pays, manuscrits, livres imprimés), les périodes du 16e au 18e s., de la création de l'État monténégrin (1796-1878) à sa période moderne (1879-1918) et, enfin, la République yougoslave. Une section est également consacrée à la dynastie des Petrović, qui marqua l'histoire du pays du 17e au début du 20e s.

086 230 310 www.mnmuseum.org Mai-oct. : tlj. 9h-17h ; nov.-avr. : lun.-sam. 9h-16h 3€

Galerie d'Art du Monténégro / Umjetnički muzej Crne Gore

Ses riches collections sont à ne pas manquer ! Les peintres de l'ex-Yougoslavie y sont bien représentés avec, en particulier, des portraits de Vlaho Bukovac (1855-1922), dont un autoportrait au regard émouvant. La collection-legs de Milica et Svetozar Vukmanović regroupe pas moins de 220 sculptures, peintures et dessins d'artistes majeurs du 20e s., dont Dalí, Chagall, Renoir... Les icônes composent une belle palette d'œuvres de maîtres d'origines diverses : russes, italo-crétois, ou de l'école de la famille Dimitrijević-Rafailović de Risan (17e-19e s.). Enfin, la collection monténégrine, la plus importante, expose le travail d'artistes de la fin du 19e s. aux années 1980, plusieurs issus de l'école d'art de Cetinje, créée en 1947 par Milo Milunović (1897-1967), Petar Lubarda (1907-1974) et Miloš Vušković (1900-1975), trois grands noms de la peinture nationale. Des espaces leur sont d'ailleurs dédiés, ainsi qu'à Branko Filipović Filo et Dado, tous deux nés à Cetinje, le premier en 1924, le second en 1933.

086 230 310 www.mnmuseum.org Mêmes horaires que le musée d'histoire 4€

En l'honneur du grand artiste local

Galerie d'art Miodrag Dado Đurić / Crnogorska galerija umjetnosti Miodrag Dado Đurić (plan 8, A1)

Miodrag Đurić, dit Dado, fut l'un des peintres prédominants de l'art figuratif au 20e s. Enfant du pays, né dans un village proche de Cetinje, où il repose depuis 2010, il a longtemps vécu en France et s'y est forgé une renommée internationale. Inaugurée en 2012, dans un édifice contemporain entièrement vitré de quatre étages (1 600m^2 !), cette galerie accueille des expositions d'artistes monténégrins et étrangers (peinture, sculpture, photo, dessin, art conceptuel, performances...) et de nombreux évènements (concerts, soirées littéraires, conférences, etc).

Balšića pazar Avr.-oct. : mar.-dim. 10h-14h et 17h-21h ; nov.-déc. : lun.-ven. 10h-17h
Entrée libre

Humble sanctuaire

Église Valaque / Vlaška Crkva (plan 8, A1)

Cette toute petite église tire son nom d'un premier sanctuaire construit au 15e s. par des éleveurs de bétail, les Valaques. Remaniée au fil du temps jusqu'à sa forme actuelle, datée de 1864, elle s'entoure d'une singulière clôture constituée de canons de fusils confisqués aux Turcs lors de la bataille de Grahovo (1858) et de la guerre d'indépendance qui suivit (1876-1878) ! Si elle est ouverte, vous pourrez y admirer une iconostase remarquable, peinte en 1878 par le Macédonien Vasilije Djinovski.

Jours et horaires d'ouverture variables

Du pèze, du perper

Musée de la Monnaie / Muzej novca (plan 8, A1)

À l'orée du 20e s., le royaume du Monténégro créait sa propre monnaie, le perper, et en 1910, la Banque centrale monténégrine s'installait dans ce bâtiment. La courte histoire du perper, en circulation entre 1906 et 1916, y est retracée – on y voit en particulier la machine qui servit à fabriquer les premiers billets !

Njegoševa br. 122 Lun.-sam. 9h-17h 2€

Décor d'opérette

Palais Bleu / Plavi Dvorac (plan 8, B2)

Au bord de l'avenue Njegoševa, cette demeure distinguée a été construite en 1896 pour le prince Danilo II (1871-1939), fils aîné du roi Nicolas Ier, qui y vécut jusqu'en 1916. Mélange de styles classique, baroque et Renaissance, l'édifice est orné de colonnes ocre, qui tranchent sur le bleu pâle qui lui a valu son nom. Dorénavant résidence présidentielle du Monténégro, il ne se visite pas.

Ulica Njegoševa

LE PARC NATIONAL DU LOVĆEN

Créé en 1952, le parc national du Lovćen couvre une surface de 6 220ha, alternant d'épaisses forêts de hêtres et des paysages d'altitude très minéraux, en particulier sur ses plus hauts sommets, les monts Štirovnik (1 749m) et Jezerski Vrh (1 675m). Dominant la mer, le massif est soumis à une double influence, maritime et montagnarde : des conditions propices à une végétation variée. Pas moins de 1 300 espèces s'y épanouissent, dont des plantes endémiques rares, médicinales et aromatiques. Cet environnement préservé est aussi le refuge de mammifères remarquables, dont le loup et l'ours, ainsi que de 200 espèces d'oiseaux, 85 espèces de papillons, de nombreux reptiles et amphibiens, etc. Il est en outre riche d'un petit patrimoine bâti, surtout des *katun*, huttes d'alpage en pierres sèches, et des aires de battage du blé. Appelées *guvna*, ces structures circulaires, délimitées par des murs bas et dont le sol est pavé, avaient aussi une fonction sociale (réunions, danses folkloriques).

Accès 2€ (péage sur la route d'Ivanova Korita, 5km au sud-ouest de Cetinje) Centre d'information du parc national du Lovćen Ivanova Korita **041 76 11 28 www.nparkovi.me Tlj. 9h-16h**

Sur la crête du mausolée de Njegoš

Villégiature montagnarde

Ivanova Korita

Centre névralgique du parc national du Lovćen, Ivanova Korita (1 300m d'altitude environ) se résume à quelques maisons sous des arbres, deux hôtels-restaurants, un petit parc aventure, le centre d'information du parc et de vastes espaces ombragés parsemés de tables de pique-nique. Le lieu s'anime en été lorsque les habitants de Cetinje et des alentours viennent y pique-niquer au frais, se regroupant en grandes tablées au son de la musique. Belle vue sur le mont Jezerski Vrh, où est juché le mausolée de Njegoš.

14km à l'ouest de Cetinje

Sommet d'admiration

Mausolée de Njegoš / Njegošev Mauzolej na Lovćenu ★

Après l'éprouvante montée d'un escalier monumental taillé sur la crête du Jezerski Vrh (461 marches !), vous parviendrez au colossal mausolée du prince-évêque Pierre II Petrović-Njegoš, une fierté nationale. C'est en 1951, soit 100 ans après la mort du souverain, qu'a été décidée l'édification de cet austère monument, œuvre du célèbre sculpteur yougoslave Ivan Meštrović (1883-1962). Gardée par d'imposantes cariatides représentant, dans un style expressionniste, deux femmes en costume traditionnel, la chapelle centrale dévoile une statue de Njegoš en granit noir, assis sous une voûte parée d'une mosaïque de 200 000 tesselles plaquées or. En-deçà se trouve la crypte où repose le souverain. À l'arrière du mausolée, un court chemin de crête (bien aménagé, mais mieux vaut ne pas avoir le vertige !) conduit à un belvédère offrant un panorama à 360° sur le massif du Lovćen, le mont Štirovnik à l'ouest, l'Adriatique au sud et le lac de Skadar à l'est. Sublime !

19km environ à l'ouest de Cetinje (prendre la petite route qui monte sur la droite à 5km env. au nord d'Ivanova Korita, un panneau indique le mausolée) 🕒 Tlj. 9h-18h € 3€

Grotte Lipa

Capitale du jambon fumé
Njeguši
À la lisière nord du massif du Lovćen, à l'altitude de 860m, ce village de montagne sans charme s'étire le long de la route qui relie Kotor à Cetinje. Il vaut néanmoins une halte pour s'approvisionner en *pršute*, cf. *Pršute, sir* et autres saveurs montagnardes (p.144), et pour visiter la maison natale de Njegoš.

27,5km au nord-ouest de Cetinje via Ivanova Korita ou 19km via Dubovik

Maison natale de Njegoš / Njegoševa rodna kuća
La robuste demeure, qui a vu naître en 1813 celui qui deviendra le prince Pierre II en 1830, a été construite par son oncle Pierre Ier Petrović-Njegoš, en 1780. Devenue musée, elle recèle un mobilier d'époque, très simple, qui donne une idée suggestive du mode de vie d'une famille aisée du 19e s. en montagne. En complément, des panneaux et documents renseignent sur la vie de Njegoš et la dynastie des Petrović-Njegoš.

Erakovići ⌚ Haute saison : tlj. 9h-17h € 2€

À FAIRE

Explorez les entrailles de la Terre
Grotte Lipa / Lipska pećina 👍
Cette grotte, ouverte au public depuis 2015, est la seule qui se visite au Monténégro. Après un parcours en petit train d'une quinzaine de minutes, vous pénétrerez dans ses vastes salles aux impressionnantes stalactites et stalagmites. Comptez une heure pour la visite. Autre formule, plus sportive : descendre en rappel dans la grotte et explorer, entre autres, des lacs souterrains qui ne sont pas visibles dans le programme de la visite classique (50€/pers., 5-15 ans 25€). Prévoir des chaussures de marche et un vêtement chaud (la température de la grotte varie de 8 à 12°C).

Lipa (5km au sud-est de Cetinje, dir. Podgorica, puis tourner à droite sur une petite route en suivant le fléchage) 📱 067 003 040 www.lipa-cave.me ⌚ Mai-oct. : tlj. Départs à 10h, 11h30, 13h, 14h30 et 16h € 10,90€

Parcourez le parc du Lovćen à pied ou à vélo
La plus belle façon de découvrir le parc national est d'en arpenter les sentiers : plusieurs circuits balisés, de 2 à 13km, vous entraîneront à la découverte de ses magnifiques paysages, de sa nature préservée et de son architecture traditionnelle. Renseignez-vous au centre d'information du parc (p.140). Deux

d'entre eux, le chemin des loups et le chemin du mausolée, partent d'Ivanova Korita. Pour les amateurs de VTT, trois parcours en boucle sillonnent le parc : l'un est réservé aux deux-roues, les deux autres empruntent les chemins de randonnée pédestre. Renseignements et location de VTT au centre des visiteurs ou au parc aventure.

Chemin des loups

Tracée dans la hêtraie, cette boucle facile (7km, comptez de 1h30 à 2h) déroule de beaux points de vue sur la baie de Tivat. Malgré son nom, vous n'aurez aucune chance d'y rencontrer des loups : bien que la forêt soit ici leur habitat, ils se cantonnent dans des endroits beaucoup plus reculés.

Départ derrière l'hôtel-restaurant Ivanov Konak à Ivanova Korita (14km à l'ouest de Cetinje)

Chemin du mausolée

Comme son nom l'indique, cette randonnée mène au mausolée de Njegoš. Un parcours de 12km (comptez 2h30 pour la montée, 1h30 pour la descente) à éviter par forte chaleur, le sentier étant assez peu ombragé.

Départ à côté de l'hôtel-restaurant Monte Rosa à Ivanova Korita

Grimpez dans les cimes

Parc aventure / Avanturistički park

À l'entrée du massif du Lovćen, ce site contentera les plus petits comme les plus téméraires avec ses 7 parcours accrobranche de différentes difficultés (dont 6 tyroliennes) à partir de 5 ans (18€, 8-13 ans 12€, moins de 8 ans 8€). Location de VTT également (carte des chemins fournie). Pour une formule VTT, accrobranche et dégustation de produits locaux, comptez 65€/pers.

Ivanova Korita (14km à l'ouest de Cetinje) 069 543 156 www.avanturistickipark.com
Avr.-oct. : tlj. 9h-18h

NOS ADRESSES

PAUSES

Réception de l'ambassadeur

Gradska Kafana

Installé dans l'ancienne ambassade de Bulgarie, élégant bâtiment du 19e s., ce café-restaurant très animé et central déploie sa terrasse sur une vaste place ombragée. Le lieu idéal pour boire un verre, déguster une *krempita* bien crémeuse (1,70€) ou, à l'heure du déjeuner, avaler un sandwich (1,50-3€).

CETINJE (plan 8, A2 n°1) Dvorski Trg 5
068 244 344 Page FB Tlj. 7h-23h

Terrasse panoramique

Vladika

Au pied des marches qui conduisent au mausolée de Njegoš (p.141), ce restaurant, qui a ouvert ses portes en 2016, dispose d'une terrasse offrant une vue époustouflante sur les montagnes environnantes. L'étape est bienvenue pour boire un verre avant d'attaquer la montée vers le monument ou en redescendant.

PARC NATIONAL DU LOVĆEN 19km env. à l'ouest de Cetinje 067 220 141 Tlj. 8h-20h

RESTAURANTS

Taverne plaisir

Konoba Korzo ♥€

Bien que toute simple, c'est l'une des meilleures tables de la ville, en particulier pour ses grillades à prix doux (saucisses, côte de porc, veau, etc., de 3,50 à 7€), accompagnées de délicieux légumes grillés. Tout aussi plaisante, la terrasse plantée de tilleuls est idéale pour prendre le pouls de la cité, notamment les soirs d'été lorsque les habitants se baladent dans l'avenue Njegoševa.

CETINJE (plan 8, B2 n°10) Njegoševa 24 067 589 723 Page FB Tlj. 8h-0h

Charme montagnard

Restoran Belveder ♥€€

Un régal pour les solides appétits : viandes grillées, agneau mijoté dans du lait, tripes, agneau ou veau cuit dans le *sač* (chaudron métallique traditionnel), etc. Et pour les yeux, le cadre de cette bâtisse en pierre est enchanteur. Allez-y à l'heure du déjeuner ou tôt le soir pour profiter, en terrasse, de la vue sur les montagnes alentour. Belle salle rustique pour l'hiver. Comptez 10-18€ pour une entrée et un plat.

CETINJE (plan 8, B2 n°11) (à 1,5km du centre-ville par la route de Podgorica puis, à droite, la route de la grotte Lipa) 067 569 217 belveder.me Tlj. 9h-0h

Carpe fumée

Le chouchou de la ville

Restaurant Kole €€€

Plébiscitée par les habitants, cette table joue la carte de l'élégance avec sa petite salle soignée et ses confortables fauteuils. Dans l'assiette, l'influence des montagnes se fait sentir avec les très nourrissants *kačamak* et *civara*, cf. Gastronomie (p.256), parmi quelques spécialités nationales : jambon et fromage de Njeguši, carpe du lac de Skadar (en soupe ou cuite sur une pierre volcanique). Entrée et plat 15-40€.

CETINJE (plan 8, A1 n°12) Crnogorskih Junaka br.12 069 606 660 www.restaurantkole.me Tlj. 7h-0h

PRŠUTE, SIR ET AUTRES SAVEURS MONTAGNARDES

Les fromages et les charcuteries du Lovćen sont réputés dans tout le pays et se retrouvent au menu de nombreux restaurants. *Sir* (fromages de vache ou de brebis), *kaštradina* (viande de mouton séchée), et saucisse Njeguška figurent parmi ces spécialités. Mais la vedette locale est le *pršute*, un jambon fumé au goût assez prononcé, fabriqué à Njeguši de façon artisanale et selon une recette ancestrale. La petite localité a d'ailleurs instauré une "route du jambon", qui regroupe une quinzaine de producteurs (panneau à l'entrée du village), chez lesquels vous pouvez en déguster et en acheter.

Gastronomie du Lovćen
Hôtel-restaurant Ivanov Konak €€

Attention, il est préférable de réserver pour être assuré de déjeuner sur la superbe terrasse, face au mont Jezerski Vrh ! La cuisine de montagne et les classiques du Lovćen sont à l'honneur : *kobasica* (saucisse) Njeguška, *pršute* (jambon) et *sir* (fromage) de Njeguši, agneau ou veau cuit sous la cloche... En dessert, ne manquez pas les délicieux petits beignets (*priganice*) maison, à tremper dans du miel ! Entrée-plat 14-24€.

IVANOVA KORITA (14km à l'ouest de Cetinje)
067 916 34 98 ivanov-konak-me.book.direct
Tlj. 7h-23h

Voir aussi **Stara Crna Gora** (p.132).

SHOPPING

Spécialités locales
Marché de Cetinje

Un marché qui prend surtout de l'ampleur le vendredi : fruits, légumes, viandes, poissons, olives, mais aussi des produits locaux réputés, comme le jambon ou le fromage de Njeguši.

CETINJE (plan 8, A1 n°20) Derrière l'église Valaque Tlj. 6h-15h

Pour butiner
Radojica Radović

Propriétaire de plus de 150 ruches, Radojica Radović vend sa production dans un abri en roseau au bord de la route de Podgorica. Du miel pour l'essentiel (vous pourrez le goûter), mais aussi de la propolis et des beignets (*priganice*). Si vous ne voyez personne en arrivant, ne partez pas pour autant, le maître des lieux ne tardera pas à se manifester.

CETINJE (plan 8, B2 n°21) Crna Greda (1km environ à l'est du centre-ville, sur la route de Podgorica, sur la gauche juste après la station-service Patrol) 069 551 380

Produits fermiers
Koritnic

Cvjetko Popović et sa famille produisent du miel, du *pršute*, le fameux jambon fumé local, et un excellent fromage (*sir*) au lait de vache. Vous pouvez vous contenter de remplir votre panier de pique-nique (1/4 de fromage 4€, 1 paquet de *pršute* 7€), ou prendre le temps de vous attabler pour déguster une assiette de fromage (3,50€), de *pršute* (4€), ou encore un sandwich mélangeant les deux dans du pain maison (2,50€).

NJEGUŠI (19km au nord-ouest de Cetinje, à l'entrée du village sur la gauche) 067 525 718
Juin-sept. : tlj. 8h-19h en principe (horaires variables)

Beauté de reine
Lidija Martinović

Engagée dans l'apiculture depuis une trentaine d'années, la famille Martinović possède une cinquantaine de ruches dans les forêts de hêtres et de chênes du Lovćen. Dans une jolie bâtisse en bois, elle propose du miel et ses produits dérivés, comme de la liqueur de myrtilles au miel et des cosmétiques à base de miel ou de propolis (lotions, crèmes, masques...). Tout est fait maison, à base d'ingrédients 100% naturels.

DUBOVIK (5km au nord-ouest de Cetinje)
069 675 271 Jours et horaires d'ouverture variables

LAC DE SKADAR ★

Plus de 40km de longueur, 12km de largeur : le plus vaste lac des Balkans s'étend à cheval sur le Monténégro et l'Albanie. S'il évoque un immense lac de montagne dans sa partie centrale, il dévoile à l'ouest des paysages uniques, formés d'étonnantes prairies aquatiques s'insinuant entre de douces collines verdoyantes. Les libellules virevoltent au-dessus des tapis de nénuphars, les pélicans balayent le ciel clair, la pureté de l'eau le dispute à celle de l'air… et l'on renoue avec le premier âge !

ACCÈS

- Porte d'entrée du parc national du lac de Skadar, Virpazar est avantageusement située sur la route principale du pays, l'E80/E65 (Bar-Podgorica). Si vous arrivez de l'ouest (bouches de Kotor ou Cetinje), le mieux est de l'aborder par Rijeka Crnojevića (par la M2.3), où se découvrent les plus beaux paysages. Par l'est, le trajet est long sur l'étroite P16 qui longe la rive sud, de Virpazar à la frontière albanaise (comptez 2h depuis Ulcinj).

À VOIR

VIRPAZAR ET SES ENVIRONS

Étape idéale

Virpazar

Principale localité du parc national, Virpazar séduit par sa placette plantée d'arbres et bordée de maisons anciennes, sans oublier son vieux pont franchissant un cours d'eau nappé de nénuphars, qui se jette dans le lac voisin. L'été, la rive se trouve à plusieurs centaines de mètres, mais à la saison des pluies, le niveau monte si haut que le village semble former une île. Bien que le bourg se visite rapidement, il constitue une étape non dénuée de charme, dotée de bonnes possibilités d'hébergement et de restauration, et d'une ambiance agréable en soirée, attirant un tourisme original dans le pays : amoureux de la nature et sportifs épris de marche ou de sorties en kayak.

Le verrou du lac

Fort de Besac

Perchée juste au-dessus de Virpazar, cette petite forteresse est visible du village. On peut la rejoindre à pied, au prix d'une montée d'une quinzaine de minutes. Là-haut, on comprend parfaitement sa position stratégique à l'échelle de la région, puisqu'elle contrôle la principale voie d'accès au lac entre les montagnes dentelées. Ottomans et Monténégrins se seraient disputé ce bastion au tournant des 17e et 18e s., mais ses origines exactes restent obscures et le fort pourrait être de construction plus récente. Abandonné après la Seconde Guerre mondiale, il a récemment bénéficié d'une ambitieuse campagne de restauration, si bien qu'il semble presque neuf… Attention, n'escomptez pas y jouir d'un panorama privilégié sur le lac : des remparts, la vue porte essentiellement sur Virpazar et les monts avoisinants.

P16 Virpazar (à 600m du village dir. Godinje ; monter à pied, il n'y a aucun parking à proximité)
Tlj. 10h-18h 1€

À NE PAS MANQUER

- Au fil de la rivière Crnojevića
- Karuč et Dodoši
- Žabljak Crnojevića

Pont de Virpazar

Pour son pélican empaillé

Centre d'accueil de Vranjina / Centar za posjetioce Vranjina

Au débouché nord du pont qui enjambe le lac sur l'E65/E80, le principal point d'information du parc abrite une petite exposition présentant les cinq parcs nationaux du pays. Diverses maquettes en relief permettent de mieux comprendre leur géographie, tandis que leur flore et leur faune emblématiques sont illustrées à l'aide d'herbiers, d'animaux naturalisés et de photographies. On s'attardera évidemment sur la vitrine consacrée au lac de Skadar, qui recèle, parmi diverses espèces d'oiseaux aquatiques, un superbe pélican frisé empaillé et son énorme nid de branchages. Une petite salle ethnographique remémore la vie rurale d'autrefois. Du parking, on peut également admirer, bordant le pont franchissant le lac, les ruines imposantes du **fort Lesendro** (Tvrđava Lesendro), vraisemblablement élevé au 19e s. pour protéger la traversée.

E65/E80 Vranjina (5km au nord de Virpazar) 020 879 103 nparkovi.me Lun.-ven. 8h-15h, sam. 9h-14h Exposition 2€

AU FIL DE LA RIVIÈRE CRNOJEVIĆA

C'est sans conteste le plus beau secteur du parc national, illustrant la plupart de ses cartes postales. Ironie du sort, on ne découvre pas ici le lac de Skadar proprement dit, mais le delta de la rivière Crnojevića, dont les méandres tapissés de plantes aquatiques brossent des paysages uniques, déclinant toutes les nuances de vert, du plus tendre au plus profond, entre le modelé langoureux des collines... Les vues les plus magiques se déploient sur les routes de Virpazar à Rijeka Crnojevića, puis de Karuč et Dodoši : 40km mémorables, au fil desquels une conduite prudente est requise (route étroite et sinueuse), mais qui feront le bonheur des photographes ! Sur les rives se cachent quelques rares

Forteresse de Žabljak Crnojevića

villages aussi reculés que préservés, semblant toujours vivre en accord avec le lac et la nature. On remonte le temps...

Carte postale balkanique

Rijeka Crnojevića

Tout au nord du parc national, dans la vallée de la Crnojevića, ce bourg assoupi donne une image intemporelle des Balkans : deux vieux ponts de pierre, quelques grosses bâtisses éparpillées le long du cours d'eau, des oies barbotant près des rives, un paysage de verdure et de chaos rocheux aux accents montagnards... L'idéal est de s'y arrêter à l'heure du déjeuner, car la localité cache une table séduisante, celle du Stari Most (p.154). La balade le long des quais est rapide, mais les bons marcheurs pourront poursuivre sur le sentier de randonnée d'Obod (Pješačka staza Ekološko-rekreativna staza Obod, 792E), une boucle de 7km (comptez 3h) sinuant sur les hauteurs via les ruines du monastère d'Obod. Celui-ci aurait abrité à la fin du 15e s. la première presse à imprimer du pays. Louer un kayak est aussi une belle option pour partir à la découverte de la rivière, cf. Descendez la Crnojevića en kayak (p.153).

24km au nord de Virpazar (prendre la E65 dir. Podgorica et tourner immédiatement à gauche ; compter 1h pour parcourir ces 20km env., la route est étroite mais réserve des vues superbes)

Villages du bout du monde

Karuč et Dodoši 👍

Quand on découvre **Karuč** du haut de la colline, le ravissement est total : ce minuscule village s'ancre au bout d'un long bras du lac tapissé de nénuphars, pris entre des collines mêlant chaos de roches et végétation luxuriante. Saules et peupliers sertissent son petit port aux eaux limpides. Entre bâtisses de vieilles pierres, herbes folles parsemant les quelques ruelles, et passerelles de bois pittoresques, le charme est intact... Deux petites tavernes

BON À SAVOIR

Si, par manque de temps, vous deviez tracer la route entre Podgorica et Cetinje sur la M2.3, accordez-vous au moins un crochet (à peine 10km) sur la route de Rijeka Crnojevića et de Karuč : cette courte escapade vous fera profiter des plus beaux panoramas du lac de Skadar !

concentrent l'animation, attirant davantage les pêcheurs locaux que les touristes, cf. Restaurants (p.154). En regagnant la route principale, on peut poursuivre vers le sud jusqu'à **Dodoši** (à 7km). Son bitume est en mauvais état, mais elle réserve de superbes points de vue sur le lac, avant de laisser apparaître ce bourg dont les toits de tuiles rouges tranchent sur la plaine aquatique. Une passerelle franchit le cours d'eau mitoyen, donnant accès à une piste qui rallie Žabljak Crnojevića (10km, risques d'inondation de l'automne au printemps).

11km à l'ouest de Rijeka Crnojevića

À l'heure où parviennent les derniers beuglements...

Žabljak Crnojevića

Attention, une simple piste relie, à travers les champs inondables, Dodoši et Žabljak Crnojevića, et si l'on refuse de s'y risquer, un détour de 38km est nécessaire par la M2.3 (dir. Podgorica). Si bien qu'il peut être plus simple de prévoir la visite au départ de Virpazar. Le village mérite le détour ! Au-dessus d'une rivière particulièrement bucolique, où dodelinent quelques barques colorées, les maisons s'étagent à flanc de colline, et beaucoup sont abandonnées. Parmi cet amas de pierres traversé d'escaliers envahis par les herbes, le cimetière de la petite église, qui accueille les tombes des derniers habitants, reste le mieux entretenu. Au sommet se découvre une robuste **forteresse**, certes en ruine, mais aux remparts toujours impressionnants. Elle connut son âge d'or au 15e s., quand elle fut l'une des principales places fortes du royaume de Zeta. Elle dévoile un panorama magistral de la région, digne d'un bocage avec ses prairies vert tendre et ses cordons d'arbres, cernés par le lac et les montagnes. Grandiose au coucher du soleil !

25km au nord-est de Virpazar par l'E65 dir. Podgorica (après 17km, tourner à droite au pont traversant la Morača et suivre les panneaux) ; pour un accès direct de Dodoši, se rens. sur l'état de la piste (10km)

LA RIVE SUD DU LAC

Un vertigineux balcon sur une mer sombre

De Virpazar à la frontière albanaise (P16)

Ici, le lac de Skadar prend l'aspect d'une véritable mer intérieure, repoussant les sommets à l'horizon. Sous un ciel brouillé, ses eaux agitées dessinent même un espace désolé... De Virpazar, comptez 1h30 de voiture (sans arrêt) pour longer toute la rive jusqu'à la frontière albanaise : la P16 n'est qu'une étroite route de montagne serpentant sur les surplombs du lac. C'est aux abords de **Murići** (à 22km de Virpazar) qu'elle se fait la plus impressionnante, sinuant à une hauteur vertigineuse au-dessus des flots ! Une voie secondaire descend jusqu'au village, par des lacets propres à soulever les cœurs endurcis... Murići constitue l'un des rares points d'accès au lac, avec **Ckla**, tout à l'est (à 41km de Virpazar), où se trouve une plage aménagée – rien d'affriolant toutefois, l'eau y est glaciale ! En chemin, vous vous enfoncerez dans de profondes forêts de châtaigniers et passerez deux bourgs de montagne, **Godinje** (4km après Virpazar) et **Ostros** (à 35km), dont les habitants proposent souvent leur production (vin, miel, fromages...) sur le bord de la route.

L'ancienne prison de l'île de Grmožur

LES ÎLES

Au fil d'une croisière

Une dizaine d'îlots constellent le lac de Skadar, spécialement le long de sa rive sud, où ils forment presque un petit archipel entre Godinje et Murići. La plupart accueillirent dès le Moyen Âge des monastères orthodoxes, humbles bâtiments propices à une vie recluse. Malheureusement, on les devine à peine depuis les berges du lac : ils se découvrent réellement à l'occasion de croisières en bateau, cf. Naviguez sur le lac (p.152). Passage en revue du nord au sud.

Monastère de Kom / Manastir Kom

Isolé sur un tertre dominant la plaine aquatique du côté nord du lac, au niveau de Žabljak Crnojevića, ce monastère fondé au 15e s. évoque un ermitage : un seul moine y vit à l'année. Il accueille les visiteurs dans l'église principale, qui a conservé quelques fresques des 15e-16e s. Mais l'endroit vaut avant tout pour son site étonnant – terres et eaux à peine séparées...

Monastère Saint-Nicolas / Manastir Sv. Nikole

Appelé aussi "monastère de Vranjina", du nom de son île, il se rejoint à pied, cf. Escaladez les "seins de Sophia Loren" (p.153), mais il est également desservi par certains bateaux. Fondé en 1233, transformé en forteresse par les Ottomans, il est resté à l'abandon jusqu'en 1998, quand a commencé la restauration de son église, qui avait déjà été reconstruite au 19e s. Celle-ci se dresse au sommet d'un monticule... chapelle immaculée étrangement solitaire.

Grmožur

À 600m de la terre ferme, à la hauteur de Godinje, cet îlot a reçu le surnom d'"Alcatraz monténégrin" pour avoir été converti en prison d'État à la fin du 19e s. Ses bâtiments, qui semblent posés à fleur d'eau, sont aujourd'hui en ruine, ajoutant au caractère lugubre du lieu.

Monastère de Starčeva Gorica / Manastir Starčeva Gorica

N'étaient ses toits de tuiles rouges, on distinguerait à peine ses murs de pierre parmi les énormes chaos de rochers de son île. Remontant au 14e s., ce petit monastère fut le premier du lac où le culte fut restauré après la chute du régime communiste. On en admire de loin la chapelle, identifiable à sa coupole circulaire.

Monastère de Beška / Manastir Beška

Face au village de Murići, le plus important des monastères du lac est doté de deux églises : la petite église de la Vierge (15e s.) en contrebas, et l'église Saint-Georges (16e s.), alliant un clocheton robuste et une coupole délicate. L'une et l'autre étaient encore en ruine il y a peu, mais l'ensemble a été restauré

SKADAR, PARADIS NATUREL

Créé en 1983, le parc national couvre une superficie de 400km², soit la totalité du lac et de ses terres humides côté Monténégro. La surface du lac lui-même varie grandement selon les précipitations saisonnières, passant de plus de 475km² en hiver à 370km² en été. Cela explique la singularité de son paysage, particulièrement à l'ouest, où dominent d'immenses prairies inondables – intensément vertes en été, sépulcrales en hiver, quand leurs rideaux d'arbres émergent au-dessus des flots... On y contemple aussi des marécages revêtus de merveilleux tapis de plantes aquatiques (principalement la mâcre flottante, évoquant des nénuphars), comme dans le delta de la rivière Crnojevića. Cet environnement constitue un véritable paradis pour la faune aviaire. Les ornithologues y ont recensé quelque 281 espèces d'oiseaux, nicheurs ou migrateurs : hérons, foulques, cormorans, canards, etc., sans oublier le pélican frisé, emblème du parc. À cela s'ajoutent plus d'une centaine d'espèces de poissons (carpe, truite, anguille...) et de mammifères, telle la loutre, ainsi que la tortue terrestre et de nombreux amphibiens.

Le lac de Skadar, royaume des plantes aquatiques

Monastère de Beška (p.150)

avec l'arrivée d'une communauté de nonnes, qui accueillent aujourd'hui les visiteurs (boutique de souvenirs et produits locaux).

www.manastirbeska.com

Monastère de Moračnik / Manastir Moračnik

Avec sa grosse tour carrée coiffée d'un toit pointu, il a des allures de forteresse. C'est le plus méridional des monastères du lac. Fondé au début du 15e s., il devait aussi être un rempart contre les envahisseurs. À ses pieds hors de proportion, son église de style byzantin paraît minuscule...

À FAIRE

Naviguez sur le lac, admirez la faune aviaire

Virpazar constitue le principal port d'embarquement pour une sortie sur le lac. Les prestataires – et leurs rabatteurs parfois insistants – sont nombreux à proposer leurs services. En réalité, un seul est officiel, Tourist Agency Outdoor & More. Sachez que toute activité nautique sur le lac (croisière, kayak...) est soumise à l'achat d'un pass de 4€, que l'on peut se procurer dans les centres d'accueil (mais si vous faites appel à un prestataire, il est généralement compris).

Tourist Agency Outdoor & More

En lien avec les autorités du parc, tout un panel de prestations nature : location de vélos, visites guidées des vignobles et, surtout, location de kayaks (5€/h, 20€/j.) et croisières sur le lac pour observer les oiseaux (départ au lever du jour, 25€/h, jusqu'à 5h de navigation pour le "*pelican tour*") ou admirer les îles et leurs monastères au gré de divers circuits de 2h à 5h, le plus long s'aventurant jusqu'à la hauteur de Murići (comptez 25€/h). En kayak, l'idéal est de pagayer

SUR LES TRACES DE...

Emblème du parc national, le pélican frisé, plus grand représentant de sa famille zoologique, amuse avec ses frisettes. Pouvant atteindre 15kg et 3m d'envergure, il est l'un des oiseaux les plus gros capables de voler. Ses énormes nids de branchages se concentrent dans la réserve de Manastirka, à l'est de l'île de Vranjina, but des excursions en bateau.

vers le nord, où se dévoilent les plus beaux paysages (réservez la veille pour le lendemain en haute saison).

Virpazar (de l'autre côté du pont, près du bureau de poste) 067 683 208 www.outdoorandmore.me Mai-sept. : tlj. 9h-19h

Descendez la Crnojevića en kayak

Taxi Boat Stari Most

Installés sur les quais de Rijeka Crnojevića (p.148), plusieurs habitants proposent des balades en bateau sur la rivière. Ce prestataire est associé au restaurant Stari Most (p.154), et ses embarcations mouillent au pied de la terrasse de l'établissement. Les sorties en bateau se révèlent relativement onéreuses si l'on veut naviguer jusqu'au lac (25€ pour descendre uniquement la rivière, 60€ pour s'aventurer jusqu'à Karuč et Dodoši, et 90€ jusqu'au monastère de Kom) : mieux vaut opter pour une croisière au départ de Virpazar. En revanche, la location de kayak (7€/h, 25€/j) est intéressante, car la Crnojevića se prête particulièrement à une descente : les larges boucles de la rivière, tapissées de nénuphars au creux de reliefs majestueux, modèlent un paysage d'une exceptionnelle pureté, propice au contact avec la nature...

Rijeka Crnojevića 067 418 109 ou 067 339 429

Randonnez entre méandres et montagnes

Sentier du point de vue central du lac de Skadar

“Les seins de Sophia Loren” : c'est ainsi que l'on surnomme l'île de Vranjina, cernée par les deux bras que forme la rivière Morača avant de se jeter dans le lac, juste au nord du pont sur l'E65/E80. On comprend la raison de ce sobriquet en découvrant la morphologie de l'île, constituée de deux monts parfaitement profilés... À noter : Vranjina est aussi le nom du pittoresque village que l'on aperçoit au bord de l'E65, 1,5km plus au nord, lové entre les deux collines. Un sentier de randonnée (796A) traverse tout l'îlot jusqu'au monastère Saint-Nicolas (p.150) à l'est, via le sommet du “sein” sud (Velji Vrh) : culminant à 303m d'altitude, il est connu comme le “point de vue central du lac de Skadar”, car idéalement situé pour admirer l'étendue d'eau enchâssée dans les montagnes. Spectacle radieux, mais réservé aux marcheurs entraînés ! Comptez 2km jusqu'au point culminant, 3,9km jusqu'au monastère (retour par le même trajet). Le chemin étant rocailleux et pentu, prévoyez l'équipement adéquat et un pantalon long, car les vipères sont nombreuses en été.

Départ du centre d'accueil de Vranjina

Savourez les vins de la Crmnica

La Crmnica désigne la région historique de Virpazar, dont les terres agricoles s'étendent au sud et à l'ouest de la localité (le long de l'E80 et de la M2). C'est une zone viticole active, dont les vins jouissent d'un certain renom dans le pays. Le site winesofmontenegro.me répertorie les principaux domaines et propose même un road-book en ligne pour les découvrir, mais mieux vaut appeler avant pour organiser une visite de chais.

Winery Garnet

L'occasion d'une sympathique halte à Godinje, première étape sur la rive sud du lac au départ de Virpazar. Proéminente grappe de maisons accrochées à flanc de colline, dont beaucoup abandonnées après le tremblement de terre de 1979, ce hameau est le cœur d'un joli vignoble. Si sa production reste largement domestique, la famille Leković s'est récemment professionnalisée et propose des dégustations (vins rouge, rosé et blanc, ainsi que liqueurs) assorties de visites guidées (en anglais) du village, sur les traces de son histoire médiévale. À partir de 50€ sur réservation.

Godinje (4km à l'est de Virpazar sur la P16) 067 35 55 35 ou 067 24 71 00 www.winerygarnet.com Visite sur rdv

NOS ADRESSES

RESTAURANTS

À leur image, les villages de Virpazar, Rijeka Crnojevića et Karuč abritent de sympathiques restaurants, où le poisson du lac est roi, en particulier la carpe fumée, spécialité locale !

À l'ombre des joncs

Konoba Badanj €€

Petite institution de Virpazar, cette taverne sans âge occupe une grosse bâtisse postée à l'angle du vieux pont, en surplomb de la rivière. De la terrasse couverte de joncs séchés, la vue est romantique... Au menu, une cuisine sans chichis, où se distinguent les salades bien fraîches et goûteuses, ainsi que la carpe et la truite fumées. Plats 7-14€.

VIRPAZAR Sur l'esplanade principale du village 068 409 633 ou 069 508 019 Page FB Tlj. midi et soir

À l'abordage !

Silistria €€

Les enfants, et peut-être aussi les adultes, adoreront ce (faux) galion aux airs de bateau de pirate, planté dans la rivière au pied du village. Trois mâts, une roue de gouvernail, une proue, un pavillon arrière... rien ne manque ! Attablé sur le pont, au-dessus des flots et des nénuphars, on déguste opportunément le poisson du lac, proposé notamment en friture, sans oublier l'incontournable carpe fumée... Ambiance musicale certains soirs. Plats 7-20€.

VIRPAZAR (en contrebas de la place du village) 068 573 686 Page FB Tlj. midi et soir

Le must de la carpe fumée

Stari Most ♥€€€

Au-dessus de la rivière, sa vaste terrasse offre une vue imprenable sur le *stari most* ("vieux pont") du village. Un panorama séduisant, auquel le décor sobre et élégant de l'établissement ajoute du caractère : nappes blanches, chaises de bois clair

Restaurant Silistria

et fleurs fraîches. Valeur sûre pour un repas de qualité, la carte mise sur le poisson : la fameuse carpe fumée (20€), la truite ou l'anguille du jour. Entrées 5-10€, plats 12-40€.

RIJEKA CRNOJEVIĆA (24km au nord de Virpazar, sur les quais au cœur du village) 067 339 429 Tlj. midi et soir

Décor d'exception

Konoba Čudo Neviđeno €

Difficile de faire plus basique que cette minuscule taverne très rustique (murs de pierre, vieux fourneaux et objets hétéroclites) et sa cuisine familiale : soupe de poisson, salades ou légumes grillés (2€), carpe ou truite du lac et patates à l'eau (7-8€). On renoue avec une heureuse simplicité, en profitant d'un cadre sans équivalent : la terrasse, avec ses grandes tables sous un auvent de bois, domine le port lilliputien de Karuč, si bucolique...

KARUČ Au-dessus du petit port (35km au nord de Virpazar) 069 229 698 Page FB Tlj. midi et soir

Voir aussi **Konoba Karuč** (p.132).

SHOPPING

Souvenir animalier

Suveniri Stari Most

C'est au cœur de Virpazar, au rez-de-chaussée de sa maison, que Ljilja a installé son atelier de céramique décorative, doublé d'un petit espace d'exposition. De ce qui était à l'origine un hobby, elle a fait une activité à part entière. Puisant son inspiration dans la nature et le lac, elle crée des petites figurines de poissons, pélicans, tortues, grappes de raisin, etc., qui dégagent quelque chose d'enfantin. Pièces de 1 à 25€.

VIRPAZAR Sur la place principale 068 786 458 Page FB Avr.-oct. : tlj. 9h-22h

PODGORICA

La petite capitale méconnue du Monténégro, dénommée Titograd de 1946 à 1992, reste marquée par l'urbanisme yougoslave avec ses larges avenues bordées de barres d'immeubles vieillies et de monuments aux héros d'un autre temps, auxquels s'est ajoutée récemment une horde de tours de bureaux et de centres commerciaux assez clinquants. Hormis l'utilité de son aéroport, Podgorica (prononcez "pod-go-ri-tsa"), à dire vrai, n'a rien d'une grande étape touristique.

ACCÈS

- Organisée selon un quadrillage d'avenues relativement strict, dont l'axe principal est constitué par l'E80, la capitale est facile à appréhender. Le stationnement ne pose aucun problème dans le centre-ville (nombreuses places gratuites), que l'on parcourt facilement à pied.

À VOIR

PODGORICA

Bien qu'auréolé de vastes zones d'activités, commerciales et résidentielles, le centre-ville de Podgorica est très circonscrit : entre les boulevards Sv. Petra Cetinjskog, Ivana Crnojevića, Stanka Dragojevića et Marka Miljanova, six rues du nord au sud, cinq d'est en ouest, strictement perpendiculaires, en partie piétonnes et arborées. Au centre trône la **place de l'Indépendance** (Trg Nezavisnosti), esplanade principale dont on ne louera guère le charme... C'est dans ce petit périmètre que se concentrent les boutiques, restaurants et cafés, mais surtout les bâtiments administratifs (siège du gouvernement, Parlement, ministères, Banque centrale, etc.). La récente fièvre immobilière a jeté son dévolu sur la rive ouest de la Morača, où s'élèvent dorénavant des buildings imposants. Depuis 2005, ils sont reliés au centre-ville par le **Millenium Bridge**, un pont à hauban immaculé que la capitale revendique comme son symbole de modernité. Côté sud, de vastes jardins, bordant la rivière Ribnica, marquent une agréable transition avec le vieux faubourg.

DRÔLE D'AFFAIRE

Au milieu du 20e s., la cité ne compte encore que 14 000 habitants. Son bond en avant se produit en 1946, quand elle est rebaptisée Titograd ("ville de Tito") en l'honneur du nouveau dirigeant de la Yougoslavie, et désignée capitale de la République socialiste du Monténégro au sein de la fédération. Elle sera confirmée capitale du pays indépendant en 2006.

Village capital

Vieux faubourg / Stara Varoš (plan 9, B1-B2)

Le cœur historique de la ville, appelé parfois "quartier ottoman" (la cité fut turque de 1478 à 1878), fut aussi le site d'une colonie romaine, Birziminum, fondée logiquement sur cette enclave naturelle protégée par la Morača et son affluent, la Ribnica. Les deux cours d'eau la ceignent de véritables petits

À NE PAS MANQUER

- Vieux faubourg
- Palais Petrović
- Ruines de Doclea

Millenium Bridge

canyons, qui ont aussi préservé cette vieille ville de l'urbanisme moderne, ce dernier ayant trouvé son exutoire dans le centre actuel (parfois appelé Nova Varoš, "quartier neuf"). Ici, on découvre un véritable village, aux rues sinueuses bordées de maisonnettes et de jardinets : l'ancienne cité, très active sur les routes commerciales ottomanes, est devenue un quartier résidentiel où l'on ne croise plus ni magasins, ni cafés, ni restaurants, mais qui a conservé son échelle d'autrefois. Plusieurs mosquées et leurs minarets ajoutent au caractère des lieux, mais elles sont en réalité des reconstitutions récentes.

Points d'intérêt À l'angle des deux rivières, quelques remparts crénelés rappellent la forteresse qui s'élevait jadis à la proue de la cité. À leur pied, le vieux pont (stari most), petite arche de pierre rebâtie à l'époque moderne, serait d'origine romaine. À l'est subsiste la tour de l'Horloge (Sahat Kula), élevée au 17e s. pour rythmer la vie locale, et dont le profil est très turc (dans Kralja Nikole).

Un peu d'histoire

Musées et galeries de Podgorica / Muzeji i galerije Podgorice

(plan 9, B1)

Long parallélépipède tristounet, le bâtiment semble abandonné... Il ne se ranime réellement qu'à l'occasion de certaines expositions temporaires, mettant notamment en valeur des artistes monténégrins. Le reste du temps, seule une portion congrue de ses vastes espaces accueille les collections permanentes, mêlant sans grande logique pièces ethnographiques (costumes folkloriques et armes d'apparat), héritage de la période ottomane (broderies, pages calligraphiées...), armes du 20e s. (notamment de la Seconde Guerre mondiale) et des vestiges archéologiques mis au jour dans le pays et retraçant

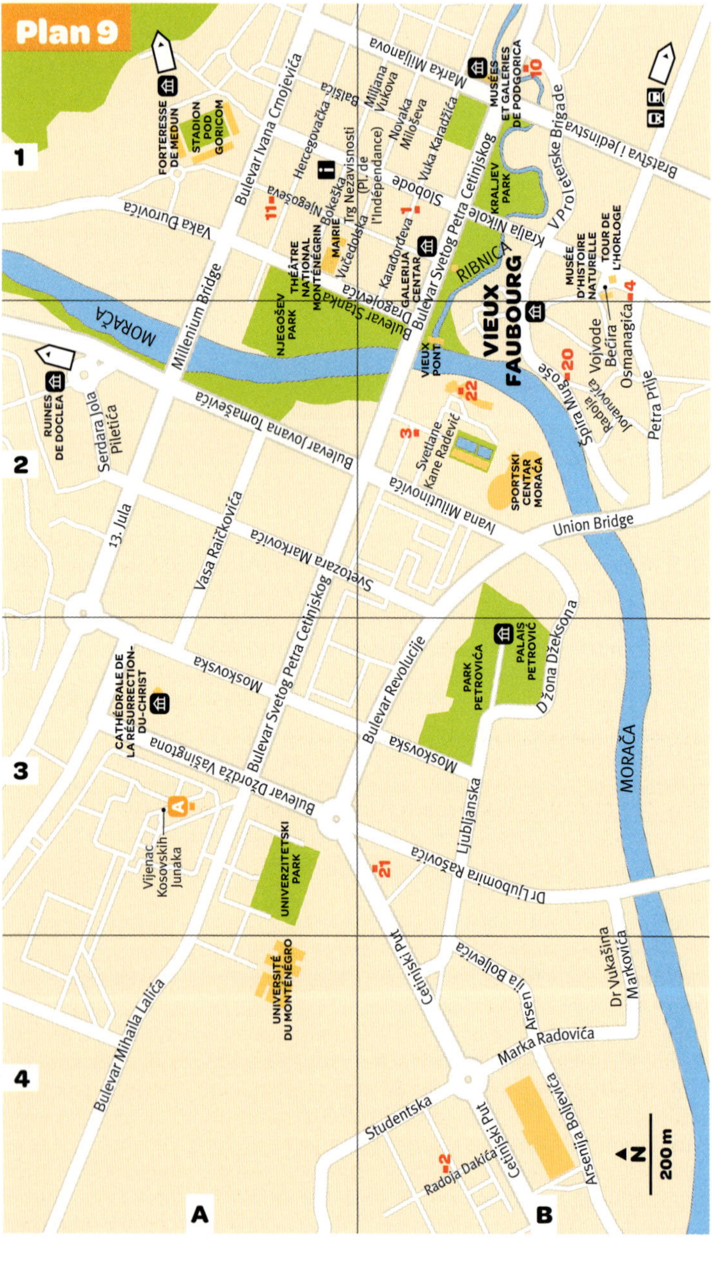
Plan 9
1
2
3
4
A
B
FORTERESSE DE MEDUN
STADION POD GORICOM
RUINES DE DOCLEA
CATHÉDRALE DE LA RÉSURRECTION-DU-CHRIST
UNIVERZITETSKI PARK
UNIVERSITÉ DU MONTÉNÉGRO
NJEGOŠEV PARK
THÉÂTRE NATIONAL MONTÉNÉGRIN
MAIRIE
GALERIJA CENTAR
VIEUX PONT
VIEUX FAUBOURG
RIBNICA
KRALJEV PARK
MUSÉES ET GALERIES DE PODGORICA
MUSÉE D'HISTOIRE NATURELLE
TOUR DE L'HORLOGE
SPORTSKI CENTAR MORAČA
PARK PETROVIĆA
PALAIS PETROVIĆ
MORAČA
Millenium Bridge
Union Bridge
Bulevar Ivana Crnojevića
Vaka Đurovića
Njegoševa
Hercegovačka
Bokeška
Trg Nezavisnosti (Pl. de l'Indépendance)
Vučedolska
Karađorđeva
Slobode
Balšića
Miljana Vukova
Novaka Miloševa
Vuka Karadžića
Marka Miljanova
Bulevar Svetog Petra Cetinjskog
Kralja Nikole
V Proleterske Brigade
Bratstva i Jedinstva
Bulevar Stanka Dragojevića
Bulevar Jovana Tomaševića
Serdara Jola Piletića
13. Jula
Vasa Raičkovića
Svetozara Markovića
Ivana Milutinovića
Svetlane Kane Radević
Špira Mugoše
Radoja Jovanovića
Vojvode Bećira Osmanagića
Petra Prlje
Moskovska
Bulevar Revolucije
Džona Džeksona
Bulevar Džordža Vašingtona
Vijenac Kosovskih Junaka
Ljubljanska
Dr Ljubomira Rašovića
Cetinjski Put
Bulevar Mihaila Lalića
Bolјevića
Arsenija Boljevića
Dr Vukašina Markovića
Marka Radovića
Studentska
Radoja Dakića
1
2
3
4
10
11
20
21
22
A
N
200 m

Restaurants (n°1 à 4)
3 21 MNE Urban Bistro - *p.163* . B2
2 Mandarina - *p.162*............ B4
4 Pod Volat - *p.163*............... B1
1 The Republic of Good Food - *p.162*............ B1
Sorties (n°10 et 11)
10 Karver - *p.163* B1
11 Titograd Urban Caffé - *p.163* . A1
Hébergements (n°20 à 22)
21 CentreVille Hotel & Experiences - *p.288*........ B3
22 Hotel Podgorica - *p.288*...... B2
20 Montenegro Hostel Podgorica - *p.288*............ B2
RENDEZ-VOUS AVEC...
L'adresse de Dragan Bogojević
Sortie
A Džada - *p.132*................. A3

rapidement l'histoire de son occupation (pierres taillées du 7e millénaire av. J.-C., bijoux de l'âge de fer, poteries hellénistiques, etc.). Attardez-vous devant les vitrines présentant les objets issus des fouilles de Doclea, la prospère cité romaine voisine de la ville (p.160) : terres cuites et verreries sont d'une grande finesse (2e-4e s.).

Marka Miljanova 4 020 242 605 www.pgmuzeji.me Mar.-dim. 9h-20h € 3€

La création monténégrine et plus
Palais Petrović / Dvorac Petrovića (plan 9, B3)

À l'orée du centre-ville, cette imposante demeure rose et blanc fut, au tournant des 19e et 20e s., la résidence des souverains Petrović à Podgorica (la capitale du pays étant alors Cetinje). Son parc arboré, au cachet d'autrefois, constitue un agréable but de promenade. Le palais abrite aujourd'hui un **centre d'art contemporain** exposant des artistes nationaux et internationaux (photographie, peinture, installations, etc.). La programmation réserve parfois de bonnes surprises... L'institution compte également une annexe dans le centre-ville, la **Galerija Centar**, ouverte à l'occasion d'accrochages temporaires.

Park Petrovića Kruševac (accès au parc par le Bulevar Revolucije ou par la rue Džona Džeksona) 020 243 513 Lun.-ven. 8h-20h, sam. 10h-14h € Entrée libre
Galerija Centar (plan 9, B1) Ulica Njegoševa br. 2 20 665 409

Du neuf avec du vieux
Cathédrale de la Résurrection-du-Christ / Saborni Hram Hristovog Vaskrsenja (plan 9, A3)

Bien qu'affichant une silhouette traditionnelle, elle ne fait pas illusion : la grande cathédrale orthodoxe (d'obédience serbe) de la capitale est flambant neuve, elle a été consacrée en 2013. Les travaux, financés notamment par des subsides russes, ont duré près de vingt ans. Orientée très exactement vers l'est, elle apparaît légèrement désaxée par rapport au quadrillage strict des avenues de la ville, et détonne dans le décor d'un vaste parking et d'immeubles décatis... Les murs intérieurs ont bénéficié

Cathédrale de la Résurrection-du-Christ

COULEUR LOCALE
Au pied du vieux faubourg, les rives encaissées et arborées de la Morača ménagent des plages naturelles de galets, plébiscitées par les adolescents aux heures torrides de l'été. Venues des montagnes du Nord, les eaux de la rivière sont extrêmement rafraîchissantes, mais sachez que certaines associations alertent sur des problèmes de pollution.

d'un riche programme ornemental, constitué de fresques sur fond d'or mettant en scène des personnages plus grands que nature. Remarquez, à l'extérieur, les pierres grossièrement équarries qui forment la base du bâtiment et s'affinent à mesure de son élévation vers le ciel, jusqu'à la coupole centrale finement sculptée.

Džordža Vašingtona 3 020 219 310 www.hramvaskrsenja.me Tlj. 8h-21h Entrée libre

LES ENVIRONS DE PODGORICA

Dans un pays aussi montagneux que le Monténégro, la vaste plaine de Podgorica, qui plafonne à une altitude moyenne de 45m, apparaît comme une anomalie : 17km du nord au sud, 12km d'est en ouest, au milieu desquels l'agglomération se devine de très loin. Chauffée à blanc par la canicule estivale, rongée peu à peu par les activités commerciales et industrielles, la région n'invite guère à s'y attarder. Heureusement, les montagnes qui cernent l'horizon promettent verdure et fraîcheur, à commencer par le lac de Skadar à quelques kilomètres au sud (p.146) et les gorges de la Morača au nord (p.195).

Nos ancêtres les Romains

Ruines de Doclea / Duklja

Féru d'archéologie ? Ne vous privez pas d'un petit détour par ce site antique, l'un des rares du pays. Doclea fut la principale colonie romaine de la région, stratégiquement fondée au confluent de ses deux rivières majeures, la Morača et la Zeta. Bien que peu entretenu et largement rogné par la voie ferroviaire (la cité occupait toute la pointe formée par les deux cours d'eau, qui lui assuraient une défense naturelle), le site est évocateur : les gros blocs de pierre, certains sculptés, donnent une idée de la monumentalité du cœur de la ville, dont les fondations mises au jour ressuscitent parfaitement le plan. On devine ainsi les limites du forum, de ses colonnades et des principales constructions (basilique, temples, arc de triomphe, petits et grands thermes, etc.), héritées du 1er s. ap. J.-C. et typiques des cités romaines. Bien que florissante, la localité ne se releva pas des invasions barbares des 5e-7e s.

4,5km au nord du centre-ville (prendre la route qui suit la rive droite de la Morača sur 3,5km, un panneau indique alors le site sur la droite ; traverser le fleuve, prendre la première à droite, passer la voie de chemin de fer, les ruines sont juste après) Entrée libre

Observatoire millénaire

Forteresse de Medun / Tvrđava Medun

Du parking, la montée est rude jusqu'au sommet de cette éminence rocheuse que l'on devine ceinte de remparts en ruine et cependant massifs. Ils datent de

SUR LES TRACES DE...
Medun constitue la première étape de la **route panoramique de Korita** (Krug oko Korita), boucle de 65km sillonnant les montagnes à l'est de Podgorica, dont l'office de tourisme (p.273) fournit un "roadbook" détaillé (également téléchargeable sur www.montenegro.travel). L'itinéraire réserve de superbes points de vue sur la vallée de la Cijevna.

la période turque, mais le site est celui d'une fondation antique : les Illyriens y avaient établi une importante cité aux 4e et 3e s. avant notre ère, que l'historien latin Tite-Live mentionne vraisemblablement lorsqu'il raconte la conquête de la région par les Romains en 168 av. J.-C. Certes, rien ne subsiste de cette époque (les vestiges exhumés sont conservés au musée de Podgorica), mais de là-haut, la vue à 360° sur des kilomètres à la ronde mérite un coup d'œil. La chapelle Saint-Nicolas, qui couronne la butte, date du 18e s. En redescendant sur le parking, vous pourrez pousser la porte de la vieille maison de pierre adjacente : elle abrite le petit **musée Marka Miljanova** (Muzej Marka Miljanova), poète et héros national (1833-1901) né dans la localité, dont l'exposition retrace le parcours.

15km au nord-est du centre-ville (quitter la ville par la E80 vers le nord dir. Kolašin, et après 3km suivre à droite la dir. Ubli) ◷ Musée Jours et horaires d'ouverture variables

Ruines romaines de Doclea

À FAIRE

Dégustez les vins de Podgorica

Alors que la production viticole monténégrine reste encore largement domestique, c'est dans les environs de la capitale que s'épanouissent les domaines les plus importants (certains comptant plusieurs centaines d'hectares de vignes). Leur production, connue sous le nom de "vins de Plantaže" (du nom du plus grand domaine, majoritairement détenu par l'État), jouit d'ores et déjà d'une certaine réputation.

Radevic Estate

L'un des plus fameux domaines de la région, primé dans divers salons internationaux, s'étend sur la commune de Rogami, non loin des ruines de Doclea. Né en 2007, il s'ouvre sur rendez-vous pour des dégustations qui permettent d'apprécier une belle palette de cépages (chardonnay, cabernet sauvignon, syrah, mais aussi vranac, le principal cépage autochtone). Dégustation 20€/pers.

Rogami (3km au nord-ouest des ruines de Doclea par la route prise entre la rivière et la voie ferrée) 069 276 055 www.radevicestate.com Tlj. 9h-16h

NOS ADRESSES

RESTAURANTS

Bonne nouvelle : on mange plutôt bien à Podgorica, où des tables contemporaines (de la cantine diététique au bistrot gourmand) ont récemment fleuri, renouvelant le répertoire traditionnel du pays.

Régime sain

The Republic of Good Food ♥€

Cette "république de la bonne alimentation" tient ses promesses : des jus de légumes réalisés à la minute, des soupes vitaminées, des sandwichs, des salades de légumes ou de pâtes ultra-frais, un burger pour les aficionados, des tartes aux fruits pour la note sucrée... le tout entre 3 et 8€ ! Mention spéciale pour la terrasse à l'ombre de hauts cèdres, agrémentée de banquettes accueillantes aux coussins colorés.

PODGORICA (plan 9, B1 n°1) Karađorđeva br. 3 067 337 530 Page FB Tlj. 8h-0h (fermé dim. en juil.-août)

Tendance internationale

Mandarina €

Dans le nouveau quartier de City Kvart, à l'ouest du centre-ville, une cantine joliment contemporaine, au décor très cosy : murs tout blancs, design de bois clair, chaises colorées et plantes vertes un peu partout... La carte, variée, se révèle rassembleuse : bruschettas, pizzas, pâtes, salades, cocotte de légumes, etc., qui font montre d'un efficace tour de main. Plats autour de 5€.

PODGORICA (plan 9, B4 n°2) Ulica Radoja Dakića 18 City Kvart (de l'hypercentre, compter 25min à pied ou 5min en voiture, stationnement aisé) 069 044 888 Page FB Tlj. 8h-0h

Ćevapi

Intime et stylé

21 MNE Urban Bistro ♥€€

Au pied d'un immeuble récent, ce bistrot joue pleinement la carte contemporaine : bois sombre, métal brut, murs noirs, armoires à vins... le tout doublé d'une grande terrasse végétalisée. Dans sa veine internationale, la cuisine s'affirme de belle tenue : bruschettas, carpaccio ou tartare de bœuf, pâtes et risottos, burgers, sélection de fromages, tiramisu, etc. Plats 5-10€.

PODGORICA (plan 9, B2 n°3) Svetlane Kane Radević 3 📱067 102 121 Page FB 🕒Tlj. 8h-2h

Conservatoire des traditions

Pod Volat €€

Dans une longue bâtisse de pierre au décor traditionnel, à deux pas du vieux faubourg, Pod Volat (littéralement “sous les voûtes”) œuvre depuis 1993 et se revendique comme une institution de la ville. Sa vaste cour arborée est charmante pour un repas, mais la cuisine routinière, à base de nombreuses viandes grillées et grandes salades, relativement basiques, et cependant roboratives. Plats 5-24€.

PODGORICA (plan 9, B1 n°4) Trg Vojvode Bećira Osmanagića 1 📱069 618 633 Page FB 🕒Tlj. midi et soir

SORTIES

La vie nocturne palpite dans le centre-ville, notamment le long de l'avenue Njegoševa, où s'alignent bars et terrasses, très tranquilles en journée, plus animés en soirée. La foule est assez festive, et des concerts ou sets de DJ sont souvent proposés çà et là.

Café culturel

Karver

Malgré un environnement peu engageant sous le pont (Novi most) qui relie le centre et la vieille ville, ce café doublé d'une librairie-galerie détonne dans la capitale, avec son cadre original – celui d'anciens bains turcs bordant la rivière –, son ambiance sympathique et sa programmation mêlant concerts et diverses animations culturelles.

PODGORICA (plan 9, B1 n°10) Obala Ribnice (sous le pont) 📱020 602 625 www.karver.org Page FB 🕒Tlj. 9h-23h (librairie 9-20h)

Point de convergence

Titograd Urban Caffé

Sur l'artère la plus festive de la vie nocturne locale, l'un des pubs les plus chaleureux de Podgorica, plébiscité par ses étudiants.

PODGORICA (plan 9, A1 n°11) Njegoševa 41 📱Page FB 🕒Tlj. 8h-3h

Voir aussi **Džada** (p.132).

NIKŠIĆ

Dans sa plaine cernée par les montagnes, à 630m d'altitude, Nikšić vit principalement de ses industries (mines de bauxite et production d'acier). La deuxième ville du pays après Podgorica ne vous laissera pas un souvenir impérissable, mais constitue un bon point de chute pour rayonner alentour. Le célèbre monastère d'Ostrog est tout proche, et le plus confidentiel monastère San Luka vaut aussi le détour...

À VOIR

NIKŠIĆ

Nikšić déploie ses larges avenues en contrebas de la colline Trebjesa, couverte du parc du même nom, poumon vert de la cité. La ville doit son animation aux étudiants qui fréquentent son université. Les deux monuments à visiter, la basilique Saint-Basile d'Ostrog et le musée du Patrimoine, se tiennent côte à côte, au pied du parc Trebjesa. Garez-vous dans les rues voisines, où les places sont gratuites et faciles à trouver. De là, vous gagnerez en quelques minutes de marche l'avenue Njegoševa et la place de la Liberté. Entre deux visites, vous aurez le temps de vous accorder une pause baignade dans le joli lac Krupac (p.167).

À cache-cache

Basilique Saint-Basile d'Ostrog / Saborna Crkva Sv. Vasiliju Ostroškom

À la lisière du parc Trebjesa, un escalier monumental mène à cette église orthodoxe en pierre blanche, juchée au sommet d'une butte hérissée de sapins qui la masquent au regard. Édifiée en 1899 sous le règne du roi Nicolas Ier, elle arbore un plan classique en croix byzantine surmonté d'un dôme, et recèle une iconostase du début du 20e s.

Vučedolska bb ◷ Tlj. 8h-19h

Bel endormi

Musée du Patrimoine / Zavičajni Muzej Nikšić

Construit en 1900, le palais du roi Nicolas Ier est l'un des bâtiments les plus prestigieux de la ville. Quoiqu'un peu délabré (surtout à l'intérieur), il a belle allure avec sa façade percée de larges baies soulignées d'arcades. Il abrite un musée vieillot et sombre (où tous les panneaux informatifs sont écrits en cyrillique), qui évoque l'histoire de Nikšić et, plus largement, celle du Monténégro : quelques objets préhistoriques, des costumes traditionnels des 19e et 20e s., des instruments de musique, des armes, des photos d'un autre âge...

Trg Šaka Petrovića 1 ☎ 040 212 977 ◷ Mar.-sam. 9h-13h et 17h-20h, dim. 9h-12h € 1€

À NE PAS MANQUER

- Monastère San Luka
- Monastère d'Ostrog
- Lac Krupac

Lac Krupac

Sous les platanes

Place de la Liberté / Trg Slobode

Cette vaste place, et l'avenue Njegoševa qui la coupe, sont les lieux les plus animés de la ville. Elle est dominée par une imposante statue équestre représentant le roi Nicolas Ier.

LES ENVIRONS DE NIKŠIĆ

Digne d'un tableau

Vieux pont romain de la Moštanica / Rimski most na Moštanici

Pour accéder à ce pont, vous traverserez des prés où paissent des vaches, des jardins et des champs parsemés de maisonnettes. Environné de rochers, ce pont en pierre à quatre arches date du 3e s. ap. J.-C. et serait l'un des plus vieux du Monténégro. À côté se dresse une adorable chapelle.

5km env. à l'ouest de Nikšić (prendre dir. Trebinje, puis à gauche en suivant les panneaux)

En bleu et vert

Lac Slansko / Slano Jezero

Plus sauvage que le lac Krupac (p.167), ce vaste plan d'eau est lui aussi artificiel (1950). Il est constellé d'îles de toutes tailles couvertes de verdure.

6km env. à l'ouest de Nikšić (prendre dir. Trebinje, puis suivre les panneaux du pont romain de la Moštanica et poursuivre la route après le pont pour arriver au lac)

Piété et nature

Monastère San Luka / Župski manastir

De Nikšić, la route se coule dans la campagne et longe le joli lac de Liverovići, avant d'aboutir à ce ravissant monastère (appelé aussi monastère Župa),

Monastère d'Ostrog

entouré d'un beau jardin et de bois. Vingt-sept sœurs de l'Église orthodoxe ont investi les lieux en 1998. Très accueillantes, elles vous feront visiter le site et vous conduiront dans leur petite boutique, où elles vendent propolis, herbes du jardin séchées, produits à base de plantes médicinales, icônes, bijoux fabriqués par leurs soins... Un monastère aurait vu le jour à cet endroit au 15e s. et aurait été totalement détruit par les Ottomans en 1853. Les constructions actuelles, très harmonieuses, datent de plusieurs époques. La partie où vivent les sœurs (début 20e s.) renferme une minuscule chapelle ornée de fresques. Dans la cour se dresse une exquise chapelle en pierre blanche, édifiée en 1881 à la demande du roi Nicolas Ier ; elle est la plus belle composante du monastère.

14km env. au sud-est de Nikšić (prendre dir. Vučje, puis suivre les panneaux) 🕒 Tlj. 6h-20h
€ Entrée libre

Chapeau bas

Pont impérial / Carev most

Bien que très bas, ce pont en pierre est impressionnant avec ses 269m de longueur et ses seize arches enjambant la rivière Zeta. Il fut ainsi nommé car sa construction, en 1894, a été financée par l'empereur russe Alexandre III.

3km env. au sud de Nikšić par l'ancienne route de Podgorica

Un haut lieu de fièvre religieuse

Monastère d'Ostrog / Manastir Ostrog ★

Une route sinueuse, splendide et impressionnante, mène à ce fameux monastère, littéralement enchâssé dans les reliefs austères du mont Ostrog, au-dessus de la vallée de la Zeta. Fondé dans la seconde moitié du 17e s. par Basile Jovanović (1610-1671), évêque d'Herzégovine et futur saint Basile d'Ostrog

BON À SAVOIR
Le monastère d'Ostrog compte 3 parkings gratuits : le premier dans la partie basse (2km au sud de la partie haute), le deuxième à mi-chemin, le troisième près du haut. Le mieux est de se garer dans le parking intermédiaire (le dernier étant souvent plein), il ne vous restera que 7min de marche pour atteindre le sommet par un joli sentier ombragé.

(sv. Vasilije Ostroški), le sanctuaire est le plus visité des Balkans. Environ un million de personnes y passent chaque année, orthodoxes, mais aussi catholiques et musulmans, venus vénérer le saint dont les reliques sont réputées miraculeuses. Le monastère se compose d'une partie basse et d'une partie haute, la seconde étant la plus spectaculaire.
Monastère bas L'église de la Sainte-Trinité (Crkva Sv. Trojice), située à côté du premier parking, est l'élément majeur de la portion inférieure du monastère. Très simple à l'extérieur, elle est richement ornée de fresques exécutées au 20e s. par l'artiste Nauma Andrića. Certaines, sur le mur ouest, représentent saint Basile et quelques miracles qu'il aurait accomplis.
Monastère haut Il s'ouvre sur une esplanade où se pressent en nombre pèlerins et visiteurs. La vue sur la vallée de la Zeta et la façade blanche encastrée dans la falaise ocre sont éblouissantes. Derrière ces murs se cachent les trésors du sanctuaire, à savoir deux chapelles troglodytiques du 17e s. Un balcon à flanc de falaise mène à la première, la **chapelle de la Sainte-Trinité**. Minuscule (à peine 2,80m de profondeur), elle revêt une importance capitale, puisqu'elle fut creusée pour accueillir le corps de saint Basile. Ses reliques y sont toujours conservées, abritées dans une châsse sur laquelle les fidèles viennent se recueillir avec grande dévotion. À l'étage, la **chapelle de la Sainte-Croix** est couverte de fresques magnifiques et très bien conservées. En face, à l'extérieur, remarquez l'imposant pied de vigne, dont on dit qu'il a poussé à l'endroit même où le saint a rendu l'âme.

15km env. au sud-est de Nikšić 📱 068 330 336 manastirostrog.com 🕒 Tlj. 24h/24
€ Entrée libre

À FAIRE

Passez un après-midi au bord de l'eau

Lac Krupac / Krupačko jezero 👍

Une plage de graviers, un bar les pieds dans l'eau (ouvert seulement l'été), un restaurant et une aire de jeux pour enfants, le tout concentré sur un petit espace, et tout autour… l'immensité de ce beau lac de barrage, ceinturé de collines boisées. L'endroit est parfait pour une baignade, d'autant que l'eau frise les 28°C en été ! C'est ici aussi que se tient tous les ans, en août, le festival de rock Lake Fest (p.265).

5,5km au nord-ouest de Nikšić (prendre dir. Trebinje, puis à droite après l'hôtel Vukov Most en suivant le fléchage)

Dévalez les pentes
Station de ski de Vučje

À 1 300m d'altitude, cette petite station familiale, très fréquentée par les habitants de Podgorica et de Nikšić, compte 4 pistes de ski, un restaurant et un petit hôtel. En été, on profite des sentiers de randonnée qui mènent vers les lacs ou les sommets, et des pistes de VTT (3-20km).

Vučje (20km au nord-est de Nikšić, à l'est d'Ivanje) 067 637 049 www.vucje.me

NOS ADRESSES

PAUSES

Sucre et glace
Fontana

Envie d'un gâteau ou d'une glace ? Installez-vous sur l'agréable terrasse ombragée de Fontana, une institution en la matière à Nikšić. Le cornet avec une boule de glace vous coûtera 0,50€.

NIKŠIĆ Njegoševa br 5 040 213 357 Tlj. 7h-23h

RESTAURANTS

Heureuse simplicité
Pekara €

L'agréable cadre contemporain, tout de bois, de briques et cerné de baies vitrées, invite à déguster sereinement des plats simples : salades, pizzas, risottos, pâtes. Et les beaux gâteaux (cheesecake, *krempita*, etc.) exposés dans une vitrine aiguisent la gourmandise. Comptez une dizaine d'euros pour une pizza ou un risotto et un dessert.

NIKŠIĆ Marka Miljanova bb 067 267 943 Page FB Tlj. 7h-22h30

Protéines à bon compte
Restaurant Merak €

Si l'endroit n'est pas folichon, la cuisine y est tout à fait honnête. Les bons appétits apprécieront la carte qui fait la part belle aux viandes, copieusement servies pour un prix raisonnable. Comptez une dizaine d'euros tout au plus pour une entrée et un plat.

NIKŠIĆ Peta Proleterska br. 23 040 245 443 Tlj. 7h-23h

Influences italiennes
Forest €

Un bar-lounge confortable et très animé. La carte n'est pas des plus originales – salades, pizzas, pâtes, plats à base de viande –, mais l'assiette se révèle au final goûteuse, avec une mention particulière pour les excellentes lasagnes. Comptez de 10 à 15€ pour une salade et un plat.

NIKŠIĆ Ivana Milutinovića 7 068 855 607 Page FB Tlj. 8h-23h

Avant ou après la visite d'Ostrog
Konoba Koliba €€

Référence locale sur la route du monastère d'Ostrog, ce restaurant offre une belle vue sur les montagnes et la vallée de la Zeta. On s'y installe en terrasse, au calme, afin de déguster des recettes 100% monténégrines, fort recommandables, comme le *kačamak*, l'agneau ou le veau cuits sous la cloche, le jambon de Njeguši... et un beau choix de grillades. Pour une entrée et un plat, comptez de 10 à 25€.

BOGETIĆI (14km au sud-est de Nikšić, le restaurant est à 1km du village, en allant vers le monastère d'Ostrog) 067 888 189 kolibe.me Tlj. 7h-23h

Konoba Koliba

Voir aussi **Hotel Yugoslavia** (p.133).

SHOPPING

Produits du terroir

Boutique de la Konoba Koliba

À proximité du monastère d'Ostrog et attenant à une auberge réputée (p.168), ce petit magasin contentera les amateurs de pique-nique et gourmets avec sa belle gamme de produits locaux : jambon (*pršute*) et fromage (*sir*) de Njeguši, liqueurs, miel, confitures, jus de fruits...

BOGETIĆI (14km au sud-est de Nikšić, à 1km du village en allant vers le monastère d'Ostrog, la boutique se trouve sous le restaurant) Mai-sept. : tlj. 9h-18h

BIÈRE *MADE IN* NIKŠIĆ

Au Monténégro, vous ne pourrez pas rater la Nikšićo Pivo, bière ambrée, légère (5% d'alcool), à la délicate amertume. Servie très fraîche, elle vous désaltérera dans tous les bars du pays. Comme son nom le laisse supposer, elle est fabriquée à Nikšić, par la brasserie Onogošt, créée en 1896 et devenue la brasserie Trebjesa (Pivara Trebjesa) en 1908.

SORTIES

Esprit rock

NK Pub

Derrière sa façade couverte de tags, ce bar du centre-ville est réputé pour ses concerts.

NIKŠIĆ Manastirska 9 Page FB Tlj. 8h-0h30

L'art de la décontraction

Propaganda

Une flopée de parapluies colorés suspendus à des fils, des lampions, des nichoirs pour les oiseaux accrochés aux platanes... La terrasse de ce bar distille une atmosphère décalée. Belle sélection de cocktails (3-4€) et, régulièrement, concerts live et soirées à thème (salsa, cinéma...).

NIKŠIĆ Trg Slobode 1 067 001 099 Page FB Tlj. 8h-0h

Bienvenue dans les confins montagneux du pays ! Vers l'est, entre Kolašin et la vallée du Lim, le massif de la Bjelasica dévoile des paysages collinaires, image d'Épinal des Balkans. Si cette région déshéritée présente encore peu d'atouts touristiques, au nord-ouest, le massif du Durmitor résume la magie des sommets monténégrins, avec ses reliefs gris perle et sa végétation luxuriante. Un paradis pour les sportifs épris de nature...

Le nord montagnard

Lac Noir, parc national du Durmitor

Plan 10

BOSNIE-HERZÉGOVINE
MONASTÈRE DE LA SAINTE-TRINITÉ
Pljevlja
Poste frontière
ČEHOTINA
DRINA
TARA
Šćepan Polje
PIVA
Canyon de la Piva
MAGLIĆ 2388 M
Barrage de Mratinje
LAC DE LA PIVA
V. VITAO 2397 M
Mala Crna Gora
Canyon de la Tara
Canyon de la rivière Sušica
Trsa
PARC NATIONAL DU DURMITOR
Žugića luka
MASSIF DU DURMITOR
Plužine
LAC ZMINJE
Borje
Vrela
Pont de Djurdjevića
Žabljak
Šljivansko
RUŽICA 1945 M
Monastère de la Piva
BOBOTOV KUK 2522 M
PLATEAU DES LACS
Njegovuđe
P4
Virak
Javorje
LEDENICA
Rudinice
MASSIF DE LA PIVSKA PLANINA
LAC RIBLJE
LAC VRAŽJE
CANYON DE LA TARA
Provalija
Monastère Saint-Georges de Dobrilovina
HAUTS PLATEAUX DU SINJAJEVINA
1942 M
Grabovika
BUKOVICA
Gornja Dobrilovina
E762
Komarnica
GOLIJA
Canyon Nevidio
Pošćenje
Šavnik
GRADIŠTE 2215 M
LASTVA 2226 M
BABIN ZUB 2277 M
Ivanje
Vučje
V. ŽURIM 2035 M
MORAČA
Raško
LAC KRUPAC
Nikšić
LAC SLANSKO
MONASTÈRE DE LA MORAČA
MEĐEĐI VRH 2139 M
Canyon de la Morača
Défilé de Platije
E80
E762
P19
1590M
MORAČA
DANILOVGRAD
UBLI
KOTOR
PODGORICA

PRIJEPOLJE
SERBIE
SJENICA
Poste Frontière
E763
LIM
Bijelo Polje
Mojkovac
Podbišće
MASSIF DE
BENDOVAC
1774 M
LAC DE BIOGRAD
PARC NATIONAL DE BIOGRADSKA GORA
E65
CRNA GLAVA
2139 M
Lubnice
Vranjak
Kolašin
Kolašin 1450
LA BJELASICA
Berane
P2
TRPEZI
KRSTAČA
1756 M
Poste frontière
Rožaje
Mateševo
M9
Andrijevica
KOM KUCKI
2487M
VALLÉE DU LIM
MASSIF DU KOMOVI
MURINO
Veruša
CRNI KRŠ
2426 M
Monastère de Brezojevica
Brezojevica
Plav
HRIDSKI KRŠ
2347 M
LAC DE PLAV
Gusinje
P9
KARANFILI
2460 M
PARC NATIONAL DES PROKLETIJE
ZLA KOLATA
2534 M
ALBANIE
KOSOVO
PEĆ
N
10 km

SIX BONNES RAISONS...

... de découvrir le nord montagnard du pays, ses sommets auxquels on se mesure à pied, ses gorges vertigineuses et ses panoramas grandioses.

ON TUTOIE LES SOMMETS Gagnez le point de vue de Ćurevac (p.180) pour contempler le massif du Durmitor et même toute la montagne monténégrine. À perte de vue, un horizon mêlant le vert tendre et le gris perle...

ON SE REPAÎT DE FRESQUES DIVINES Arrêt obligatoire dans le monastère de la Morača (p.195), enchâssé dans l'impressionnant canyon du même nom. Ses fresques témoignent d'une finesse et d'un sens des couleurs remarquables.

ON SERPENTE SUR LES SENTIERS Le parc national du Durmitor (p.180) est le paradis des randonneurs. De forêts profondes en sommets pelés, d'alpages verdoyants en lacs somptueux, ce bijou des Alpes dinariques vous tend les bras !

ON PLONGE DANS D'IMMENSES GORGES Profond de 1 300m, le canyon de la Tara (p.183) constitue un refuge naturel exceptionnel, classé réserve de biosphère par l'Unesco. Son torrent infiniment limpide se descend en rafting (p.190) !

ON SE FAIT SON CINÉMA En voiture dans le Durmitor, on se faufile entre les parois verticales du canyon de la Piva (p.183) et sur la voie la plus haute du massif, entre Žabljak et Plužine. Routes à grand spectacle et à sensations fortes (p.182) !

ON BAT EN RETRAITE Isolé dans un vallon bucolique aux confins du pays, à la frontière avec la Serbie et la Bosnie-Herzégovine, le monastère de la Sainte-Trinité (p.186) est un bijou oublié, d'une quiétude absolue.

RENDEZ-VOUS AVEC...

Nés en Serbie, **Julijana et Siniša Jankov** sont guides de randonnée au Monténégro et dans les pays voisins. Entre eux deux, nul hasard, "les premières étincelles d'amour ont éclaté... dans le Durmitor, cette montagne magique !" Parfaits francophones, ils mènent les visiteurs sur les sentiers du parc national, heureux de partager ces paysages qui les "ensorcellent". Voici leurs coups de cœur !

Notre randonnée n°1

A Tour du lac Noir

On ne se lasse pas de ce lac fabuleux (p.187), symbole du Durmitor. Dans l'air frais chargé du parfum des épicéas, on trouve toujours un coin tranquille sur ses rives pour admirer les nuances si variées de l'eau. Comment résister à une baignade ? De là, les bons marcheurs partiront à l'assaut des sommets de l'Ours (Veliki et Mali Međed, 2 287m et 2 223m) : au-dessus de la forêt, c'est le royaume des cimes minérales, des névés et de la végétation alpine. Un panorama indescriptible...

2,5km au sud-ouest de Žabljak

Notre bonheur à vélo

B Plateau des lacs

Au sud de Žabljak, les petites routes de campagne peu fréquentées par les voitures sont idéales pour partir à vélo. Marquez impérativement l'arrêt au lac Vražje, dont l'œil turquoise tranche magnifiquement sur les alpages. Juste au nord, le lac Riblje est cerné de nombreux *stećci*, des tombes médiévales dont l'origine reste mystérieuse. Vous passerez aussi par le charmant village de Njegovuđa, blotti contre une forêt de pins blancs. Détails et location de vélos (p.188).

Boucle de 38km au départ de Žabljak

SI LE DURMITOR ÉTAIT...

Une couleur Ce serait l'émeraude du lac Noir et surtout de la rivière Tara, dont l'eau est si limpide qu'on peut y distinguer le moindre caillou. Pas étonnant qu'on la surnomme "les larmes de l'Europe" !

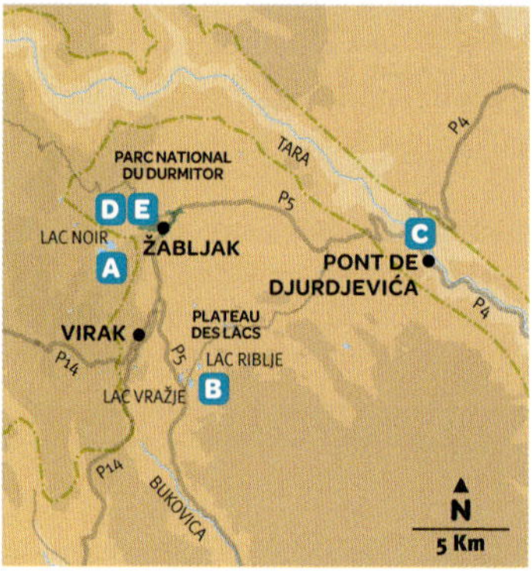

Notre sensation forte

C Pont de Djurdjevića

Ce célèbre pont (p.184) n'est pas qu'un superbe observatoire sur la Tara : de là, plusieurs tyroliennes

Le pont de Djurdjevića franchissant le canyon de la Tara

franchissent les gorges vertigineuses, cf. Volez au-dessus du canyon (p.190). Échevelant ! Bien sûr, l'incontournable descente du torrent en rafting est aussi marquante (p.190).

20km env. à l'est de Žabljak

Notre refuge après l'effort

D Durmitor Inn

Très sympathique, c'est notre café-restaurant préféré pour boire un verre après une longue journée de randonnée. Surtout quand il fait chaud. Une bière artisanale bien fraîche fait tellement de bien ! Vous pourrez aussi opter pour les délicieux jus de cornouilles ou de menthe. Et en cas de faim, le menu est excellent !

ŽABLJAK Njegoševa 17 067 743 421
Page FB Tlj. 8h-23h

MARCHER AVEC JULIJANA OU SINIŠA

Dorénavant, Siniša s'emploie surtout à organiser de nouveaux circuits et à former les jeunes guides. Julijana, elle, se dédie entièrement à ce "travail magnifique" pour lequel elle reçoit des louanges. Ils travaillent pour l'agence Ace Adventure (ace-adventurecentre.com) et parfois à leur compte (contact : b.julijana@gmail.com ou sinisa.jankov1@gmail.com).

Notre sortie en amoureux

E Dvorište

Selon l'humeur du propriétaire, indissociable de l'auberge, l'atmosphère est bouillante ou... très feutrée. C'est le charme de l'endroit ! Il faut profiter de son décor douillet (avec un vieux poêle à bois et des objets chinés), de sa bonne cuisine (soupes, salades, agneau braisé, côtes de porc marinées, etc.) et de son ambiance musicale, qui met à l'honneur toutes les régions des Balkans... avec de temps à autre des concerts de jazz et de blues inattendus !

ŽABLJAK Jakova Ostojića 069 978 437
Été : tlj. 8h-22h ; hiver : tlj. 8h-22h

MASSIF DU DURMITOR ★

Hautes cimes minérales, prairies piquetées de fleurs, forêts denses, lacs d'altitude, canyons vertigineux... Le parc national du Durmitor subjugue ! En hiver, il se couvre d'une épaisse couche de neige et attire skieurs et amateurs de balades en raquettes. En été, on chemine sur ses sentiers de randonnée et l'on pratique le rafting dans le canyon de la Tara, son joyau incontesté. Ici, la nature est spectacle et terrain de découverte !

ACCÈS

- Žabljak, porte d'entrée du parc, est implanté au nord-est du massif du Durmitor. Du centre du pays, accès par Nikšić, ou via Kolašin et Mojkovac.

À VOIR

ŽABLJAK ET SES ENVIRONS

Point de ravitaillement

Žabljak

Au pied du versant est du massif du Durmitor, à 1 456m d'altitude, Žabljak est la ville la plus haute d'Europe du Sud-Est. Elle est aussi la “capitale” du parc national du Durmitor, concentrant hôtels, restaurants, commerces et chalets plus ou moins gracieux. Même ici, en pleine montagne, l'urbanisation gagne du terrain. Très bien situé, Žabljak reste néanmoins un bon point de chute pour explorer le parc : il suffit de parcourir quelques kilomètres pour se retrouver dans un environnement de montagnes merveilleusement sauvages.

Centre d'information du parc national du Durmitor / Turistička organizacija

Outre un kiosque où glaner des informations sur le parc (vente de cartes, de livres, etc.), il abrite une petite exposition sur la faune et la flore locales : quelques plantes, des minéraux et des animaux empaillés, dont deux gros loups et un petit ours.

Jovana Cvijića (1,5km env. au sud-ouest de Žabljak, sur la route du lac Noir, à droite) 052 36 02 28 www.nparkovi.me Juin-sept. : tlj. 9h-17h ; lun.-ven. 7h-15h Entrée libre

Horizon XXL

Point de vue de Ćurevac

De Žabljak, la route grimpe d'abord entre des chalets, puis s'enfonce dans la forêt. Magnifique mais étroite, elle vous mènera jusqu'à un parking. De là, prenez à pied le sentier en direction de Ćurevac. En quelques minutes, vous arriverez face à un panorama exceptionnel, à 1 625m d'altitude. Sous vos yeux se déploie un grandiose paysage de montagne avec, en contrebas, la verdoyante vallée de la Tara, émaillée de quelques hameaux. On devine le canyon de la Tara, au loin.

8km au nord-ouest de Žabljak (remonter la rue principale de la ville, Narodnih heroja, vers le nord, prendre la première route à gauche après les appartements Zorić et poursuivre jusqu'au parking du belvédère)

À NE PAS MANQUER

- Point de vue de Ćurevac
- Lac de la Piva
- Canyon de la Piva
- Monastère de la Piva
- Canyon de la Tara
- Monastère Saint-Georges de Dobrilovina
- Monastère de la Sainte-Trinité

Žabljak

Au tréfonds de la montagne

Mala Crna Gora

La route traverse d'abord la forêt, puis serpente à flanc de montagne, révélant des paysages sublimes de pâturages piquetés de bosquets de conifères avec, en arrière-plan, des reliefs très minéraux. Coupé du reste du monde par la neige six mois par an, ce village isolé se résume à une poignée de chalets aux toits de bois très pentus, éparpillés au milieu de collines verdoyantes. Belles vues sur le canyon de la rivière Sušica. Les rares habitants vivent de l'élevage (ovin, bovin) et de quelques cultures. Pour plus de facilité (la route est très étroite), prévoyez plutôt d'y aller au cours d'une sortie en 4x4, cf. Parcourez le Durmitor en jeep (p.189).

16km au nord-ouest de Žabljak (prendre dans un premier temps la route qui mène au point de vue de Ćurevac, puis bifurquer sur la gauche au panneau "Crna Gora")

PLUŽINE ET LE CANYON DE LA PIVA

Né en 2015, le parc naturel régional de la Piva a été le premier du genre au Monténégro. Englobant une bonne partie du territoire de Plužine, il s'étend sur 325km^2 et constitue un pont entre le Durmitor à l'est, et le parc national de Sutjeska au nord-ouest, en Bosnie-Herzégovine. Essentiellement montagneux, avec trois sommets majeurs (le Bioč à 2 397m, le Maglić à 2 388m, et le Volujak à 2 336m), de profonds canyons (Tara, Piva, Sušica) et de nombreux lacs glaciaires, il offre des paysages spectaculaires. Pas moins de 1 500 espèces de plantes s'y épanouissent, ses forêts abritent des ours bruns, sangliers, loups, chevreuils et cerfs, tandis que les chamois affectionnent les zones d'altitude. Les oiseaux y sont également bien représentés avec pas moins de 170 espèces, dont le grand tétras, l'aigle royal, le vautour fauve... et c'est l'un

SENSATIONS FORTES
De Žabljak à Plužine, vous emprunterez la route la plus haute du Monténégro. Elle traverse le massif du Durmitor par les cols du Sedlo (1 247m) et de Prijespa (1 884m), puis serpente dans le massif de la Pivska planina (via Trsa). Une route étroite et sinueuse, au fil de paysages merveilleux ! Comptez 1h30 pour 53km (sans étape).

des rares endroits en Europe où l'on peut croiser une dizaine d'espèces de pics (vert, épeiche, noir, à dos rayé, etc.).

Plongeon dans le lac
Plužine

Encaissé au pied de la montagne (Pivska planina), Plužine étage en pente douce ses petits immeubles et ses maisons au-dessus du lac de la Piva. Ce gros bourg, sans grand charme mais environné d'un beau décor de montagnes, date de la fin des années 1980. En effet, l'ancien Plužine a été totalement submergé lors de la création du lac, et le village entièrement reconstruit un peu plus haut. Profitez-y d'une pause baignade : en plein été, la petite plage est idéale pour se rafraîchir tout en profitant du paysage enchanteur.

53km au sud-ouest de Žabljak (prendre dir. Šavnik et, à 5km, prendre à droite dir. Virak pour emprunter la route qui passe par le col de Sedlo)

Collier émeraude
Lac de la Piva / Pivsko jezero

Ce gigantesque lac artificiel de 45km de longueur a été créé en 1975, lors de la construction du barrage de Mratinje sur la rivière Piva, 14km environ au nord de Plužine. Avec ses 220m de hauteur, cet impressionnant barrage hydroélectrique figure au palmarès des plus hauts d'Europe. Le lac occupe en partie le lit de trois rivières (la Piva, la Vrbnica et la Komarnica), et ses belles eaux vert émeraude dans lesquelles se reflètent les pentes boisées des montagnes,

Monastère de la Piva

se prêtent à merveille à des balades en bateau ou en kayak, cf. Cabotez sur le lac de la Piva (p.189).

Au nord de Plužine

Grandiose défilé

Canyon de la Piva / Kanjon Pive

Une fois passé le barrage de Mratinje, la route E762 suit la Piva jusqu'à Šćepan Polje. La route récente, en bon état mais tortueuse, permet d'apprécier toute la beauté des gorges sculptées par la rivière. Elle se faufile par de nombreux tunnels creusés dans la roche, et réserve des points de vue splendides sur les parois abruptes, hautes pour certaines de 1 200m. À Šćepan Polje, la Piva rejoint la Tara pour former la Drin.

14km au nord de Plužine

Miraculeuse transplantation

Monastère de la Piva / Pivski manastir

Caché au creux de collines boisées, ce monastère construit à la fin du 16e s., près de la source de la Piva, a été déménagé pierre par pierre lors de la création du lac, entre 1969 et 1982 ! Rien pourtant ne le laisse transparaître... Sobre vaisseau à trois nefs, l'église affiche un grand dépouillement extérieur, qui contraste avec l'exceptionnelle richesse des fresques intérieures, signées pour la plupart par des artistes grecs de renom. Celles du narthex sont l'œuvre de maître Cosme (*kir Kozma*) et du pope Strahinja, qui travailla aussi au monastère de la Sainte-Trinité de Pljevlja (p.186). L'ensemble renferme également des icônes d'une grande valeur, exécutées par le moine Longin (résurrection et vie du Christ sur l'iconostase), et une très belle porte en bois ornée de motifs floraux. Le trésor, exposé dans le dortoir des moines, réunit des pièces d'orfèvrerie, des manuscrits enluminés et des livres anciens, dont un psautier de 1494, sortis des presses de l'imprimerie de Cetinje, la première des Balkans.

10km au sud de Plužine 083 27 19 16 Tlj. 8h-19h Entrée libre

VERS LE CANYON DE LA TARA

Grand Canyon bis

Canyon de la Tara ★

Plus longue rivière du Monténégro avec ses 150km, la Tara prend sa source non loin de Kolašin (p.194). Elle est surtout réputée pour ses gorges, joyau du Durmitor, qui s'étirent sur 82km entre Dobrilovina et Šćepan Polje. Vous en aurez un bel aperçu du pont de Djurdjevića, mais une descente en rafting reste le meilleur moyen d'en mesurer toute la magie, cf. Pratiquez le rafting dans le canyon de la Tara (p.190). Encadré de falaises hautes parfois de 1 300m, ce canyon est l'un des plus profonds du monde après celui du Colorado aux États-Unis. Les eaux de la Tara sont d'une telle limpidité que la rivière a été joliment baptisée la "larme de l'Europe". Claires et pures, elles abritent de nombreuses espèces de poissons, dont des truites, et des loutres y ont élu domicile. Au vu de son capital écologique considérable (52 espèces de plantes et 314 d'animaux), la majeure partie de la vallée a été classée réserve de biosphère par l'Unesco en 1976.

Un fabuleux balcon sur le canyon
Pont de Djurdjevića / Đurđevića Tara

Cet impressionnant ouvrage d'art à cinq arches enjambe le canyon de la Tara à 150m de hauteur, sur une longueur de 370m ! Construit entre 1937 et 1940, véritable prouesse technologique pour l'époque, il était alors le plus grand viaduc routier d'Europe. En partie détruit lors de la Seconde Guerre mondiale, il a été reconstruit en 1946. Très fréquenté aujourd'hui, il est cerné de boutiques de souvenirs, bars et restaurants, mais marquez-y l'arrêt pour admirer la vue sur la Tara. Si vous êtes intrépide, vous pourrez tester l'une des tyroliennes, cf. Volez au-dessus du canyon de la Tara (p.190)... Avant de passer le pont (en venant de Žabljak), empruntez la route qui part vers le sud-est pour rejoindre le monastère Saint-Georges de Dobrilovina. De toute beauté, celle-ci sinue au plus près du canyon sur 20km, en balcon sur les pentes vertigineuses et boisées, entre lesquelles glissent les eaux émeraude du torrent. Seul regret : il n'y a qu'un endroit pour s'arrêter et accéder à la rivière, à environ 2km du pont (petit parking à droite). Soyez prudent, les bus roulent ici à toute allure !

20km env. à l'est de Žabljak dir. Pljevlja (P4)

Calme divin
Monastère Saint-Georges de Dobrilovina / Manastir Svetog Đorđa u Dobrilovini

Ce modeste monastère se blottit au creux de vallons vert tendre, sur la rive gauche de la rivière Tara et à l'extrémité sud-est du parc du Durmitor. L'ambiance alentour est champêtre, et si vous y passez en début d'été, vous croiserez des paysans occupés à faire les foins. Ce paisible sanctuaire a toutefois connu une histoire tumultueuse : édifié entre 1592 et 1610, il fut régulièrement la cible des Ottomans et reconstruit à maintes reprises. L'église en pierre blanche, à laquelle s'adjoint un campanile en bois, a néanmoins gardé tout son charme et abrite toujours de belles fresques réalisées en 1620 et représentant les apôtres. On raconte qu'à une époque, comme tous les monastères du secteur, il était alimenté en lait frais par un "pipeline" descendant des pâturages des hauts plateaux du Sinjajevina (à l'est de la rivière Tara). Il est désormais occupé par une communauté de sœurs orthodoxes.

Donja Dobrilovina (42km au sud-est de Žabljak) ◷ Pas d'horaires précis : sonner la cloche et une sœur ouvrira € Entrée libre

PLJEVLJA ET SES ENVIRONS

Aux confins du pays
Pljevlja

Au nord-est du Durmitor, à quelques kilomètres des frontières avec la Serbie et la Bosnie-Herzégovine, Pljevlja est la troisième ville du pays, derrière Podgorica et Nikšić. On y arrive par une jolie route de campagne qui serpente parmi des

LE PARC NATIONAL DU DURMITOR

Né en 1952, le parc national du Durmitor est le plus vaste du Monténégro. Il englobe le massif éponyme et une bonne partie de la vallée de la Tara, soit un territoire de 390km^2 et cinq communes (Žabljak, Plužine, Šavnik, Mojkovac et Pljevlja). Des paysages de toute beauté s'y succèdent. De hauts sommets (le plus élevé, le Bobotov Kuk, culmine à 2 522m) dominent d'immenses plateaux couverts de prairies ou de forêts, et entaillés de profonds canyons, dont le plus spectaculaire est celui de la Tara. Pas moins de 18 lacs glaciaires, joliment surnommés les "yeux de la montagne", ajoutent à cet attrait paysager. Une exceptionnelle richesse animale et végétale fait écho à cette diversité d'habitats. On recense plus de 1 300 espèces de plantes et 168 espèces d'oiseaux, dont l'aigle royal, le grand tétras et le vautour fauve. Parmi les grands mammifères, des animaux aussi emblématiques que l'ours brun et le loup peuplent les espaces forestiers, tandis que la rare loutre d'Europe compte parmi les habitants de la Tara. L'économie de la région repose sur l'agriculture, l'élevage et surtout le tourisme, car ce parc, classé sur la liste du Patrimoine mondial de l'Unesco depuis 1980, compte parmi les sites les plus prisés du pays.

Le lac Noir et le pic de l'Ours

Mosquée de Husein-paša, Pljevlja

vallons. Un paysage bucolique qui se gâte peu avant l'entrée dans la localité, avec l'apparition d'énormes complexes industriels, en particulier une centrale thermo-électrique. La cité n'est pas des plus attrayantes, n'hésitez pas, néanmoins, à y faire une halte pour visiter le superbe monastère de la Sainte-Trinité, et passez à l'office de tourisme (p.273) pour retirer une brochure sur la ville (en anglais).

60km au nord-est de Žabljak

Mosquée de Husein-paša / Husein pašina džamija

Cette mosquée, située au cœur de la ville, est considérée comme l'une des plus belles du Monténégro. Vous la repérerez aisément grâce à son minaret, réputé le plus haut des Balkans (42m), qui a remplacé celui d'origine détruit par la foudre en 1911. La mosquée a été édifiée au 16e s. à la demande du vizir Husein Pasha Boljanić, un fonctionnaire de haut rang à la cour impériale d'Istanbul, natif d'un village proche de Pljevlja. L'intérieur est richement orné de motifs floraux et de versets coraniques. Il renferme plusieurs manuscrits et livres anciens imprimés, dont un Coran illustré de miniatures datant probablement du 18e s.

Vuka Kneževića 4 089 32 35 09 ou 069 08 64 49 Visites gratuites uniquement sur rdv

Joyau orthodoxe

Monastère de la Sainte-Trinité / Manastir Sveta Trojica ★

Du centre de Pljevlja, une petite route grimpe à travers la forêt du parc municipal (parc Vodice) jusqu'à ce monastère orthodoxe mentionné pour la première fois en 1537. Réputé au Moyen Âge pour son atelier de moines copistes qui produisait des manuscrits enluminés, ce centre spirituel a vécu son apogée au 17e s. Au fond d'un vallon cerné de collines boisées, le lieu jouit aujourd'hui d'une tranquillité absolue. Les vastes bâtiments monastiques, aux balcons en

COULEUR LOCALE
Le fromage de Pljevlja compte parmi les plus renommés du pays. Au lait cru de vache ou de brebis (*Pljevaljski sir*), fabriqué de façon artisanale, il est servi en tranches, préalablement saumurées dans un tonneau en bois. Vous en trouverez dans les commerces de la ville et à l'occasion des journées du fromage de Pljevlja, en octobre (p.265).

bois fleuris de jardinières, entourent l'église d'un blanc immaculé et surmontée d'une coupole. En franchissant sa porte, on est subjugué par l'opulent décor ainsi que par la finesse de ses fresques (16e-19e s.), dont les plus anciennes ont été peintes par le pope Strahinja entre 1592 et 1595. Ne manquez pas l'iconostase du 18e s. et les icônes du 16e s. représentant la Nativité et le baptême du Christ. Le trésor, considéré comme l'un des plus riches de l'Église orthodoxe serbe, contient des icônes du 17e s. et des pièces d'orfèvrerie des 16e et 17e s. (reliquaires, calices...).

1,5km au nord-est du centre de Pljevlja (la route est agréable à faire à pied, compter une vingtaine de minutes) 🕒 Tlj. 7h-19h € Entrée libre

À FAIRE

Arpentez les chemins de randonnée

La meilleure saison pour randonner dans le parc court de juin à septembre. Son territoire est sillonné par 150km de chemins balisés qui mènent à des lacs, à des sommets et à une grotte constellée de stalactites et de stalagmites de glace, été comme hiver. La randonnée la plus fréquentée et la plus facile fait le tour du lac Noir, d'où vous pourrez enchaîner aisément vers le lac Zminje. La plupart des autres circuits nécessitent de marcher au minimum 5 ou 6h. Renseignez-vous auprès du centre d'information du parc pour organiser vos balades, ou faites appel à des guides professionnels, comme ceux de Durmitor Adventure.

Tour du lac Noir / Crno jezero 👍

À 500m du centre d'information du parc national (p.180), un chemin goudronné et plat conduit en une quinzaine de minutes à ce superbe lac situé à 1 417m d'altitude, dont les eaux émeraude reflètent l'imposante silhouette minérale du pic de l'Ours (Medjed, 2 288m). Avec ses 1,15km de longueur et 810m de largeur, il est le plus vaste et le plus beau des 18 lacs glaciaires du Durmitor. Ne vous cantonnez pas au point d'arrivée très fréquenté, un sentier jalonné de panneaux didactiques sur le lac, la faune et la flore de la montagne monténégrine fait le tour du plan d'eau (boucle de 4km, comptez 1h d'une marche très facile). Vous trouverez forcément en chemin une petite plage pour un pique-nique ou une pause baignade, dans une eau relativement chaude pour un lac de montagne (20°C en été).

2,5km au sud-ouest de Žabljak € Accès payant 3€/pers. (moins de 7 ans gratuit) à acquitter au centre d'information du parc, valable 1 journée pour toutes les randonnées au départ du lac (conserver le ticket en cas de contrôle)

Lac Zminje / Zminje jezero
Le début de l'itinéraire est commun avec la balade vers le lac Noir, cf. ci-dessus. En contournant ce dernier par le nord, vous rencontrez un sentier qui part sur la droite et traverse la forêt pour rejoindre le lac Zminje, dissimulé derrière une épaisse ceinture de conifères, à 1 520m d'altitude, et beaucoup plus petit que le précédent (230m de longueur). Comptez 3h de marche AR (dénivelé de 100m, sans difficulté).

Durmitor Adventure
Ce prestataire propose toute l'année (offre variable en fonction de l'enneigement) une vingtaine de randonnées accompagnées dans le massif du Durmitor. Parmi les plus faciles, celle du **lac Jablan** (1 791m, 5-6h de marche AR, dénivelé 375m). Plus ardues et requérant une bonne condition physique : l'ascension du **Bobotov Kuk** (2 522m, 1 107m de dénivelé et 10-11h de marche AR, ou 616m de dénivelé et 7-8h de marche AR selon l'itinéraire emprunté), celle du **Veliki Međed** (2 287m, 871m de dénivelé et 7-8h de marche AR) ou encore celle de la **grotte de glace** (2 160m, 744m de dénivelé et 7-8h de marche AR). Toutes ces randonnées partent du lac Noir. Selon la durée et la difficulté, comptez de 40 à 70€/pers.

069 893 315 ou 069 629 516 www.durmitoradventure.com

Pédalez dans la montagne

Profitez du loueur ci-dessous pour partir sur les belles routes du massif.

Agence Summit
Location de VTT : 3€/h et 12€/j.

Njegoševa bb Žabljak 069 016 502 ou 068 535 535 www.summit.co.me Haute saison : tlj. horaires variables ; reste de l'année jours et horaires variables

Plateau des lacs / Jezerska Površ
Cet itinéraire part de Žabljak et passe par Njegovuđa, Bare Žugića, Banjske kuće et Javorje, avant de revenir à Žabljak. Vous pédalerez sur des routes goudronnées, à travers des forêts et des paysages de steppe, en admirant en chemin les jolis **lacs Riblje et Vražje**. Comptez 2h30 pour cette boucle de 38km (difficulté moyenne).

Tour du Durmitor
Réservé aux cyclistes aguerris, ce parcours donne un bel aperçu du massif du Durmitor. Vous franchirez les cols Sedlo et Prijespa, passerez le lac Sušičko, longerez le canyon de la rivière Sušica et traverserez plusieurs villages, dont Mala Crna Gora (p.181). Boucle de 86km au départ de Žabljak, comptez 8-9h (niveau difficile).

Chaussez skis ou raquettes

Station de ski de Savin Kuk
Au pied du Savin Kuk, cette petite station, dont le domaine skiable s'étage entre 800 et 2 010m, propose trois pistes bleues, une rouge, une noire et une autre pour les enfants, ainsi que deux restaurants et un café. Forfait remontées mécaniques : 12€/j., moins de 14 ans 8€. Autre option : chausser des raquettes et partir pour une balade facile sur le chemin qui relie la station et le lac Noir à travers la forêt de sapins et d'épicéas (6,7km AR, 2h). En été, vous pourrez

également emprunter un télésiège pour monter en altitude (7€). Il est aussi possible de skier à la sortie de Žabljak, à côté de la gare routière, à la "station" de Javorovača – mais celle-ci se résume à une piste !

5km au sud-ouest de Žabljak 069 080 081 www.tcdurmitor.me

Le lac Noir vu du Savin Kuk

Parcourez le Durmitor en jeep

Plusieurs prestataires organisent des circuits en véhicule tout-terrain. Une formule pour ceux qui veulent voir le maximum d'endroits en peu de temps et atteindre des lieux difficilement accessibles avec un véhicule ordinaire. En général, deux circuits sont proposés au départ de Žabljak : le canyon de la Tara et le tour du massif du Durmitor. Ce dernier comprend la découverte de belvédères (Ćurevac, Veliki Štuoc), du village de Mala Crna Gora, du canyon de la rivière Sušica ainsi qu'une incursion à l'ouest du parc, vers les montagnes qui dominent le canyon de la Piva.

Durmitor Tours

Circuits dans le canyon de la Tara (2h30, 10 à 30€/pers.) et tour du Durmitor (4-5h, 25 à 50€/pers.).

Narodnih heroja bb Žabljak 068 298 449 www.tarakularaft.com

Durmitor Raft

Circuits dans le canyon de la Tara (2h30-3h) et tour du Durmitor (3h30-5h, 80km). Comptez entre 80 et 120€/pers.

Bosača Žabljak 069 552 682 ou 068 00 11 50 durmitorraft.com

Amusez-vous dans les arbres

Parc accrobranche du lac Noir

Dans la forêt à côté du lac Noir, ce petit parc accrobranche séduira surtout les enfants. Tarif 9€, 8-14 ans 8€, moins de 7 ans 6€.

3km env. au sud-ouest de Žabljak (sur le chemin qui mène au lac Noir) 069 21 41 10
Périodes et horaires d'ouverture variables

Cabotez sur le lac de la Piva

Waterfall Rafting Center

Chacun devrait trouver son compte chez ce prestataire qui encadre une foule d'activités bien rodées. Pour les plus paisibles, croisière à bord d'un petit bateau ou excursion en kayak sur le lac de la Piva (50€/pers.). Pour les plus téméraires, rafting sur la Tara (formules allant de la demi-journée à 3 jours, 45€/j.), VTT ou balades à cheval en montagne, dans les alentours du village de Trsa (50€/pers.), ou encore descente du canyon Nevidio (p.191).

Šćepan Polje (70km au nord-ouest de Žabljak et 28km au nord de Plužine) 069 310 848 www.raftingmontenegro.com Mai-mi-sept.

Volez au-dessus du canyon de la Tara

Red Rock Zip Line

Élancez-vous d'une rive à l'autre du canyon de la Tara par une tyrolienne de 350m ! Seul ou à deux, assis ou en position "superman" (allongé vers l'avant), vous défierez le vide en 40-50 secondes avec une vitesse de pointe de 50km/h. Un "vol" court, pour une bonne dose d'adrénaline... Descente 10€.

Pont de Djurdjevića (20km env. à l'est de Žabljak) 382 69 440 290 ou 382 69 893 315 redrocktara.com Mai-sept. : tlj. 10h-19h

Extreme Zipline Tara

Pour les plus téméraires, ce prestataire propose une descente sur l'une des tyroliennes les plus rapides du monde : accroché au câble long de 1 050m, on frise les 120km/h ! Descente 30€, 25€ pour les groupes de 2 à 5 personnes.

Pont de Djurdjevića (20km env. à l'est de Žabljak) 067 823 026 ou 068 111 032 tarazipline.me Tlj. 7h-18h

Descendez le canyon Nevidio

Creusé par la rivière Mala Komarnica, qui prend sa source au sud du massif du Durmitor, ce canyon situé à l'ouest de Šavnik présente un environnement singulier. Bordé de falaises, hautes de 450m à certains endroits – et parfois si resserrées qu'elles empêchent les rayons solaires d'atteindre ses profondeurs –, le Nevidio abrite peu de végétation et offre un univers très minéral. Sur près de 2km, vous sauterez dans de belles vasques, glisserez sur l'eau impétueuse des toboggans naturels, descendrez des cascades en rappel, franchirez d'étroits défilés... Une aventure sportive qui vous prendra 3h en moyenne, et se pratique de fin juin à fin septembre. Comptez de 90 à 120€/pers. selon le prestataire et le nombre de participants. À partir de 14 ans.

Pošćenje (50km au sud-ouest de Žabljak)

Nevidio Canyoning

L'un des prestataires proposant la descente, outre Durmitor Adventure (p.188) et Waterfall Rafting Center (p.189).

069 041 213 nevidio-canyoning.com

Pratiquez le rafting dans le canyon de la Tara

L'activité la plus prisée du Durmitor ! Plusieurs prestataires organisent des descentes d'avril à octobre, la période idéale pour les novices s'étendant de fin juin à mi-septembre. En avril et en mai, les amateurs de sensations fortes seront comblés : la rivière gonflée par la fonte des neiges est alors plus turbulente. Trois types de descentes sont proposées, partant toutes de Šljivansko (à 2km en amont du pont de Djurdjevića). La plus courte (à la demi-journée, 15km, environ 3h de descente) rallie Žugića Luka. Elle permet de voir la source de Ljutica, de passer sous le pont de Djurdjevića, puis de longer cascades et plages. La deuxième (à la journée, 40km, 4-5h de descente) mène à Radovan

Dans les vasques du canyon Nevidio

Luka, près de la zone la plus profonde du canyon (1 360m). La troisième (2 jours, 90km, avec une nuit en motel ou en camping) s'achève à Šćepan Polje. La deuxième journée révèle la partie la plus attractive du canyon, riche en rapides et en superbes cascades. Attention : vérifiez les créneaux horaires proposés et réservez bien à l'avance votre descente !

Durmitor Raft

Départ de Žabljak (acheminement au point où démarre la descente). Demi-journée 45€/pers., journée 110€/pers., 2 jours 200€/pers.

069 552 682 ou 068 00 11 50 durmitorraft.com

Leković Rafting

Départ de Žabljak (acheminement au point de départ de la descente). Demi-journée 45€/pers., journée 100€/pers., 2 jours 180€/pers.

069 875 032 ou 067 901 32 65 www.lekovicrafting.me

Tara River Express

Rendez-vous au pont de Djurdjevića. Demi-journée 45€/pers., 2 jours 190€/pers. Location de kayaks également : 50€/pers. pour la descente à la demi-journée, 150€/pers. pour la descente sur 2 jours.

052 705 931 ou 052 361 115 www.mirotara.com

SENSATIONS FORTES

Le rafting sur la Tara se pratique à bord de bateaux gonflables, mais certains opérateurs, comme Leković Rafting, proposent des descentes sur des radeaux fabriqués à l'ancienne, avec des troncs d'arbres ! Guidée par des experts, l'aventure est plus onéreuse : 200€/pers. pour une journée, 400€/pers. pour 2 jours (sur la base de 10 participants).

NOS ADRESSES

RESTAURANTS

100% montagnard
Restoran Koliba €

Une maison à l'architecture typique, au pied des pistes de ski de la station de Savin Kuk (p.188). Sur la terrasse en été, ou dans une salle rustique au coin du feu dès les premiers frimas, vous savourerez une authentique cuisine du terroir. Mention spéciale pour l'agneau braisé ou cuit sous la cloche, et les plats de veau. Comptez de 9 à 13€ pour un plat et un dessert.

ŽABLJAK Station de ski de Savin Kuk (5km au sud-ouest du centre-ville) 052 366 599 koliba-durmitor.com Tlj. 9h-24h

Lait caillé et jambon fumé
Restoran Izvor €

Un fier chalet en bois et en pierre, isolé sur le plateau des Lacs, face au Savin Kuk. Vous aurez ici une bonne idée des traditions culinaires du Durmitor : des plats consistants, adaptés à la rude vie en montagne. Laissez-vous tenter par la *pita kisjelo mlijeko* à base de lait caillé maison, le *kačamak*, ou encore le jambon fumé du Durmitor. Comptez de 10 à 15€ pour une entrée et un plat.

ŽABLJAK (4km env. au sud du centre-ville, dir. Šavnik) 069 308 805 Page FB Tlj. 8h-22h

Vue sur le canyon de la Tara
Restoran Izlet €

Une halte gourmande et contemplative ! La terrasse de cette maisonnette en bois offre une vue fantastique sur les falaises du canyon de la Tara... Dans l'assiette, on se régale de recettes simples et tout en saveurs, que ce soient les grillades de viande ou de truite, les salades, voire les omelettes... Le plaisir est complet. Comptez de 10 à 15€ pour un plat et un dessert.

À l'heure du snack

GORNJA DOBRILOVINA (42km au sud-est de Žabljak) 067 224 250 Avr.-sept. : tlj. 7h-22h

Étonnamment branché
Lupo d'Argento €€

Au cœur de Žabljak, ce "Loup" au cadre élégant (boiseries claires, murs en pierre) attire une clientèle jeune et branchée : vous y croiserez plus de jeunes femmes apprêtées, juchées sur des talons aiguilles, que de randonneurs ! À la carte, risottos, pâtes, pizzas (6-10€), ainsi que des spécialités montagnardes : tarte au fromage ou aux pommes de terre, agneau braisé, saucisse grillée... Comptez 10 à 25€ pour une entrée et un plat.

ŽABLJAK Vuka Karadžića 069 111 555 Page FB Tlj. 8h-23h

Esprit refuge

Restaurant de l'Etno selo Sljeme €€

On peut bien sûr loger dans cet agréable ethno-village (p.289) ou profiter simplement de son restaurant le temps d'une escapade dans le massif. Derrière les larges baies du vaste chalet, randonneurs et autres amoureux de la nature se retrouvent pour de chaleureuses agapes 100% monténégrines, avec vue sur le Savin Kuk à l'horizon. Comptez 15 à 25€ pour une entrée et un plat.

ŽABLJAK (6km au sud du centre-ville, dir. Šavnik, puis prendre à dr. une petite route et suivre les panneaux) 063 229 294 www.etnoselosljeme.com Juil.-sept. : tlj. 8h-22h

Valeur sûre

Restaurant de l'hôtel Soa €€€

L'une des tables les plus réputées de Žabljak. La carte récite les grands classiques de la cuisine de montagne, mais contente aussi les amateurs de pizzas, pâtes et risottos, sans oublier quelques plats plus élaborés : côte de porc du Durmitor au miel et aux épices, médaillon de veau sauce aux huîtres et aux champignons... De la terrasse, belle vue sur les reliefs. Comptez de 15 à 27€ pour une entrée et un plat.

ŽABLJAK (1km à l'ouest du centre, sur la route du lac Noir) 052 360 110 www.hotelsoa.com Mi-déc.-oct. : tlj. 7h-23h

Voir aussi **Durmitor Inn** et **Dvorište** (p.179).

SHOPPING

Objectif pique-nique

Marché de Žabljak

Faites le tour des stands de ce marché couvert pour remplir votre panier de pique-nique de denrées locales : fruits, légumes, produits laitiers, viande, poisson, œufs...

ŽABLJAK Vojvode Mišića bb Tlj. 9h-16h

Miels et liqueurs

Milovan Kalpačina

Vous pourrez profiter d'une dégustation avant de faire provision de miel nature ou enrichi de fruits secs (noix, amandes, figues, graines de tournesol...). Également, des liqueurs à base de fraises et de framboises ramassées dans la forêt.

VRELA (7km à l'est de Žabljak, sur la route de Pljevlja) 069 458 784 Mai-sept. : tlj. (sur réservation)

Bienfaits des végétaux

Stanko Ostojić

Dégustation et vente de miel, de tisanes (menthe, millepertuis, thym, origan), de confitures et de jus de fruits maison (prunes, fraises des bois, myrtilles...). Du 100% local : les fruits et les plantes sont cueillis dans le massif.

VRELA (7km à l'est de Žabljak, sur la route de Pljevlja) 067 623 102 Tlj. (sur réservation)

AU PLAISIR DE BUTINER

Profitez de votre passage dans le massif pour goûter le très réputé miel du Durmitor. À la sortie est de Žabljak, en allant vers Pljevlja, vous trouverez sur le bord de la route plusieurs stands où faire vos provisions. Deux apiculteurs ont pignon sur rue dans ce secteur.

KOLAŠIN

Petite cité montagnarde paisible, Kolašin tire son animation touristique de sa situation sur la route entre Podgorica et le Durmitor, passant par les superbes canyons de la Morača et de la Tara. Avec ses restaurants pittoresques et ses hébergements accueillants, la localité permet de faire étape pour la nuit. Les amateurs de randonnée partiront à l'assaut du massif de la Bjelasica, dont les doux reliefs dominent la région.

ACCÈS ET INFOS

- Attention à la circulation sur l'E65/80 entre Podgorica et Kolašin (1h20 de trajet) : bien que serpentant dans le magnifique canyon de la Morača, la route, qui gagne la Serbie vers le nord, est l'une des plus fréquentées (et accidentogènes) du pays.
- www.bjelasica-komovi.me Le site de l'agence régionale de développement regorge d'informations sur la région (patrimoine, routes culturelles, itinéraires cyclistes...).

À VOIR

KOLAŠIN

Ce gros bourg fondé par les Ottomans vit aujourd'hui au rythme du tourisme. À 954m d'altitude, dans le paysage de pâturages, l'influence montagnarde est évidente. Le centre-ville, peu étendu, se résume à deux places principales reliées par une petite rue piétonne. Les herbes folles courent entre les pavés, et les façades forment un patchwork original de vieux chalets de guingois et d'immeubles de l'époque yougoslave – dont le très moderniste **Spomen Dom** (1976), vaste centre culturel et administratif aujourd'hui abandonné, dressant ses pointes de béton au cœur de la cité. Face à lui, sur l'esplanade centrale, une grosse demeure rose abrite le **musée local** (Zavičajni muzej), auquel vous pouvez jeter un coup d'œil s'il est ouvert : la petite exposition porte essentiellement sur les héros de la résistance au nazisme pendant la Seconde Guerre mondiale ; la muséographie, datant de l'ex-Yougoslavie, est elle-même un témoignage historique, avec son graphisme daté et son culte du sacrifice (textes en monténégrin).

La flore des Balkans

Jardin botanique / Botanička bašta

Rendez-vous à l'office de tourisme de Kolašin (p.273) pour vous renseigner sur son ouverture et réserver : la visite de ce petit jardin botanique n'est pas libre et s'adresse, quoi qu'il en soit, aux plus passionnés. Sur les hauteurs de la ville, il est l'œuvre d'une vie, celle de Daniel Vincek. Cet alpiniste bien connu dans la région a réuni sur sa parcelle (700m^2) près de 400 plantes exemplaires de la montagne monténégrine (Durmitor, Bjelasica, Komovi, etc.), beaucoup étant endémiques des Balkans et/ou possédant des vertus médicinales. Visite conseillée de mi-mai à fin juin, en période de floraison.

Put Braće Vujisić Dulovina (1,5km au sud-est du centre-ville) 020 865 477 Sur rdv

À NE PAS MANQUER

- Canyon de la Morača
- Monastère de la Morača

Monastère de la Morača

LE CANYON DE LA MORAČA

Principal cours d'eau du pays, la Morača naît une vingtaine de kilomètres (à vol d'oiseau) à l'ouest de Kolašin et serpente sur 110km vers le sud, jusqu'au lac de Skadar. C'est à mi-chemin, entre Kolašin et Podgorica, que son cours est le plus magistral. Il a en effet creusé sur près de 30km un formidable canyon, connu comme le **défilé de** Platije, entaille titanesque dans les strates rocheuses (jusqu'à 300 à 400m de profondeur). On le découvre aujourd'hui en empruntant la route E65/80, qui a été précisément terrassée dans sa dépression. Malheureusement, la densité et la nervosité du trafic automobile empêchent d'apprécier pleinement le paysage. Plusieurs postes d'observation ont cependant été aménagés sur les bas-côtés.

Symphonie picturale

Monastère de la Morača / Manastir Morača ★

La route nationale est toute proche, et pourtant le ravissement est complet. Au cœur du spectaculaire canyon, posé sur un méplat d'où une cascade plonge dans le torrent, ce monastère parmi les plus préservés du pays semble avoir suspendu le temps... Fondé, selon la tradition, en 1252, il rassemble des bâtiments conventuels très pittoresques (moellons de pierre et balcons de bois) autour d'un joli jardin protégé du monde extérieur. Des sœurs impassibles y cultivent leurs fleurs, et quelques chats y paressent...

Église de la Dormition (Crkva Uspenja Bogorodice) Au cœur de l'ensemble monastique, son aspect rustique évoque les églises bulgares ou roumaines, et cache des réalisations artistiques d'une qualité inattendue : ses portes exhibent des marqueteries d'une étonnante préciosité, son iconostase des chefs-d'œuvre d'orfèvrerie (admirez les ornements solaires de la croix centrale), et ses murs arborent des fresques remarquables jusqu'au faîte de la coupole centrale. Dues aux meilleurs artistes du 17e s., ces dernières alternent des cortèges de saints pleins d'humanité, des motifs végétaux quasi fantastiques, des architectures idéalisées et des scènes bibliques (la Généalogie de Jésus, la Cène, le Jugement dernier, etc.) d'une verve narrative inaccoutumée... Parmi elles, plusieurs tableaux datés du 13e s., relatant la vie de saint Élie (nourri notamment par un corbeau), seraient les seuls ayant réchappé à la razzia ottomane au 16e s.

Église Saint-Nicolas (Crkva Sv. Nikole) Légèrement à l'écart, cette modeste chapelle cache le plus émouvant. Ses quatre murs et son unique voûte dévoilent un ensemble de fresques d'une grande finesse, déclinant de sublimes accords chromatiques – bois de rose, vert d'eau et gris bleu...

E65/E80 (25km au sud-ouest de Kolašin et 45km au nord de Podgorica) Tlj. 8h-20h
Entrée libre

BON À SAVOIR

Pour terminer votre visite du monastère de la Morača par une note gourmande, arrêtez-vous à la petite boutique (ouverte aux heures de visite) où les sœurs vendent leur production, en particulier le miel des jolies ruches visibles sur l'arrière...

LE PARC NATIONAL DE BIOGRADSKA GORA

Créé en 1952, le plus petit des parcs nationaux monténégrins (5 650ha) est centré sur le lac de Biograd et la rivière du même nom, qui ondule sur le versant ouest du massif de la Bjelasica et dont le bassin abrite l'une des forêts les plus remarquables du pays, primaire, car les interventions humaines y sont restées minimes. Plantée de hêtres, d'ormes, de frênes, d'érables, d'aulnes et d'épicéas, dont de nombreux spécimens pluricentenaires (jusqu'à 400 ans d'âge et 60m de hauteur), elle préserve également 20% de végétaux endémiques des Balkans. Ses frais sous-bois se prêtent à la randonnée, notamment au départ du lac. À noter : la localité de **Mojkovac** est la plus proche du parc (10km au nord), mais sans attrait véritable, elle ne mérite guère le détour ; elle marque surtout un important carrefour vers le Durmitor, via l'émouvant monastère Saint-Georges de Dobrilovina (p.184) et le canyon de la Tara (P4).

Un miroir pour la montagne

Lac de Biograd / Biogradsko jezero

Au creux de reliefs forestiers, à 1 094m d'altitude, il figure le lac de montagne le plus classique, dont les eaux étales reflètent la végétation environnante. Peu étendu (1km de longueur), il se découvre rapidement : un sentier facile en fait le tour (3,3km, environ 1h de marche), dévoilant, à l'extrémité opposée au point de départ, l'étonnant delta de la Biogradska rijeka ("rivière"), foisonnant de plantes aquatiques, et que l'on traverse sur une longue passerelle de bois.

20km au nord de Kolašin par l'E65 dir. Mojkovac Route d'accès soumise à péage de mai à oct. (3€)

Lac de Biograd

À FAIRE

Canotez sur le lac de Biograd, louez des vélos

Centre d'accueil du parc national / Centar za posjetioce NP Biogradska gora

Sur le site du lac, les équipes du parc gèrent deux chalets d'accueil : l'un présente une petite exposition consacrée à la faune et à la flore de la région (la visite en est très rapide) ; le second est dédié aux activités sportives. On peut y louer des VTT pour explorer les sentiers environnants, caillouteux et pentus, et donc relativement physiques (10€/h), ainsi que des barques (8€/h) ou des kayaks (5€/h) pour naviguer sur le lac. Une heure de location suffit à en faire le tour.

Lac de Biograd (20km au nord de Kolašin par l'E65 dir. Mojkovac) 020 865 625 www.nparkovi.me Mai-oct. : tlj. 7h30-22h

Randonnez dans le massif de la Bjelasica

Le parc national de Biogradska gora ne protège qu'une petite partie de ce vaste massif, dont cinq communes principales dessinent le pourtour : Kolašin et Mojkovac à l'ouest, Bijelo Polje, Berane et Andrijevica à l'est, cf. Vallée du Lim (p.200). Outre les sentiers débutant au lac de Biograd, une quinzaine d'itinéraires et de boucles (comptez de 4 à 8h de marche) sont conseillés au départ de ces différentes localités (mais surtout de Kolašin et Mojkovac). Ils sont tous recensés et détaillés dans le fascicule *Guide de randonnées – Le massif montagneux de la Bjelasica*, vendu dans les offices de tourisme (3€, existe en version française). Du fait des reliefs relativement doux du massif – qui culmine néanmoins à 2 139m au Crna Glava ("tête noire") –, la plupart des chemins ne présentent guère de difficulté, ils traversent essentiellement les alpages offrant des vues dégagées.

Panorama du Bendovac
À partir du lac, la meilleure randonnée est sans conteste celle des **sentiers 302 puis 320** (vers l'est, bien balisés, 10km AR, comptez 2h). Sur les hauteurs du camping bordant les rives, le chemin se hisse en altitude au milieu d'une admirable forêt de hêtres, puis sillonne de vastes alpages jusqu'au sommet du Bendovac (1 774m), d'où se dévoile la plus belle vue sur le lac et son écrin de verdure. Retour par le même chemin ou détour possible par les sentiers 322-321.

Eco-Tours
Si vous ne souhaitez pas vous lancer seul, ce prestataire établi à Kolašin propose des randonnées dans le parc avec guide, à pied, à VTT, à cheval et aussi en jeep. Également, des sorties de rafting dans le canyon de la Tara. Excursions de 10 à 65€/pers.

Dunje Đokić 5 Kolašin 020 860 700 www.eco-tours.co.me

Le Komovi et, au loin, la Bjelasica

COULEUR LOCALE
Ceux qui veulent conjuguer plusieurs randonnées dans la Bjelasica peuvent bivouaquer en altitude, où des huttes de berger, les fameux *katun*, ont été aménagées en refuge. Au creux des landes d'altitude, réunies par grappes, elles évoquent d'anciens campements nomades... Retour à la vie pastorale ! Rés. auprès de l'OT de Kolašin (p.273).

Gagnez les sommets du massif du Komovi
Ce petit massif montagneux se dresse au sud de la route Kolašin-Andrijevica. S'il compte peu de sentiers, il réserve aux bons marcheurs quelques tracés exigeants pour gagner ses principaux sommets (à plus de 2 400m d'altitude), décrits dans un guide de randonnées dédié, disponible dans les offices de tourisme (3€, existe en version française). À noter : à l'instar du massif de la Bjelasica, le Komovi est parcouru par le "chemin de grande randonnée" national, soit la transversale CT-1, qui rejoint le Durmitor au nord-ouest (140km, 8 jours).

Dévalez les pistes de ski
Kolašin 1450
Kolašin compte l'une des trois stations de ski du pays, qui s'étend à une dizaine de kilomètres du bourg, à l'altitude de 1 450m. Avec ses 16,5km de pistes (la

plupart classées bleues et rouges) et ses trois remontées mécaniques, elle attire un tourisme essentiellement local.

10km à l'est du centre-ville de Kolašin kolasin1450.com/fr Mi-déc.-fin avr. Forfait 15€/j., location du matériel de ski 10€/j.

NOS ADRESSES

RESTAURANTS

Moulin sans âge

Restoran Vodenica €

Rien de plus pittoresque que cet ancien moulin au bord d'un torrent. Toute de guingois, la vieille bâtisse de bois est charmante, et sa terrasse couverte forme un superbe balcon au-dessus des chaos rocheux. La carte met à l'honneur les spécialités locales, revigorantes comme il se doit : soupe paysanne, jambon fumé, fromage du pays, omelettes, rôti d'agneau, sauté de veau, jarret de porc, etc. Le tout à petit prix (plats 4-7€).

KOLAŠIN Ulica Breza bb (en contrebas du centre-ville) 069 241 507 Page FB Tlj. midi et soir

Simple et roboratif

Restoran Konoba €

Sur l'une des petites places de Kolašin, le plus croquignolet des chalets, dont les murs et les multiples pans de toit sont formés de planches de bois blanchies par les années. Nappes à carreaux et objets campagnards composent un cadre parfait pour déguster les spécialités montagnardes du cru, dont le *kačamak* et le *cicvara*, sans oublier le porc et l'agneau mijotés ou grillés. Comptez de 10 à 17€ pour une entrée et un plat.

KOLAŠIN Trg Vukmana Kruščića br. 14 069 609 144 Page FB Tlj. midi et soir

FAITES PROVISION DE MIEL

Les vendeurs de miel sont nombreux sur le bord des routes régionales, où ils installent de petits stands à l'abri de parasols. Milija, lui, accueille les amateurs dans sa ferme, où il perpétue une longue tradition familiale. Sa production a reçu plusieurs prix à l'occasion de foires nationales et internationales. Difficile de trouver plus authentique miel de montagne !

Podbišće (sur l'E65, 4,5km au nord de la route du lac de Biograd, traverser le hameau et prendre la première à gauche après l'épicerie Market ; la ferme est à 200m sur la droite) 069 681 796 Mai-oct. (il est préférable de s'annoncer par tél.)

Chaleur italienne

Hotel Brile €

Une fois n'est pas coutume, on bénéficie ici d'un accueil francophone : la patronne parle français. C'est pourtant une Italienne, sorte de *mama* au grand cœur arrivée au Monténégro par amour il y a de longues années... La carte a bien sûr l'accent transalpin, avec ses poivrons farcis et pizzas (6-7€), sans oublier les incontournables montagnards (viandes grillées, agneau fumé, etc., 6-9€). Également, un bon hôtel (p.290).

KOLAŠIN Buda Tomovića 2 (sur la place principale) 020 865 021 www.brile.co Mi-déc.-mi-oct. tlj. 7h-22h

VALLÉE DU LIM

Serpentant entre les massifs montagneux aux frontières de la Serbie, du Kosovo et de l'Albanie, le Lim forme une voie de communication naturelle, suivie autrefois par les caravanes ottomanes des Balkans. Toujours marquée par une forte empreinte orientale, la région présente aujourd'hui un visage déshérité, et peu de voyageurs s'y aventurent : du centre du pays, le détour est coûteux en temps, et l'offre touristique très réduite, sauf à aimer randonner dans les massifs les plus reculés...

ACCÈS ET INFOS

- Deux voies principales permettent d'atteindre la région : l'E65 au nord, à partir de Mojkovac, et la M9 au sud, au départ de Kolašin, dessinant une boucle autour du massif de la Bjelasica.

À VOIR

Loin des fastes des bouches de Kotor ou du Durmitor, le Monténégro oriental incarne la profondeur des Balkans, avec ses collines verdoyantes, ses coteaux escarpés et parsemés de grosses meules de foin au cours de l'été, et ses routes sinueuses où il n'est pas rare de croiser des carrioles à cheval. Malgré l'enclavement, l'occupation humaine est omniprésente, et de robustes bâtisses ponctuent le paysage. Melting-pot balkanique oblige, la population est majoritairement bosniaque et musulmane, et témoigne d'un niveau de vie relativement faible : dans chaque bourg, maisons en perpétuel chantier, gravats et voiries délabrées sont la norme... rappelant parfois les paysages des films d'Emir Kusturica. Quelque 75km de route zigzagante, longeant la rivière, relient Bijelo Polje, Berane et Plav : autant de localités des confins, anciens comptoirs commerciaux ottomans, dont subsistent les mosquées historiques, quelques bâtisses de bois traditionnelles, et de nombreux cafés d'héritage turc, repaires d'une sociabilité virile.

Sur la route de la Serbie

Bijelo Polje

À 16km de la frontière avec la Serbie, cette grosse bourgade (env. 15 000 hab.) doit son animation à sa situation sur la route reliant Podgorica à Belgrade. À 600m d'altitude, le caractère montagnard s'efface, et le petit centre-ville, avec sa rue principale bordée de quelques boutiques et cafés, n'offre guère qu'une courte pause à ceux qui voyagent vers la Serbie. Seule s'y distingue l'**église Saint-Pierre-l'Apôtre** (Crkva Sv. Apostola Petra), indiquée à l'entrée sud de la ville. Fondé en 1196, selon la tradition, le minuscule édifice, de plan carré, semble écrasé par ses deux tours de façade disproportionnées, ajoutées au 13e s. et hautes de 18m. Durant la présence ottomane, celle du sud fut arasée, et celle du nord transformée en minaret, le lieu ayant été converti en mosquée. Il n'a retrouvé son aspect originel que dans les années 2010.

30km au nord-est de Mojkovac

Couleurs de l'aube sur la vallée du Lim, aux environs d'Andrijevica

Ancien village ottoman
Berane

L'immense carcasse d'usine désaffectée dominant la ville signale son destin industriel passé. Bien qu'aujourd'hui peu prospère, ce petit centre urbain se révèle animé : une large artère piétonne (Mojsija Zečevića), où s'alignent les terrasses de café, en marque le cœur, pris entre le cours du Lim à l'est et un dédale d'humbles ruelles à l'ouest, évoquant l'ancienne cité fondée par les Ottomans en 1862. Elle débouche, au sud, près du **musée du Polimlje**, du nom de la région dont il retrace l'histoire archéologique (pierres taillées du Néolithique, armes et bijoux des âges du bronze et du fer, céramiques illyriennes et romaines) et ethnographique (vêtements traditionnels, outils, etc.). Enfin, aux portes de la localité, le **monastère Đurđevi Stupovi** est connu comme le "monastère martyr". Érigée en 1213, son église fut détruite cinq fois (dont quatre par les Ottomans, entre 1738 et 1875, et une dernière lors de la première guerre balkanique, en 1912), d'où son plan hétéroclite, qui trahit trois agrandissements successifs.

53km à l'est de Mojkovac et 35km au sud-est de Bijelo Polje **Musée du Polimlje / Polimski muzej** Miloša Mališića 2 051 234 276 www.polimskimuzej.me Lun.-sam. 8h-20h Entrée libre **Monastère Saint-Georges / Manastir Đurđevi Stupovi** 1,5km à l'ouest du centre-ville, indiqué sur la route P2 dir. nord

Dernier arrêt avant le Kosovo
Rožaje

À 20km de la frontière avec le Kosovo, la cité joua son rôle dans le récent conflit, en accueillant des milliers de réfugiés. Ici, l'enclavement géographique est particulièrement sensible, et les difficultés économiques transparaissent dans le délabrement des maisons, le dénuement (quelques vendeurs de rue proposent tout un bric-à-brac à même la chaussée), et les amoncellements de déchets qui entachent le paysage. Les cafés concentrent toute l'animation, rythmée par les appels à la prière du muezzin. Sur le cours du torrent (l'Ibar) qui coupe la cité en deux se dresse la **mosquée du Sultan Murat II**, aux robustes minarets. Fondée au 15e s., elle a été reconstruite après la chute de la Yougoslavie, grâce à des fonds turcs. En longeant le torrent vers l'est sur une centaine de mètres, on découvre une dernière curiosité, la **Ganića Kula**, reconstitution récente d'une de ces solides tours défensives élevées dans les temps troublés des 17e-18e s. Parfois ouverte au public, elle renferme une petite collection ethnographique (vêtements, objets du quotidien).

30km à l'est de Berane

Au carrefour des vallées

Andrijevica

Établi au 19e s., ce bourg de montagne ne présente guère d'attrait, sinon son hôtel Komovi (p.290), qui tire parti de sa localisation. Implanté au-dessus du Lim, au carrefour de la P2 (Berane-Plav) et de la M9 (reliant directement Kolašin), le village est en effet bien placé pour ceux qui souhaitent sillonner la région et randonner aussi bien dans le massif de la Bjelasica (au nord-ouest) que celui du Komovi (au sud-ouest), dont il est l'une des portes, cf. À faire (p.197).

16km au sud de Berane par la P2, et 45km à l'est de Kolašin par la M9 (route très étroite, comptez 1h30 de trajet)

Endormi près d'un lac...

Plav

Podgorica n'est qu'à 60km à vol d'oiseau, mais les hauts sommets imposent des détours de près de 3h pour relier la capitale ! Enclavée tout à l'est du pays, à quelque 1 000m d'altitude, Plav a longtemps dû sa subsistance aux routes caravanières traversant cette partie des Balkans. Loin des voies économiques contemporaines, elle semble aujourd'hui figée dans une certaine torpeur, avec ses vieilles bicoques de bois traditionnelles, un brin branlantes, côtoyant des immeubles modernes plus ou moins décatis... La cité jouit cependant d'un site slendide : une ample vallée aux prairies verdoyantes, au cœur de laquelle se love le superbe **lac de Plav**, cf. Couleur locale (p.202). Le bourg lui-même mérite une courte balade pour admirer la **vieille mosquée** (Stara džamija, sur la montée de la rue principale), datant du 15e s. et pittoresque avec son

COULEUR LOCALE

Du centre-ville, comptez 20min à pied pour descendre jusqu'à la rive du **lac de Plav** (*Plavsko jezero*), belle étendue d'eau limpide d'origine glaciaire, où se mirent les sommets voisins. Un long ponton de bois s'élance sur l'onde, idéal pour s'offrir un petit plongeon... Si l'eau vous paraît trop fraîche, la jetée sera parfaite pour un bain de soleil !

petit minaret de bois. Également, la **Kula Redžepagića**, tour défensive du 17e s. (plus haut à droite de l'intersection principale).

25km au sud d'Andrijevica

Monastère de Brezojevica / Manastir Brezojevica

Quelques kilomètres avant d'atteindre Plav en arrivant du nord, une étroite route de campagne mène jusqu'à ce monastère réchappé de l'oubli. Sur un coteau baigné par le Lim, quelques croix de pierre émergent des herbes folles qui ont envahi l'ancien cimetière entourant l'église de la Sainte-Trinité (Crkva Sv. Trojice). Seul vestige des bâtiments originels vraisemblablement édifiés au 13e s., récemment restaurée, cette simple chapelle, formée d'une abside semi-circulaire et de quatre murs de moellons, recèle plusieurs fragments de fresques anciennes aux accents fantomatiques... La visite vaut aussi pour le site bucolique, baigné par le chant des oiseaux.

5km au nord du centre de Plav dir. Andrijevica (entrée signalée par un portail surmonté d'une croix dorée) ◷ Jours et horaires d'ouverture variables

Paysage rural aux abords de Plav

Aux portes de l'Albanie

Gusinje

Autre ville des confins coincée tout contre l'Albanie (le poste-frontière n'est qu'à 6km), Gusinje n'évoque guère l'opulence, avec ses rues poussiéreuses et ses nombreux bâtiments à l'abandon ou en chantier... Même la **mosquée historique**, Vezirova džamija ("du vizir"), bâtie au 15e s., trône entre les hauts murs de parpaings d'un immeuble éventré. La localité vaut cependant le détour pour son cadre : elle se détache sur les murailles anthracite et vertigineuses des Prokletije (p.204), presque irréelles à l'horizon...

12km à l'ouest de Plav

En randonnée dans le massif des Prokletije

À FAIRE

Randonnez dans les "montagnes maudites"

Parc national des Prokletije

Créé en 2009, il s'étend à la fois sur le territoire du Monténégro et celui de l'Albanie, et couvre le massif transfrontalier des Prokletije, littéralement "les montagnes maudites", véritable rempart de cimes acérées, culminant à plus de 2 000m d'altitude (dont le point le plus haut du pays, Zla Kolata, 2 534m). Nous sommes ici au royaume de la haute montagne, réservé aux alpinistes aguerris, d'autant que les chemins de randonnée sont encore fort mal balisés. Les agences spécialisées vous mèneront dans ces contrées reculées et peu fréquentées, à la découverte des cirques, pierriers, lacs glaciaires et autres, cf. Randonnée (p.276). Elles s'acquitteront également des formalités administratives éventuellement nécessaires pour franchir la frontière albanaise. Pour de courtes marches, néanmoins spectaculaires, renseignez-vous auprès du centre d'accueil du parc situé à Plav.

Centre d'accueil du parc national / Centar za posjetioce NP Prokletije Šabovićka Plav (à droite en montant à mi-hauteur de la rue principale) www.nparkovi.me Tlj. 9h-12h (ouverture parfois aléatoire)

NOS ADRESSES

RESTAURANTS

Au cœur de l'animation

Korzó Coffee & Food €

Dans la rue piétonne principale de Bijelo Polje, l'adresse la plus sympathique pour reprendre des forces. On s'installe, au choix, dans la salle au décor étonnamment tendance (tons gris et bleu nuit, bois clair, chaises en métal, etc.), ou sur la vaste terrasse d'où l'on admire le ballet des passants. Menu simple et efficace : pâtes, pizzas, salades, omelettes, tartes aux fruits... le tout à moins de 4€ !

BIJELO POLJE Slobode br 1 069 064 069 Page FB Tlj. midi et soir

À l'orientale

Restoran Kero €

L'une des rares adresses où l'on peut se restaurer à Rožaje. Tranchant avec le caractère déshérité de la ville, la maison, qui borde le torrent central, a quelque chose de coquet (murs lambrissés, nappes à carreaux rouges et blancs, banquettes et chaises capitonnées, etc.). La carte, basique, met en avant les viandes passées au gril, cultivant l'esprit "kebab" ancestral. Plats 3-5€. Attention, personne n'y parle anglais.

ROŽAJE Jaha Kurtagića, Zelena pijaca 051 273 235 Page FB Tlj. midi et soir

Le repaire des jeunes

Caffe Timm €

Pratique pour une pause repas à Plav, peu pourvue en restaurants, ce café-pizzeria est apprécié par la jeunesse locale. On ne fait guère la différence entre la terrasse et la salle grande ouverte sur l'extérieur, toutes les deux nanties de petits fauteuils multicolores. La carte mêle sans façon salades, sandwichs et pizzas (env. 5€), ainsi que des coupes glacées et milk-shakes en dessert.

PLAV Racina bb (sur la montée du centre-ville) 069 200 777 Page FB Tlj. midi et soir

Comment résister ? Située à seulement 37km de la frontière du Monténégro, Dubrovnik vous tend les bras... La plus belle cité de Croatie, inscrite sur la liste du Patrimoine mondial de l'Unesco depuis 1979, offre un spectacle immémorial. Montez donc sur ses extraordinaires remparts et admirez l'écheveau de ses toits de tuiles rousses sertis dans la mer éblouissante, vous ne regretterez pas le détour !

Dubrovnik

Sur les remparts de Dubrovnik

Pause (n°1)
1 Bar du More - *p.232* A2

Restaurants (n°10 et 11)
10 Orhan - *p.233* C4
11 Panorama - *p.234* D2

Hébergements (n°30 à 33)
30 Hotel Lapad - *p.291*........... B2
31 Hotel Zagreb - *p.291*......... B2
32 House Boninovo - *p.291*...... C3
33 Villa Dubrovnik - *p.291*........ D4

RENDEZ-VOUS AVEC...
L'adresse de Stjepko Mamic
Shopping
C Marché de Gruž - *p.216* B2

Plan 12
1
2
3
4
A
B
N
50 m
PILE
PORTE PILE
Srednji
Strma
Kono
Dura Palića
Uz Posat
Između Vrta
Put iza Grada
TOUR MINČETA
REMPARTS
Ispod Minčete
Poljana Dr. Vinka Foretića
Peline
Put iza Grada
M. Perića
Zagrebačka
Petra
TÉLÉPHÉRIQUE / CABLE CAR
14
PORTE BUŽE (ACCÈS PRINCIPAL AUX REMPARTS)
F
B
A
Naljeskoviće
Kuničev
H. Lucića
Peline
MONASTÈRE DOMINICAIN
20
Sv. Dominika
ÉGLISE SAINT-SAUVEUR
MONASTÈRE FRANCISCAIN
24
C. Medović
Od Sigurate
40
Palmotiće
Antuninska
4
WAR PHOTO LIMITED
Petilovrijenc
Vetranićev
Zamanjin
Prijeko
Boškovićeva
7
12
16
Brsalje
GRANDE FONTAINE D'ONOFRIO
Stradun (Placa)
3
Poljana P. Miličevića
8
26
11
STRADUN
Stradun (Placa)
SYNAGOGUE
Dropčeva
Žudioska
21
Kovačka
Zlatarsk
PALAIS SPONZA
COUVENT SAINTE-CLAIRE
Garište
Zlatarićev
Getaldićeva
Čubranovićev
Đorđićeva
Široka
Vara
Između Polača
25
Uska
COLONNE DE ROLAND
TOUR DE L'HORLOGE
Ribarnica
FORT BOKAR
Za Rokom
SAINT-ROCH
Za Rokom
POSTE
Od Puča
ÉGLISE SAINT-BLAISE
PLACE DE LA LOGE
C. Zuzorić
19
Lučarica
5
PALAIS GOTHIQUE DU CONSEIL MAJEUR
Zeljarica
Puzljiva
Od Rupa
Na Andriji
Od Šorte
Za Rupa
MUSÉE ETHNOGRAPHIQUE RUPE
Od Domina
Sv. Josipa
Vrata Celenge
N. Božidarevića
Gučetićeva
Miha Pracata
Uska
Marojice Kaboge
Od Puča
23
Gundulićeva poljana
PALAIS DU RECTEUR
15
Ponta
13
PLACE GUNDULIĆ
GALERIE DULČIĆ-MASLE-PULITIKA
D. Ranjine
Uz Jezuite
31
Bunićeva poljana
Poljana Marina Držića
CATHÉDRALE
Kneza Damjana
Strossmayerova
Svete Marije
Zvijezdićeva
Od Kaštela
MUSEUM D'HISTOIRE NATURELLE
Od
Braće Andrijića
Đura Beljavi
Restićeva
Pobljana
Ilije Sarake
Stulina
Kneza Hrvaša
Sv. Šimuna
Ivana Rabljanina
Crijevićeva
ÉGLISE SAINT-IGNACE
Poljana R. Boškovića
COLLÈGE DES JÉSUITES
Poljana Mrtvo Zvono
Od Kaštela
TOUR SAINT-PIERRE
2
Od Margarite
6
Ispod Mira
TOUR SAINTE-MARGUERITE
MER ADRIATIQUE

Pauses (n°1 à 8)

1 Bistro Revelin - *p.232*........ C2
2 Buža Bar - *p.231*.............. B4
3 Café Festival - *p.232*......... A2
4 Dolce Vita - *p.231*............ B2
5 Gradska Kavana - *p.232*...... B2
6 Mala Buža Bar - *p.231*......... B4
7 Matuško-D'Vino Wine Bar - *p.231* B2
8 Sladoledarna - *p.230*......... A2

Restaurants (n°10 à 19)

10 Bistro Revelin - *p.235*........ C2
11 Buffet Škola - *p.232* A2
12 Dubravka 1836 - *p.234* A2
13 Kamenice - *p.232*............ B3
14 Lady Pi Pi - *p.233*.............. B1
15 Lokanda Peskarija - *p.233*.... B3
16 Nautika - *p.234*............... A2
17 Restaurant 360 - *p.235* B2
18 Restaurant Komarda - *p.235* C2
19 Zuzori - *p.235*................ B2

Shopping (n°20 à 26)

20 Galerija Sebastian - *p.237*.... B2
21 House of Nature - *p.236* B2
22 Kawa - *p.237* C1
23 Marché de la vieille ville - *p.237* B3
24 Pharmacie du monastère franciscain - *p.236*........... A2
25 Uje - *p.236*..................... B2
26 Vinoteka Miličić - *p.236*....... A2

Sorties (n°30 et 31)

30 Culture Club Revelin - *p.237*. C2
31 The Troubadour - *p.237* B3

Hébergement (n°40 et 41)

40 Hotel Stari Grad - *p.291* A2
41 Villa Gloria - *p.291*.............. C1

RENDEZ-VOUS AVEC...

Les adresses de Stjepko Mamić

Pause

B D'Vino Wine Bar - *p.216* A2

Restaurant

A Renaissance Art Restaurant - *p.216*........... A2

Shopping

F Art by Stjepko - *p.216*......... A1

SIX BONNES RAISONS...

... de découvrir Dubrovnik, sa vieille ville baignée par l'Adriatique, ses palais mirifiques, ses îles auréolées d'eaux cristallines.

ON PREND LE LARGE Échappez-vous sur les îles Élaphites (p.228), villégiatures rêvées d'où la ville et ses nuées de visiteurs semblent très loin ! Promenades au fil des vergers, farniente sur la plage : l'occasion de goûter au bonheur des îles croates...

ON RÊVE DU TRÔNE DE FER Retrouvez les décors de la série événement, *Game of Thrones*, à l'occasion d'une visite guidée sur les traces de Port-Réal (p.229)... sans craindre les assauts du dragon Drogon !

ON SE LAISSE ENSORCELER Suivez impérativement le circuit des remparts (p.222) pour admirer la vieille ville sous toutes les coutures : le spectacle de cet océan de tuiles rousses cerné par l'Adriatique azur est inoubliable !

ON FAIT LE PLEIN DE CHLOROPHYLLE Embarquez pour Lokrum (p.226), îlot de verdure inespéré aux portes d'une cité très minérale. Au programme : balade parmi les lauriers-roses, pins et cyprès, et baignade dans les criques translucides...

ON S'APAISE EN BEAUTÉ Envie de calme ? Réfugiez-vous dans le cloître du monastère dominicain (p.222), empli de quiétude, et celui du monastère franciscain (p.219), aux merveilleux chapiteaux romans...

ON MUSARDE DU MATIN AU SOIR Perdez-vous dans les ruelles, vous retomberez immanquablement sur le Stradun (p.218), cœur battant de la cité environné de nobles architectures, dont le somptueux palais du Recteur (p.222).

RENDEZ-VOUS AVEC...

Stjepko Mamic a sillonné les mers pendant trente ans comme capitaine pour la marine marchande, avant de jeter l'ancre à Dubrovnik et de revenir à son "amour de jeunesse", la peinture. Ses œuvres, chatoyantes et marines, sont aujourd'hui exposées à travers le monde ! Passionné par la mer et sa faune, et par sa ville natale, l'artiste nous livre ses lieux de prédilection.

Ma table à l'ombre

A Renaissance Art Restaurant

En tant que fin gourmet, j'apprécie particulièrement leurs poissons et fruits de mer, toujours très frais, mais également leur carte des vins, une large et excellente palette à même de satisfaire tous les goûts. Côté décor, plaisir identique avec de belles voûtes peintes à l'intérieur et, dans la ruelle, une terrasse très appréciable en été, car à l'abri du soleil et de la foule. Le soir, dîner romantique assuré !

DUBROVNIK Vara 2 (020) 324 799 Page FB
Mars-déc. : tlj. 11h-0h

Mon petit verre

B D'Vino Wine Bar

S'il y a un lieu où j'apprécie de me poser avec mes amis, c'est bien celui-là. Chez ce caviste chic, avec ses tables hautes disposées le long de la rue, on trouve toujours un bon verre de vin pour accompagner une discussion à bâtons rompus ! La sélection est irréprochable, avec de nombreux crus croates mais aussi étrangers. En accompagnement, les planchettes de fromages du pays et de pršut (jambon fumé dalmate) sont un délice...

DUBROVNIK Palmotićeva 4a (020) 321 130
www.dvino.net Tlj. 8h-2h

L'ATELIER DE STJEPKO

Mon atelier est ouvert à tous : chacun est invité à venir contempler mes œuvres et à me rencontrer, je réponds toujours avec plaisir aux questions !

F Art by Stjepko
Celestina Medovića 2 095 906 1703
www.stjepkomamic.com Tlj. 10h-18h

Mon stand de ravitaillement

C Marché de Gruž / Tržnica Gruž

Le meilleur marché de Dubrovnik, idéal pour s'approvisionner en produits locaux... à condition de ne pas s'y rendre trop tard dans la journée ! Poissons, viandes, fruits et légumes des potagers de l'arrière-pays, fleurs... un vrai florilège de couleurs dans un vacarme

Sur le marché de Gruž

pittoresque. Pour les amateurs de poisson fraîchement pêché, c'est aussi *la* bonne adresse. Selon la météo de la nuit, le choix est plus ou moins large, mais si vous avez la chance de tomber sur de l'espadon ou du bar, n'hésitez pas !

DUBROVNIK Obala Stjepana Radića (020) 419 365 Mai-oct. : lun.-sam. 6h-20h, dim. et j. fér. 6h-11h ; nov.-avr. : lun.-sam. 6h-18h, dim. et j. fér. 6h-11h

Ma promenade panoramique

D Mont Srđ

La randonnée (p.225) à ne pas manquer si vous recherchez un peu de calme ! Pour m'épargner la montée, j'utilise le téléphérique (p.226), puis je profite de la descente à pied pour admirer, sans trop de fatigue, le paysage et ses couleurs sensationnelles... À en rester bouche bée !

DUBROVNIK Accès par la route (7km env.), par téléphérique, ou par un sentier en lacet (1 à 2h)

Ma plage pour prendre la mer

E Banje Beach / Uvala Kupališta

À l'écart de la vieille ville, dans le quartier de Ploče, c'est la plage (p.228) la plus prisée des assoiffés de baignade... comme moi ! Aux beaux jours, je peux m'y jeter à l'eau plusieurs fois par jour, afin de recharger mes batteries en "énergie marine". À noter le très bon restaurant qui niche sur place, doté d'une belle terrasse couverte ouvrant sur l'île de Lokrum. Avis aux plus jeunes : le soir, le lieu se transforme en club branché... mais c'est une autre histoire !

DUBROVNIK Frana Supila 10B www.banjebeach.com

SI DUBROVNIK ÉTAIT...

Une couleur Ce serait à la fois le bleu et le blanc. Le bleu pour la mer environnante, évidemment, et le blanc pour le drapeau de saint Blaise, notre patron.

DUBROVNIK ★

Illustre cité portuaire fortifiée, la “Perle de l'Adriatique” fascine même les plus blasés. La vieille ville de Dubrovnik regorge de palais et d'églises en pierre blonde, dont la splendeur témoigne des grandes heures de la république de Raguse. N'hésitez pas à vous perdre dans les ruelles plus secrètes des hauteurs : une infinité de chapelles et de façades ornées s'y dissimulent derrière des grappes de lauriers et de bougainvillées.

ACCÈS ET INFOS

- Attention, le passage de la frontière entre la Croatie et le Monténégro peut être long en été : privilégiez un jour de semaine, tôt le matin ou tard le soir, et prévoyez les documents nécessaires (passeport ou pièce d'identité, et papiers de la voiture).
- Stationnement très difficile et onéreux aux abords de la ville ville : préférez le parking du port de Gruž, puis prenez un bus (www.libertasdubrovnik.hr).

À VOIR

LA VIEILLE VILLE

La cité fortifiée (Stari Grad, ou simplement Grad), entièrement piétonne, est ceinte de remparts percés de trois portes. La première, la porte Pile (Vrata od Pila), dans le rempart ouest, constitue l'accès principal. Elle donne sur le magnifique Stradun, ou Placa, axe majeur qui court jusqu'à la porte Ploče (Vrata od Ploča), à l'est, où s'étend le vieux port. Si vous arrivez par le nord, vous pourrez entrer dans Stari Grad par la porte Buže (Vrata od Buže). La ville moderne s'est développée à l'ouest et au nord (port de Gruž et complexes hôteliers sur les presqu'îles de Lapad et de Babin Kuk).

La grand-rue

Stradun / Placa 👍 **(plan 12, A2-B2)**

La ville fortifiée doit beaucoup de son élégance à cette grande artère dallée de blanc qui la traverse d'ouest en est. Après le séisme de 1667, ses somptueux palais gothique et Renaissance furent remplacés par des façades baroques de calcaire blanc simples qui lui donnent cette unité architecturale. Placa, ou Stradun (du vénitien *stradon*, “grand-rue”), est en réalité un ancien chenal qui séparait l'île originelle de Laus et la terre ferme, et qui fut comblé au 11e s. Pour éviter la foule de l'artère la plus fréquentée de la ville, arpentez-la tôt le matin ou tard le soir !

Mécanique des fluides

Grande fontaine d'Onofrio / Velika Onofrijeva fontana (plan 12, A2)

Pensée par l'architecte napolitain Onofrio della Cava, cette monumentale fontaine conçue en 1438 est alimentée par une source située à 12km de là ! L'eau douce et fraîche qui jaillit de ses 16 bouches ornées de mascarons en fait un point de rendez-vous privilégié des touristes comme des habitants de la ville.

Place Miličević

À NE PAS MANQUER

- Stradun
- Monastère franciscain
- Palais Sponza
- Palais du Recteur
- Remparts
- Monastère dominicain
- Cavtat

Dans l'axe du Stradun

Calme et onguent

Monastère franciscain / Franjevački samostan (plan 12, A2)

Situé près de la porte Pile, cet austère monument fut édifié aux 14e et 15e s. Derrière ses hauts murs, un très beau cloître roman avec ses colonnettes aux délicats chapiteaux sculptés. L'autre curiosité du monastère est sa pharmacie, la plus ancienne de Croatie (1317 !) encore en activité. Le tout premier comptoir de cette officine est exposé au musée du monastère, avec quelques beaux objets d'art sacré. L'église (entrée côté Stradun) fut remaniée dans le style baroque après le séisme de 1667, mais elle conserve un portail gothico-Renaissance surmonté d'une splendide pietà.

Placa 2 (020) 321 410 Avr.-oct. : tlj. 9h-18h ; nov.-mars : tlj. 9h-17h 30kn

Regards sur la guerre

War Photo Limited (plan 12, B2)

Cette galerie dédiée à la photo de guerre a commencé à faire parler d'elle avec une exposition consacrée aux conflits de l'ex-Yougoslavie. Impossible de ne pas se sentir concerné, ému ou profondément révolté par ces images

BON À SAVOIR

De juin à septembre, Dubrovnik est si saturée de touristes qu'un compteur a été installé à l'entrée de la vieille ville afin de limiter le nombre de visiteurs à 4 000. Pour éviter la foule, les habitants possèdent une source d'informations précieuse : le site Internet du port de Gruž (www.portdubrovnik.hr), qui recense les heures d'arrivée des paquebots et de leurs milliers de passagers !

d'une qualité et d'une force sans pareilles, sélectionnées parmi les œuvres des meilleurs reporters-photographes internationaux.

Antuninska 6 (020) 322 166 www.warphotoltd.com Avr., oct. : mer.-lun. 10h-16h ; mai-sept. : tlj. 10h-22h 50kn

Dans l'ancien ghetto

Synagogue / Sinagoga (plan 12, B2)

Cette synagogue du 15e s. est l'une des plus anciennes d'Europe encore affectées au culte. Elle se trouve "rue des Juifs" (Žudioska en croate) qui fut un véritable ghetto jusqu'au 19e s. pour cette communauté constituée de familles expulsées d'Espagne en 1492.

Žudioska 5 (020) 321 028 Mai-oct. : tlj. 9h-19h ; nov.-avr. : lun.-ven. 10h-15h 50kn

Carrefour de la ville

Place de la Loge / Luža (plan 12, B2)

Située à l'extrémité est du Stradun, cette place constituait le centre de la vie publique de la cité, et elle accueille encore les grandes manifestations locales. Elle doit son nom au balcon aménagé au-dessus du passage voûté, d'où les cloches sonnaient en cas de danger. Au milieu de la place, s'élève la colonne de Roland (Orlandov Stup) : selon la légende, le preux neveu de Charlemagne aurait défendu la ville contre les Sarrasins. La tour de l'Horloge fut érigée à l'est de la place en 1444, mais fut restaurée maladroitement au 20e s. À droite, se dresse le palais du Conseil majeur, édifice gothique entièrement remanié aux 18e et 20e s., aujourd'hui occupé par le théâtre et un café. Vous pourrez vous désaltérer à la jolie petite fontaine d'Onofrio (1438). Elle alimentait le marché qui se tenait sur la place.

La place Gundulić et son marché

Vestige du 15e s.

Palais Sponza / Palača Sponza (plan 12, B2)

Relativement épargné par le séisme de 1667, ce palais arbore toujours l'élégante architecture gothico-Renaissance qui caractérisait la cité aux 15e et 16e s. Il abritait la plupart des institutions financières de la République (douanes, hôtel des monnaies...). Y sont désormais conservées les archives municipales. Prenez le temps d'admirer sa façade : une superbe galerie à arcades Renaissance que dominent de larges baies de style gothique flamboyant et une statue de saint Blaise. Le palais s'organise autour d'un charmant atrium bordé de deux étages de galeries à arcades. Vous pourrez y découvrir des expositions temporaires et un mémorial dédié aux défenseurs de Dubrovnik lors du siège de 1991.

Luža (020) 321 032 Mai-oct. : tlj. 9h-22h ; nov.-avr. : tlj. 10h-15h 25kn

SUR LES TRACES DE...
L'image de **saint Blaise** (Sveti Vlaho) est présente dans toute la ville. Cet évêque originaire d'Arménie, qui vécut au 4e s., connu surtout pour guérir les maux de gorge, serait apparu en 971 dans les airs pour prévenir les habitants de Dubrovnik d'une attaque imminente des Vénitiens. Il est depuis devenu leur saint patron, et est fêté en grande pompe le 3 février.

La statue du patron

Église Saint-Blaise / Crkva Sv. Vlaha (plan 12, B2)

Une église baroque (début du 18e s.) dédiée au patron de la ville. La statue en argent doré de saint Blaise tenant une maquette de Raguse (avant le séisme de 1667) trône dans le chœur. Cette œuvre du 15e s., qui aurait miraculeusement échappé à un incendie, tient une place particulière dans le cœur des habitants de Dubrovnik et lors des processions de la Saint-Blaise, les 2 et 3 février.

Luža (020) 323 258 Juil.-août : tlj. 8h-16h ; sept.-juin : lun.-sam. 8h-12h et 16h-17h, dim. 9h-12h

Typiquement ragusain

Place Gundulić / Gundulićeva poljana (plan 12, B3)

Difficile de ne pas être séduit par cette jolie place aérée, bordée de sobres façades en pierre ocre et égayée de terrasses de bars et de restaurants. Une statue du poète ragusain Ivan Gundulić (1589-1638), réalisée par Ivan Rendić en 1892, veille chaque matin sur un petit **marché** aux fruits et aux légumes.

Saint en kit

Cathédrale de Dubrovnik / Dubrovačka katedrala (plan 12, B3)

Sur le site d'une basilique du 6e s. (et d'une église romane), la cathédrale actuelle fut érigée de 1672 à 1713 avec une façade baroque chargée : colonnes corinthiennes, balustrades, niches, statues, etc. Par contraste, l'intérieur paraît bien sobre, tout de blanc revêtu et largement éclairé par une haute coupole. Le clou de la visite se cache dans une petite salle à gauche du chœur : le trésor de la cathédrale. Notez en particulier les trois reliquaires de saint Blaise : celui qui renferme la jambe (1684), en or ; celui du bras droit (12e s.), en or et émaux, œuvre d'orfèvres de Dubrovnik ; celui du crâne (12e s.), aux plaquettes d'or ornées d'émaux ouvragés par des maîtres byzantins.

Poljana Marina Držića Avr.-oct. : lun.-sam. 9h-16h, dim. 11h-17h ; nov.-mars : lun.-sam. 9h-12h, dim. 11h-12h

Archi éclectique

Palais du Recteur / Knežev dvor (plan 12, B3)

Le palais le plus somptueux et le plus visité de Dubrovnik est aussi le plus emblématique de la république de Raguse. C'est là, en effet, que travaillait et vivait le recteur, chef de l'exécutif (élu pour un mois seulement !). L'édifice abritait aussi les administrations, les prisons, l'arsenal et... la poudrière. Les explosions qu'a connues cette dernière et le séisme de 1667 expliquent l'aspect disparate de la construction. Le palais gothique à un étage (début 15e s.) fut agrandi par les grands maîtres de la Renaissance (chapiteaux historiés du portique et de l'atrium). L'escalier rococo de l'atrium date de la fin du 17e s. Après avoir jeté un coup d'œil aux cachots, grimpez à l'étage visiter la reconstitution des luxueux appartements du recteur.

Pred Dvorom 1 (020) 321 422 Avr.-oct. : tlj. 9h-18h ; nov.-mars : tlj. 9h-16h € 120kn

Emplacement sensible

Vieux port / Stara Luka (plan 12, B2-C3)

L'un de nos endroits préférés à Dubrovnik pour une flânerie ensoleillée, rythmée par la valse des bateaux de pêche et des vedettes touristiques. Au temps de la République, le port était la partie la plus vulnérable de la cité. Les forts Saint-Luc, au nord, et Saint-Jean, au sud, en assuraient la défense. Le brise-lames en pierre fut réalisé au 15e s. pour remplacer la chaîne et les poutres déployées la nuit entre ces deux bastions afin de barrer l'entrée du port.

Ville ceinte

Remparts / Gradske Zidine (plan 12, A2-B1-C3)

Si vous n'avez que quelques heures à consacrer à Dubrovnik, n'hésitez pas : c'est en faisant le tour de ses remparts qui défendent la ville depuis le 13e s. que vous mesurerez l'ampleur et la beauté de la “Perle de l'Adriatique”. Cette formidable enceinte s'étire sur près de 2km, atteignant jusqu'à 24m de hauteur et 6m de largeur côté terre. Le chemin de ronde dévoile des perspectives magnifiques sur les clochers, les dômes, les toits de tuiles et les jardinets de la ville fortifiée. Les vues sur la mer et sur l'île de Lokrum deviennent magiques au coucher du soleil. Attention, si vous êtes sujet au vertige, certains passages du chemin de ronde sont impressionnants. Comptez 1h de balade pour faire le tour.

Entrée principale sur la gauche de la porte Pile, entrées secondaires au niveau de la porte Ploče et du fort Saint-Jean (020) 324 641 Avr.-mai : tlj. 8h-18h30 ; juin-juil. : tlj. 8h-19h30 ; août-mi-sept. : tlj. 8h-19h ; mi-sept.-oct. : tlj. 8h-18h ; nov.-mars : tlj. 9h-15h € 150kn

Derrière les murs

Monastère dominicain / Dominikanski samostan (plan 12, B2)

La communauté dominicaine s'établit à Dubrovnik en 1225 près de la porte Ploče, au nord-est de la cité, où elle assurait l'accueil des visiteurs et la sécurité de cette partie de la ville. Derrière ses façades relativement austères, des trésors architecturaux et artistiques comme le cloître du 15e s., chef-d'œuvre du gothique tardif ou le somptueux crucifix en bois de 1358, œuvre de Paolo

Crépuscule sur le vieux port

Veneziano, accroché au-dessus du maître-autel de l'église. Au musée du monastère, sont conservées les plus belles œuvres de l'école Renaissance de Dubrovnik, comme le célèbre triptyque de Nikola Božidarević (16e s.) représentant saint Blaise.

Sv. Dominika 4 (020) 322 200 www.dominikanci-dubrovnik.hr Mai-oct. : tlj. 9h-18h ; nov.-avr. : tlj. 9h-17h 30kn

Une ville tournée vers la mer

Musée maritime / Pomorski muzej (plan 12, C3)

Objets trouvés lors de fouilles d'épaves autour de Dubrovnik, maquettes de bateaux, livres anciens, instruments de navigation, couvrant une période allant de l'Antiquité à la chute de la République... La visite de ce musée installé dans les étages du fort Saint-Jean vous permettra de mieux appréhender l'histoire d'une cité qui vécut longtemps tournée vers la mer. Excellente brochure explicative en français.

Tvrdava sv. Ivana (020) 323 904 www.dumus.hr Mi-mars-mi-juin, mi-sept.-oct. : mar.-dim. 9h-18h ; mi-juin-mi-sept. : mar.-dim. 9h-20h ; nov.-mi-mars : mar.-dim. 9h-16h 120kn

BON À SAVOIR

L'achat d'un billet (120kn) au palais du Recteur, au musée maritime, au musée ethnographique Rupe ou au fort Revelin donne accès à tous ces musées. Autre bon plan, la **Dubrovnik Card** (190kn/1 j., 250km/3 j.) : accès aux bus, aux remparts, à des musées et galeries, et nombreuses réductions (restaurants, boutiques, téléphérique...).

RAGUSE, L'ATHÈNES SLAVE

Au 7e s., des habitants d'Epidaurum (Cavtat), fuyant les attaques répétées des barbares, construisent une ville fortifiée proche de la mer : Raguse. Prospère sous la domination de Byzance puis de Venise, la cité gagne son autonomie à partir de 1358. La **république de Raguse** voit alors le jour avec, à sa tête, trois conseils renouvelables tous les ans et un recteur, chef de l'exécutif élu pour un mois seulement. Les affaires politiques restent aux mains de l'aristocratie, mais le développement rapide du commerce maritime bénéficie à toute la population. Au maximum de son extension, la République s'étendait sur tout le sud de la Dalmatie, de Neum à Sutorina, avec les péninsules de Prevlaka et de Pelješac, les îles de Lastovo et Mljet ! Cultivant une neutralité lucrative, la République fait fortune autant avec les pays catholiques que l'Empire ottoman, les Latins que les Slaves ! Riche, démocratique et cultivée, cette "Athènes slave" concurrence alors Venise. Mais le dévastateur séisme de 1667 et le déclin des Ottomans marquent le lent affaiblissement de Raguse. La République est officiellement abolie en 1808 par Marmont (maréchal de Napoléon), qui l'intègre au royaume d'Italie. Raguse deviendra Dubrovnik en 1918, alors que ce nom (signifiant "bois de chêne") était utilisé en slave depuis le 12e s. !

Au sein du palais Sponza

Autrefois
Musée ethnographique Rupe / Etnografski muzej Rupe
(plan 12, A3)

Dissimulé dans une ruelle au sud de la vieille ville, l'édifice qui abrite le Musée ethnologique est l'un des plus surprenants de Dubrovnik. Il s'agit d'un grenier construit au 16e s. pour soutenir un siège grâce à ses 15 silos de 15m de profondeur chacun ! Après avoir jeté un coup d'œil au fond de ces fameux "trous" (*rupe*), grimpez dans les étages découvrir les (modestes) collections consacrées à l'artisanat, aux costumes, aux bijoux et aux instruments de musique traditionnels.

Od Rupa 3 (020) 323 013 Mer.-lun. 9h-16h 120kn

Le téléphérique du mont Srđ

Terrasse stratégique
Fort Revelin / Tvrđava Revelin (plan 12, C1-C2)

Relié à la porte Ploče par un pont de pierre, il fut érigé au 15e s. pour défendre la ville face aux Ottomans puis, un siècle plus tard, agrandi face à la menace vénitienne. Maintes fois rénové, il possède la plus grande terrasse de la ville où ont lieu concerts et spectacles dans le cadre du Festival d'été. Le fort accueille aussi une petite exposition permanente d'archéologie regroupant des fragments provenant d'églises pré-romanes et romanes de Dubrovnik et des environs.

Sv. Dominika Jeu.-mar. 10h-16h 120kn

HORS LES MURS

Entre impressionnistes et surréalistes
Galerie d'Art moderne / Umjetnička galerija (plan 11, D4)

Dans le faubourg de Ploče, cette galerie occupe une grande villa des années 1940. Sa collection permanente fait la part belle aux artistes de la région, comme Vlaho Bukovac, originaire de Cavtat, mais elle cède souvent la place à d'excellentes expositions et rétrospectives d'artistes croates et étrangers. La terrasse, ponctuée d'étonnantes sculptures modernes, dont certaines de Meštrović, offre une belle vue sur la vieille ville.

Frana Supila 23 (020) 426 590 www.ugdubrovnik.hr Mar.-dim. 9h-20h 120kn

Plein les yeux
Mont Srđ (plan 11, D2)

Le mont Srđ (prononcez "seurtch") s'élève au nord de Dubrovnik, offrant une vue absolument somptueuse sur la ville lovée dans ses remparts, gardée par

Lokrum et les îles plus lointaines. Avec un verre au restaurant Panorama (p.234), c'est encore meilleur. Le fort bâti sur ses hauteurs par les troupes napoléoniennes abrite désormais un petit musée de la guerre d'indépendance.

Accès par la route (7km env.), par téléphérique, ou par un sentier en lacet (1 à 2h)
Téléphérique/Cable Car (plan 12, B1) Petra Krešimira 4 (020) 325 393 www.dubrovnikcablecar.com Jan., déc. : tlj. 9h-16h ; fév.-mars, nov. : tlj. 9h-17h ; avr., oct. : tlj. 9h-20h ; mai : tlj. 9h-21h ; juin-août : tlj. 9h-0h ; sept. : tlj. 9h-22h € 130kn

Imprenable !

Forteresse Saint-Laurent / Tvrđava Lovrijenac (plan 11, C4)

Perchée sur un éperon rocheux à 37m au-dessus des flots, cette imposante sentinelle de pierre (14e s.) jouait un rôle primordial dans la défense de la cité. Ses trois terrasses offrent, en effet, une vue imprenable sur la mer, les premiers contreforts des Alpes dinariques et toute la partie ouest de la ville close. Peu de touristes s'y aventurent, vous pourrez jouir du panorama en toute tranquillité. Lors du Festival d'été, le fort sert de cadre grandiose à des représentations très attendues de pièces de Shakespeare.

Avr.-mai, sept.-oct. : tlj. 8h-18h ; juin-août : tlj. 8h-19h30 ; nov.-mars : tlj. 9h-15h € 50kn

DANS LES ENVIRONS

Se mettre au vert

Île de Lokrum / Otok Lokrum (plan 13, A2)

Cette île apporte le végétal qui manque à la vieille ville si minérale : en 10min de traversée, vous débarquerez dans ce lieu enchanteur. Au milieu des pins, des cyprès et des lauriers-roses, vous y découvrirez les vestiges d'une abbaye

Fontaine de Neptune, arboretum de Trsteno

bénédictine (9e s.), un jardin botanique, un petit fort royal et même trois restaurants. Les eaux limpides qui entourent l'île invitent à la baignade depuis les rochers plats. Attention, grosse affluence durant l'été.

Accès en bateau au départ du vieux port ⌚ Début juin-août : tlj. 9h-20h toutes les 30min ; sept.-début juin : tlj. 10h-18h toutes les heures € 120kn

Parc princier

Arboretum de Trsteno (plan 13, A1)

Le modeste port de Trsteno recèle l'un des derniers parcs botaniques Renaissance de la région. Cette petite oasis fut conçue au début du 16e s. pour agrémenter la villa d'été de la noble famille ragusaine Gučetić-Gozze. Plus de 400 espèces méditerranéennes et exotiques bordent les allées ombragées et l'élégante pergola. Une promenade qui vous mènera en douceur jusqu'à la fontaine de Neptune, chef-d'œuvre baroque alimenté par un aqueduc de 70m.

Potok 20 21km au nord-ouest de Dubrovnik ☎ (020) 751 019 ⌚ Mai-oct. : tlj. 7h-19h ; nov.-avr. : tlj. 8h-16h € 50kn

Simple et beau

Port de Trsteno (plan 13, A1)

En contrebas de l'arboretum, se niche un petit port plein de charme : une poignée de maisons entre mer et forêt, quelques barques de pêche et une vue superbe sur les îles Élaphites ! Vous pourrez lézarder sur les quais aménagés, fréquentés surtout par les habitants du coin, vous baigner et savourer la beauté du lieu.

1km en contrebas de l'arboretum (route très étroite !), ou par un escalier

Escapade au calme

Îles Élaphites / Elafitski otoci (plan 13, A1)

L'archipel des Élaphites, qui s'étire le long de la côte ouest de Dubrovnik, se compose de 14 îles luxuriantes, dont trois sont habitées mais interdites aux voitures. **Koločep**, la plus proche et la plus petite de l'archipel, est surtout appréciée pour la baignade (certaines petites criques sont réservées aux nudistes). Plus touristique, **Lopud** recèle quelques belles plages, comme celle de Šunj, mais doit surtout sa renommée aux somptueuses villégiatures que l'aristocratie ragusaine s'y fit construire au 15e s., comme les vestiges du palais d'été du Recteur. **Šipan**, la plus grande île de l'archipel, offre de superbes balades dans ses vergers, prairies, champs de lavande et d'oliviers. Une escapade idéale pour profiter des eaux limpides de l'Adriatique et fuir la foule de Dubrovnik.

Liaisons maritimes régulières au départ du port de Gruž, à Dubrovnik, avec les compagnies Jadrolinija pour Koločep (30min de trajet), Lopud (1h) et Šipan (1h15), et G&V Line pour Šipan (40min-1h15 de trajet)

Paisible station

Cavtat 👍 (plan 13, B2)

L'ancienne colonie grecque d'Epidaurum est devenue une charmante station balnéaire, facilement accessible de Dubrovnik en bateau-taxi (30min). Un adorable port, des ruelles médiévales piétonnes, des criques rocheuses et une douce animation en font une base de séjour plus tranquille et meilleur marché que Dubrovnik. Ce peut être aussi l'occasion de s'enfoncer au cœur de la **Konavle**, région montagneuse qui s'étend le long de la frontière bosno-herzégovinienne jusqu'à la frontière monténégrine, célèbre pour ses broderies sur soie et ses costumes traditionnels. Les environs de Cavtat sont également propices à de belles balades.

19km au sud-est de Dubrovnik Accès en bateau au départ du vieux port de Dubrovnik

À FAIRE

Allez à la plage à Dubrovnik

Banje Beach / Uvala Kupališta (plan 11, D4)

À 5min à pied de la porte Ploče, cette petite plage de graviers et de sable est la plus réputée de Dubrovnik. Occupée en bonne partie par les transats du restaurant-bar le Banje Beach, bondée l'été, elle présente néanmoins l'avantage d'être très facile d'accès pour piquer une tête et offre une jolie vue sur l'île de Lokrum.

Frana Supila 10B 📱 www.banjebeach.com

Plage de Banje

Sveti Jakov Beach (hors plan 11 par D4)

Un peu plus éloignée au sud-est et bien plus tranquille que Banje Beach, une jolie anse de sable et de galets nichée au pied d'une falaise avec, en prime, une vue imprenable sur la ville.

1,5km à l'est de la porte Ploče par Frana Supila (30min à pied)

Uvala Kolorina (plan 11, C4)

Au pied du fort Saint-Laurent, côté ouest, une adorable crique de galets nichée entre deux caps et investie en masse par les familles du quartier.

Partez sur les traces des Targaryen et des Lannister

Fans de la série *Game of Thrones*, vous êtes ici à Port-Réal, capitale du trône de fer ! Dubrovnik est en effet l'un des principaux lieux où ont été tournées les aventures de Cersei, Joffrey, Tyrion ou Sansa. Beaucoup s'amusent à suivre les traces de leurs héros, de la forteresse Saint-Laurent à la porte Pile, en passant par les remparts et la tour Minčeta, sans oublier les escaliers d'Ulica uz Jezuite, théâtre de la terrible “marche de la honte” de la reine Cersei. Vous pouvez chercher les ressemblances vous-même, ou suivre l'un des nombreux “Game of Thrones Tours”.

Game of Thrones Dubrovnik Tours (plan 11, B2)

Un tour de la ville passionnant, même sans être fan de la série ! Tarif 400kn environ.

Od Batale 6 Dubrovnik 098 175 17 75 www.game-of-thrones-dubrovnik-tour.com

Piquez une tête à Lokrum

Mer morte / Mrtvo more (plan 13, A2)

Ce nom un peu pompeux cache un bassin d'eau turquoise, entouré de rochers et de pins, au sud de l'île. Séparé de l'Adriatique par une bande rocheuse, il est alimenté en eau de mer par un tunnel naturel. Vu que ses eaux calmes sont très prisées des familles avec de jeunes enfants, la Mer morte déborde plutôt de vie !

Au sud du monastère, compter 10min à pied

Pratiquez le kayak, la plongée, le snorkeling

Adria Adventure (plan 11, C3)

Une sortie kayak pour découvrir au plus près les îles Élaphites (Lopud et Šipan), de la balade d'une journée à l'excursion de trois jours, à partir de 400kn/pers). Accès à Lopud en ferry au départ du port de Gruž.

Vukovarska ulica 17 (centre commercial) Dubrovnik (020) 311 545 www.kayakingcroatia.com

Blue Planet (plan 11, A3)

Ce club de plongée certifié PADI, hébergé par l'hôtel Dubrovnik Palace, assure tous les types de formations à la plongée. Il propose par ailleurs des sorties sur la côte autour de Dubrovnik, mais aussi près des îles (Lokrum, Élaphites), dont certaines sur des épaves. Plongées de nuit également. Comptez à partir de 370kn pour une plongée.

Hotel Dubrovnik Palace Masarykov put 20 Dubrovnik 091 899 09 73 www.blueplanet-diving.com

Adventure Dubrovnik (plan 12, A2)

Ce prestataire organise des sorties kayak à la demi-journée (230kn/pers.). Vous embarquerez sur la plage en contrebas de la porte Pile pour mettre le cap sur l'île de Lokrum avant de rallier une plage de la côte. Là, une pause est prévue pour pique-niquer et découvrir les fonds sous-marins avec palmes, masque et tuba. Retour au point de départ en longeant les remparts, l'occasion d'avoir un autre regard sur la vieille ville. Autre option : une balade de 3h au coucher du soleil (250kn/pers.).

Sv. Križa 3 (siège) Dubrovnik 098 531 516 www.adventuredubrovnik.com Tlj.

NOS ADRESSES

PAUSES

Foule et boules

Sladoledarna

Face au monastère des Franciscains, ça se bouscule en été pour goûter les meilleures glaces de la ville. Chez Sladoledarna, on est glacier de père en fils depuis trois générations ! Faites votre choix parmi les 32 variétés de parfums, dont 6 sorbets. Boule avec cornet classique 10kn, supplément grand cornet 2kn.

DUBROVNIK (plan 12, A2 n°8) Placa 17 099 771 5143 Fév.-juin, sept.-nov. : tlj. 9h-0h ; juil.-août : tlj. 9h-2h

Au comptoir de Dolce Vita

Plein large

Buža Bar ♥

Avisez la pancarte *"Buža Cold drinks"* : c'est le seul panneau qui vous mènera à cette terrasse de rêve cachée dans les rochers, derrière le rempart sud de la vieille ville. L'emplacement est surprenant et le panorama balaie l'horizon maritime : idéal pour assister au coucher de soleil. Boissons 25-50kn.

DUBROVNIK (plan 12, B4 n°2) Rempart sud 098 361 934 Avr.-oct. : tlj. 8h-2h sauf par mauvais temps

Passe-muraille

Mala Buža Bar ♥

Aucune indication, un simple passage ouvert dans la muraille, et là, surprise, vous vous retrouvez à l'extérieur, à même le rocher, adossé aux remparts ! Vue merveilleuse sur Lokrum et le coucher de soleil. La pente, douce, se conclut par une petite plage de béton accueillante pour une baignade par temps calme. Un peu plus "branché" que son concurrent, le Buža Bar (p.231). Boissons 30-60kn, cocktails 60-70kn.

DUBROVNIK (plan 12, B4 n°6) Rempart sud (porte percée dans la muraille face à Ulica Pobijana) (020) 324 753 Avr.-oct. : tlj. 10h-0h

Pause fraîcheur

Dolce Vita ♥

L'adresse fétiche des habitants de Dubrovnik, qui viennent s'y attabler dans la petite salle ou en terrasse pour profiter d'un large choix de coupes de glaces à des prix raisonnables (30-35kn). La maison est tout aussi recommandable pour son expresso, ses crêpes, sa limonade ou ses milk shakes.

DUBROVNIK (plan 12, B2 n°4) Nalješkovićeva 1a (020) 321 666 Tlj. 9h-0h

Cave cosy

Matuško-D'Vino Wine Bar

Ce bar à vins aux allures de club anglais commercialise les vins Matuško. Le propriétaire, Mato Violic, a créé son propre vignoble en 1998, avec son cépage préféré, le *plavac mali*. Vin au verre 30-100kn.

DUBROVNIK (plan 12, B2 n°7) Prijeko 6 (020) 742 399 www.matusko-vina.hr Juin-sept. : tlj. 10h-1h ; oct.-déc., fév.-mai : tlj. 10h-0h

Brasserie à la ragusaine
Café Festival

Ce vénérable établissement de 1927 offre un bel intérieur boisé (poutres, comptoir) ou une vaste terrasse sur le Stradun. Idéal pour un café le matin, une pause-goûter l'après-midi (cheesecake, tiramisu, tartes aux fruits, 40 à 60kn) ou une coupe de glace. Également des sandwichs, des burgers et quelques plats.

DUBROVNIK (plan 12, A2 n°3) Placa 28 (020) 321 148 Tlj. 7h-2h

Comme à Vienne
Gradska Kavana

Avec ses hauts plafonds et sa ravissante terrasse, le Gradska Kavana, véritable institution, rappelle les cafés viennois de jadis.

DUBROVNIK (plan 12, B2 n°5) Pred Dvorom 1 (020) 321 202 Juil.-août : tlj. 8h-2h ; sept.-juin : tlj. 8h-0h

Juste à l'écart
Bistro Revelin ♥

Sa vaste terrasse, bien plus paisible que celles des bars de la vieille ville, se montre idéale pour boire un verre à toute heure de la journée à l'ombre des grands pins face au vieux port. Verre de vin 30-50kn, cocktail 60kn.

DUBROVNIK (plan 12, C2 n°1) Ulica Svetog Dominika 3 (020) 322 164 www.bistro-revelin.com Avr.-mi-oct. : tlj. 9h-23h

Troglodit'hic
Bar du More

À ne pas rater en cas de promenade en bord de mer dans la baie de Lapad ! Aménagé dans une grotte naturelle, il est régulièrement cité comme l'un des plus beaux bars au monde. Vous y siroterez votre cocktail dans un incroyable labyrinthe de roches torturées. Les plus claustrophobes iront sur la belle terrasse au bord de l'eau. Café 10-15kn, cocktails 65kn, en-cas 50-70kn.

DUBROVNIK (plan 11, A2 n°1) Nika i Meda Pucića 13 (020) 494 200 cavebar-more.com Avr.-oct. : tlj. 10h-0h

Voir aussi **D'Vino Wine Bar** (p.216).

RESTAURANTS

La mie du déjeuner
Buffet Škola

La réputation des sandwichs de Škola a depuis longtemps franchi les remparts de Dubrovnik ! C'est dans les années 1980 que Dinka Popovic reprend ce petit café pour y servir des en-cas à partir de pain maison – excellent – et d'un nombre restreint de produits, mais rigoureusement choisis : jambon dalmate, fromage mariné, huile d'olive... Sandwichs 26-30kn.

DUBROVNIK (plan 12, A2 n°11) Antuninska 1 (020) 321 096 Été : tlj. 8h-2h ; reste de l'année : tlj. 8h-22h

Menu des matelots
Kamenice ♥

La carte iodée attire les amateurs de saveurs marines : langoustines, moules, huîtres et de petits poissons frits à prix doux, à déguster sur l'une des plus jolies places de la vieille ville. L'ambiance, populaire à midi – le marché bat son plein –, prend des accents romantiques (ou très touristiques !). Le soir, dîner au son des musiciens. Repas 120-180kn.

DUBROVNIK (plan 12, B3 n°13) Gundulićeva poljana 8 (020) 323 682 Fév.-avr., déc. : tlj. 8h-16h ; mai-juin : tlj. 8h-23h ; juil.-sept. : tlj. 8h-0h ; oct.-nov. : tlj. 8h-20h

Succès mérité

Lokanda Peskarija

Cette taverne conjugue avec bonheur un cadre agréable – terrasse face au vieux port ou bel intérieur sous les poutres d'un ancien entrepôt –, des plats savoureux (moules, salade de poulpe, risottos, sardines, calamars, etc.) et un service efficace. Revers de la médaille, il faut parfois patienter pour avoir une table. Repas 125-200kn.

DUBROVNIK (plan 12, B3 n°15) Na ponti bb (020) 324 750 www.mea-culpa.hr Avr.-oct. : tlj. 11h-23h

C'est bon bon

Lady Pi Pi ♥

Dinko a repris l'atelier de son sculpteur de père, pour en faire une petite taverne baptisée du nom d'une de ses œuvres, la bien nommée *Lady Pi Pi*. Il faut un peu de courage pour y monter, mais l'effort est récompensé par la cuisine au feu de bois, simple et copieuse, et par la splendide vue depuis la terrasse sous la tonnelle. Attention, pas de réservation. Repas 215-250kn.

DUBROVNIK (plan 12, B1 n°14) Antuninska 21 (Peline bb) (020) 321 154 Mi-avr.-mi-oct. : tlj. 9h-22h

Vue divine

Orhan

L'une de nos terrasses favorites, sur le minuscule port, entre Pile et le fort Saint-Laurent. Cuisine dalmate de bord de mer classique mais les heures y filent douces et romantiques. Service parfois un peu sec. Repas 240-285kn.

DUBROVNIK (plan 11, C4 n°10) Od Tabakarije 1 (020) 411 918 www.restaurant-orhan.com Fév.-nov. : tlj. 9h-0h

En terrasse au Kamenice

Restaurant 360, au pied des remparts

Sacré numéro

Dubravka 1836 ☺☺☺

À la fois café, snack-bar, pizzeria, restaurant, boutique de souvenirs, le Dubravka 1836 est une institution à Dubrovnik ! Ajoutez une vue unique (la mer, encadrée des forts Bokar et Lovrijenac) et un personnel affable, et vous obtenez une très bonne adresse. Carte très complète : petit déj. (68-76kn), salades, pâtes et risottos (70-130kn). Repas 160-380kn.

DUBROVNIK (plan 12, A2 n°12) Brsalje 1 (020) 426 319 www.nautikarestaurants.com Tlj. 8h-0h

Comme son nom l'indique

Panorama ☺☺☺

La plus belle vue sur Dubrovnik ! Installé sur de petits îlots-terrasses en pierre, bercé par des airs de jazz, laissez-vous transporter par la beauté du paysage depuis le mont Srđ. Deux spécialités à ne pas rater : le jarret d'agneau au *dingač* sur un lit de purée de pommes de terre, et les grandes crevettes Panorama avec leur sauce au vin rouge. Repas 200-370kn. Réservez pour une table avec vue !

DUBROVNIK (plan 11, D2 n°11) Station téléphérique du mont Srđ (020) 312 664 www.nautikarestaurant.com Jan.-mars, nov.-déc. : tlj. 9h-16h ; avr.-mai, oct. : tlj. 9h-20h ; juin-août : tlj. 9h-0h ; sept. : 9h-22h

Très raffiné

Nautika ☺☺☺

Idéalement situé face au fort Saint-Laurent, le Nautika est sans conteste l'un des restaurants les plus sélects de Dubrovnik. Le chef Mario Bunda propose de magnifiques assiettes pleines de saveurs : seiche au sésame, filet de thon à la croûte de romarin... Et les prix suivent : repas 450-750kn, menu à 780kn. Réservez votre table pour jouir du meilleur point de vue et, à l'occasion, des concerts de musique traditionnelle en été.

DUBROVNIK (plan 12, A2 n°16) Brsalje 3 (020) 442 526 www.nautikarestaurants.com Fin mars-fin oct. : tlj. 18h-0h

Un bon tour

Restaurant 360 ♥

Atmosphère intimiste, éclairage doux et tables pour deux disposées le long des remparts avec vue sur le vieux port : un cadre cosy pour une cuisine aussi succulente qu'inventive proposée par le chef, Marijo Curić. Turbot et crème d'artichauts, Saint-Jacques au porto et truffes... Belle carte de vins croates. Formules 480-570kn. Accueil un peu guindé, mais très prévenant.

DUBROVNIK (plan 12, B2 n°17) Sv. Dominka bb (020) 322 222 www.360dubrovnik.com Avr.-oct. : tlj. 18h30-22h30

Entre terre et mer

Zuzori ♥

Cette adresse est très fréquentée par les locaux : voilà un gage de qualité ! Le couvert soigné, la décoration discrète et l'accueil achèveront de vous conforter dans votre choix. La cuisine y est méditerranéenne, fraîche et pleine de saveurs, servie dans un joli cadre bistro ou en terrasse, dans la ruelle. Repas 200-400kn.

DUBROVNIK (plan 12, B2 n°19) Cvijete Zuzorić 2 (020) 324 076 www.zuzori.hr Mars-oct. : tlj. 11h-0h

Bon et lumières

Bistro Revelin ♥

Juste après avoir franchi la porte Ploče, à l'entrée de la ville close, s'ouvre une vaste terrasse ombragée de grands pins. De là, on admire la vue imprenable sur le vieux port en contrebas, encore plus magique la nuit lorsque les lumières illuminent les remparts ! Bonne cuisine méditerranéenne, avec une mention particulière pour l'excellent risotto aux crevettes (119kn). Repas 220-300kn.

DUBROVNIK (plan 12, C2 n°10) Ulica Svetog Dominika 3 (020) 322 164 www.bistro-revelin.com Avr.-mi-oct. : tlj. 9h-23h

Arrivé à bon port

Restaurant Komarda

Posté en face du vieux port sous l'ombre généreuse de grands arbres : voilà un cadre très plaisant ! La cuisine est à l'unisson, maîtrisant parfaitement les classiques de la gastronomie dalmate : grillades, poissons, risottos, etc. Pour profiter au mieux de cette escale gourmande, évitez d'y déjeuner en haute saison car l'adresse accueille de nombreux groupes. Repas 220-350kn.

DUBROVNIK (plan 12, C2 n°18) Frana Supila bb (020) 311 393 Tlj. 9h-22h30

Hissez l'encre !

Gverović-Orsan

Cet établissement de la plage de Zaton Veliki sert le meilleur risotto noir de la région (180kn) ! Le secret ? Un savoir-faire éprouvé et... un peu d'eau de mer dans la préparation. La terrasse s'étire au bord d'une eau turquoise dans laquelle vous pourrez faire quelques brasses en attendant votre plat. Également une belle salle voûtée dans un ancien hangar à bateau. Réservation conseillée. Repas 220-380kn.

ZATON MALI Štikovica 43 (8km au nord-ouest de Dubrovnik, à l'entrée sud du village, au bord de la Magistrale) 098 271 555 www.gverovic-orsan.hr Mars-déc. : tlj. 12h-0h

Surprise pour les papilles

Galija ♥

Discrètement nichée à l'extrémité nord de la baie de Cavtat et adossée au couvent des Franciscains, cette taverne cache bien son jeu. Ce décor assez banal sert en effet d'écrin à une cuisine pleine d'originalité : poulpe flambé au mousseux, crevettes grises grillées au miel, homard au sherry et à la crème, calamars farcis à la feta... Repas 100-330kn.

CAVTAT Vuličevićeva 1 (020) 478 566 www.galija.hr Mars-début déc. : tlj. 10h-23h

Voir aussi **Renaissance Art Restaurant** (p.216).

SHOPPING

Comptes d'apothicaire
Pharmacie du monastère franciscain

Dans la plus ancienne pharmacie de Croatie (1317 !), eau de rose, de lavande, crèmes antirides ou hydratantes et autres produits de soins élaborés par les moines selon des recettes ancestrales et vendues dans un magnifique décor néobaroque.

DUBROVNIK (plan 12, A2 n°24) Placa 2 (020) 321 411 Lun.-ven. 7h-19h, sam. 7h30-15h

Terroir croate
Uje

Cette épicerie fine propose le meilleur de la Croatie : pâtes et huiles d'olive, oranges confites, gâteaux de figues, confitures diverses, fruits secs... Aussi des objets en bois d'olivier (planches à découper, couverts, plats, etc.). Moins comestibles mais très beaux.

DUBROVNIK (plan 12, B2 n°25) Placa 5 Juil.-sept. : tlj. 9h-0h Horaires variables hors saison

Derrière la vitrine d'Uje

Une bouffée de nature
House of Nature ♥

À deux pas de la place de la Loge, cette boutique aux originales étagères en bois est une véritable bouffée de nature. Ana, la sympathique propriétaire, vous vantera les bienfaits des crèmes pour le visage, du gommage à la cannelle, etc., tous plus séduisants les uns que les autres. Surtout lorsque l'on apprend que l'ensemble est fabriqué à partir des fruits et des plantes de son domaine, sur l'île de Korčula. Entre 100 à 250kn, selon le produit.

DUBROVNIK (plan 12, B2 n°21) Žudioska 4 098 130 4758 Mars-déc. : tlj. 9h-21h

Robe et tanins
Vinoteka Miličić

Cette famille de viticulteurs établie sur la presqu'île de Pelješac vous réservera un accueil charmant. Elle vend ici ses propres crus, mais aussi quelques références issues d'autres domaines locaux ou venant de l'étranger. Une bonne occasion de vous laisser tenter par des vins rouges croates puissants, comme le *dingač* ou le *postup*, qui comptent parmi les plus réputés. Bouteille 35-150kn.

DUBROVNIK (plan 12, A2 n°26) Placa 24 (020) 321 777 Avr.-juin : tlj. 9h-21h ; juil.-sept. : tlj. 9h-22h ; oct.-mars : lun.-sam. 9h-15h

Artisanal
Kawa ♥

Quel plaisir de flâner dans cette boutique à l'esprit contemporain qui met à l'honneur des réalisations d'artisans et de designers croates. Et surtout quelle aubaine pour ceux qui désirent dénicher de jolis souvenirs : de très beaux plats en olivier côtoient des sacs faits main, des vêtements, des bijoux, des céramiques originales, des éponges naturelles, mais aussi des produits gourmands.

DUBROVNIK (plan 12, C1 n°22) Hvarska 2 (020) 696 958 Avr.-oct. : tlj. 9h-0h ; nov.-mars : tlj. 12h-20h

Authentique et original
Galerija Sebastian ♥

Voisine du monastère des Dominicains, cette galerie d'art occupant une ancienne église, jadis dédiée à saint Sébastien, organise des expos d'œuvres contemporaines croates. Vous y trouverez aussi de l'artisanat d'art à des tarifs abordables.

DUBROVNIK (plan 12, B2 n°20) Sv. Dominika 5 091 464 5607 www.sebastian.gallery Mai-oct. : tlj. 9h-21h ; nov.-avr. : lun.-sam. 9h-16h

Sous les parasols
Marché de la vieille ville / Tržnica Stari Grad

Sur la place carrée où trône Ivan Gundulić, se tient blotti sous les parasols rouge et blanc l'adorable petit marché de la vieille ville. Selon la saison, vous y trouverez fruits et légumes de petits producteurs de la région, huile d'olive, figues sèches, miel et souvenirs originaux à emporter.

DUBROVNIK (plan 12, B3 n°23) Gundulićeva poljana Tlj. 7h-13h Tlj. 7h-13h

Voir aussi **Art by Stjepko** et **Marché de Gruž** (p.216).

SORTIES

Dans les entrailles du fort
Culture Club Revelin

Les soirs d'été (et le vendredi et le samedi soir, d'octobre à mai), les fêtards plutôt jeunes (la vingtaine) prennent possession du dance-floor installé dans les souterrains du fort Revelin. Au programme : house, techno et déluge de lasers sous les hautes voûtes en pierre.

DUBROVNIK (plan 12, C2 n°30) Sv. Dominika 3 Entrée par le restaurant Bistro Revelin (020) 436 010 www.clubrevelin.com Juin-sept. : tlj. 23h-6h ; oct.-mai : ven.-sam. 23h-6h

Ambiance jazzy
The Troubadour

Le plus populaire des bars de la place Bunićeva poljana organise chaque soir en été des concerts de jazz, de soul ou de swing, en plein air, à écouter confortablement assis sur la terrasse. Prix des consommations assez raides.

DUBROVNIK (plan 12, B3 n°31) Bunićeva poljana 2 (020) 323 476 Avr.-oct. : lun.-ven. 9h-0h, w.-e. 9h-2h

Pour aller plus loin

POUR ALLER PLUS LOIN

GÉOGRAPHIE ET CLIMAT

Vu du ciel, le Monténégro dessine un parallélépipède d'environ 130km sur 120. Sa superficie totale (13 812km^2) représente, à titre de comparaison, la moitié de celle de la Bretagne ! Comptant parmi les plus petits territoires d'Europe, il est aussi l'un des plus singuliers : avec une altitude moyenne de 1 000m, il compose une véritable citadelle montagneuse, profondément ancrée dans les Balkans et plongeant dans la mer Adriatique sur 290km d'une côte vertigineuse...

Crna Gora, la "montagne noire"

Le Monténégro partage des frontières terrestres avec cinq pays : au nord-ouest avec la Croatie et la Bosnie-Herzégovine, au nord-est avec la Serbie et le Kosovo, et au sud avec l'Albanie. Tous sont traversés par les Alpes dinariques, ultime chaînon de l'arc alpin, qui domine l'ensemble de la rive orientale de l'Adriatique, selon le même axe que la côte. Sur le territoire du Monténégro, ce massif dresse pas moins de 150 sommets de plus de 2 000m. Alternant des forêts profondes et des crêtes dénudées révélant la nature karstique (type de calcaire) de la pierre, aux tonalités grisâtres caractéristiques, ces reliefs ont valu son nom officiel au pays, Crna Gora ("montagne noire"), dont l'équivalent dans les langues latines (du vénitien *monte negro*) s'est imposé dans les relations internationales.

Un pays-forteresse

C'est sur le littoral, au niveau de Budva, que l'on mesure le mieux la nature originale du territoire monténégrin : du bord de mer vers les hauteurs, l'altitude s'élève de 0 à 1 200m en moins de 4km à vol d'oiseau – et plus

Île Saint-Nicolas, au large de Budva

de 16km par la route de Budva à Cetinje (M2.3), dont les lacets vertigineux donnent l'impression d'escalader les remparts d'une forteresse ! C'est dans les bouches de Kotor que cette rencontre de la montagne et de la mer est la plus spectaculaire : ce canyon où l'Adriatique a pu s'engouffrer dessine l'une des baies les plus profondes et les plus escarpées de Méditerranée, dévoilant des paysages éminemment picturaux... De tels reliefs ne vont évidemment pas sans un triste corollaire : fruits, comme toutes les Alpes, de forces tectoniques prodigieuses, à la rencontre des plaques africaine et européenne, ils sont soumis à un fort risque sismique. Le tremblement de terre de 1979, de magnitude 7, reste dans toutes les mémoires, après avoir entraîné sur l'ensemble du littoral des destructions considérables et plus de 90 morts – un bilan miraculeux, une première petite secousse ayant conduit les habitants à évacuer tous les bâtiments, qui s'effondrèrent ensuite...

Climat

Situé entre les latitudes de Florence et de Rome, le Monténégro jouit d'une influence méditerranéenne généreuse. Reliefs obligent, le pays affiche cependant une grande variété climatique ! Tout distingue en effet le climat méditerranéen (étés longs, chauds et secs, et hivers courts, doux et humides) de la rive adriatique – profitant d'un ensoleillement annuel de plus de 2 750 heures (comme la Corse) et d'une moyenne des températures de 15 °C – et la rudesse alpine des massifs intérieurs, marqués par des hivers longs et rigoureux. Le thermomètre chute rapidement avec l'altitude (la température moyenne annuelle de Žabljak, dans le Durmitor, est ainsi de 6 °C), et les précipitations, pluvieuses ou neigeuses, sont abondantes : les pentes du massif de l'Orjen, au-dessus des bouches de Kotor, détiennent le record européen de précipitations annuelles, avec une moyenne de 5 000mm. En revanche, l'influence méditerranéenne est sensible l'été même en altitude, en particulier dans les vallées encaissées et les hauts plateaux, où les températures n'ont rien à envier à celles de la côte ; le record de chaleur du pays est d'ailleurs détenu par la capitale, Podgorica (42 °C en août 2003).

CASSE-TÊTE BALKANIQUE

Bien que courante, la notion de Balkans (du turc *balkan*, "montagne boisée") est contestée par les géographes. Difficile en effet de déterminer la frontière de ladite péninsule Balkanique, que certains font courir au fil des Alpes dinariques de la Grèce jusqu'au Danube. Avec ses reliefs très complexes, sa fragmentation politique (Bosnie-Herzégovine, Serbie, Kosovo, Bulgarie, Albanie, Macédoine, etc.), sa multiplicité ethnique et religieuse, la notion évoque autant l'identité que l'altérité constitutive d'un vaste territoire sans cesse exposé, au cours de son histoire, à des forces de réunion et de division, ces dernières ayant d'ailleurs donné le mot générique de "balkanisation".

PARCS NATURELS

Les principaux massifs montagneux du pays, difficiles d'accès et peu propices à l'implantation humaine, sont naturellement restés des zones très préservées, dorénavant reconnues par la loi. Le Monténégro compte à ce jour cinq parcs nationaux, couvrant 7,7% du territoire et dont la carte recoupe celle de ses entités géographiques, écologiques et touristiques les plus remarquables.

Massif du Durmitor

Perle des Alpes dinariques, le Durmitor est protégé par le plus célèbre parc national du pays. Créé en 1952, et inscrit sur la liste du patrimoine mondial de l'Unesco depuis 1980, il se déploie sur plus de 390km^2 dans la partie nord du Monténégro. Culminant à 2 523m au Bobotov Kuk (deuxième plus haut sommet monténégrin), il dévoile de saisissants reliefs autrefois façonnés – sinon violemment rabotés – par les glaciers, des plateaux d'altitude, des lacs glaciaires et de nombreuses rivières, parmi lesquelles la Tara, qui y a creusé, sur 82km, les gorges les plus profondes d'Europe ! Paradis des randonneurs, il est aussi celui d'innombrables espèces végétales (dont près d'une quarantaine endémiques du Monténégro) et animales : le loup gris, l'ours brun, le chat sauvage d'Europe, le lynx boréal ainsi que l'aigle royal et le grand tétras fréquentent toujours les parages...

Mont Lovćen

Autre relief majeur, culminant à 1 749m et lui aussi protégé depuis 1952 au sein d'un parc national de 62km^2, le Lovćen jouit d'une situation exceptionnelle : ses éminences karstiques et ses épaisses forêts de pins noirs et de hêtres déroulent de somptueux paysages au-dessus des bouches de Kotor... Voisin de la côte, ce territoire conjugue des influences climatiques méditerranéennes et alpines originales, d'où une grande richesse biologique – on y a notamment recensé 1 300 espèces de plantes différentes, représentant le tiers de la flore du pays.

Lac de Skadar

Créé en 1983, le parc national du lac de Skadar se déploie sur 400km^2 et protège, lui, non pas un massif, mais le plus grand lac des Balkans (ses rives s'étendent jusqu'en Albanie). Occupant l'une des rares dépressions des Alpes dinariques, il dévoile de superbes prairies aquatiques – notamment à l'ouest, dans le delta de la rivière Crnojevića – où la nature préserve toute sa pureté. Refuge pour plus de 281 espèces aviaires, dont le pélican frisé, l'un des plus gros oiseaux du monde, qui trouve ici l'un de ses derniers refuges en Europe, le lac est classé depuis 1996 sur la liste des zones humides d'importance internationale pour l'habitat des oiseaux d'eau.

NID DE VIPÈRES

Parmi la riche faune reptilienne et amphibienne du pays (lézards, geckos, grenouilles, crapauds, etc.), la gente rampante n'est pas en reste : si les orvets (dont l'orvet des Balkans, qui peut atteindre plus de 1,35m de longueur) et les couleuvres sont inoffensifs, la vipère, très répandue, impose une certaine vigilance sur les sentiers de randonnée. Surtout si l'on croise la vipère cornue (ou ammodyte), serpent le plus venimeux d'Europe, mais heureusement craintif... Beaucoup plus sympathique, la tortue d'Hermann est souvent visible au bord des routes des régions lacustres.

Forêt de Biograd

Plus anecdotique, le parc national de Biogradska gora, établi en 1952, est le moins étendu du Monténégro. À quelque 1 000m d'altitude, sur 56,5km^2, il englobe le petit lac de Biograd et la rivière du même nom, ainsi que l'une des rares forêts primaires des Balkans, principalement plantée de hêtres, d'ormes et de frênes : les interventions humaines y sont restées si rares qu'elle figure la forêt européenne originelle... Notons que le parc occupe le versant occidental du massif de la Bjelasica, qui domine le nord-est du pays : constitué de collines verdoyantes à la topographie complexe, celui-ci évoque le paysage traditionnel des Balkans, tel que popularisé, par exemple, par les films d'Emir Kusturica.

Delta de la Biogradska rijeka

Massif des Prokletije

Ce massif partagé avec l'Albanie, dont le nom signifie “montagnes maudites”, abrite le dernier né (2009) des parcs nationaux monténégrins, d'une superficie d'environ 166km^2. Enclavés dans le territoire oriental et peu fréquentés, ces hauts sommets en dents de scie marquent le point culminant du pays (2 534m au Zla Kolata) et constituent une réserve biologique remarquable : près de 1 700 espèces végétales y ont été répertoriées, plantes de montagne rares et/ou endémiques (euphorbe monténégrine, crocus dalmate, etc.), soit la moitié de la flore nationale et le cinquième de celle des Balkans.

HISTOIRE

Né en 2006 seulement, le Monténégro n'a connu qu'une brève indépendance, de 1878 à 1918, à l'intérieur de frontières similaires à celles d'aujourd'hui. Ancré dans le drame balkanique, le passé du territoire n'est en effet qu'une longue bousculade de conquêtes et de luttes, entre Illyriens et Romains, Serbes et Byzantins, Ottomans et Vénitiens… Jusqu'à la tragédie des guerres de Yougoslavie au tournant du 21e s. Si le pays est tout neuf, son histoire est déjà longue !

Illyriens et Grecs (1er millénaire av. J.-C.)

Les traces les plus anciennes de peuplement humain sur le territoire monténégrin remontent au Néolithique (pierres taillées), mais la première culture à y avoir été réellement identifiée est celle des Illyriens, peuple indo-européen établi sur toute la rive orientale de l'Adriatique au milieu du premier millénaire avant notre ère. On leur doit notamment les premiers villages fortifiés, le plus souvent érigés sur des promontoires rocheux, à l'instar de l'ancienne forteresse de Medun, près de Podgorica. Dans le même temps, les Grecs, puissance montante de la péninsule Balkanique, fondent des comptoirs commerciaux au fil du littoral ; en particulier celui de Budva, dont l'origine hellénique est attestée (vers 500 av. J.-C.), et peut-être d'Ulcinj, dont la citadelle dominant l'Adriatique conserve des vestiges de murs cyclopéens.

LES PROVINCES ILLYRIENNES

La mémoire des Illyriens, peuple dont l'histoire est mal connue, n'a pas pour autant disparu au cours des siècles : quand Napoléon conquiert la côte adriatique et l'intègre au Premier Empire en 1809, il nomme la région s'étendant de la Slovénie au Monténégro "Provinces illyriennes". Cette entité restera administrée par la France jusqu'en 1813, puis sera conquise par l'empire d'Autriche.

L'impérialisme romain (2e-5e s. ap. J.-C.)

Face à la politique expansionniste de Rome en Méditerranée, la région ne résistera pas longtemps. Après plusieurs incursions menées par les Romains afin de sécuriser leur commerce maritime en Adriatique, les Illyriens se soumettent définitivement en l'an 168 av. J.-C. Le territoire devient alors province romaine, dont la Dalmatie (côte croate et bouches de Kotor) constitue la tête de pont. Il faut cependant attendre le 1er s. ap. J.-C. pour que l'arrière-pays montagnard, où les Illyriens ont pu perpétuer leur culture, intègre pleinement l'Empire : ces contrées inhospitalières valent essentiellement comme voie de passage vers les riches terres de Macédoine et de Grèce. Ainsi s'épanouit la ville de Doclea, dans la plaine de

Podgorica, relais commerçant typiquement latin comprenant forum, thermes, temples, etc. Elle est bientôt la cité la plus importante de la région, alors que l'Orient s'impose peu à peu comme le cœur le plus prospère de l'Empire romain, ce que consacre l'empereur Constantin en fondant en l'an 324, à la frontière des Balkans et de l'Asie, une "Nouvelle Rome" : Constantinople.

Ruines de Doclea, près de Podgorica

Les invasions slaves (6e-10e s.)

Alors que l'Europe occidentale est en proie aux invasions des peuples germaniques, et que Rome chute définitivement en 476, Constantinople (ou Byzance) s'impose comme la capitale infiniment riche de l'Empire romain d'Orient. Bien que passés sous la protection de Byzance, les Balkans subissent eux-mêmes les "invasions barbares", en particulier des Slaves qui traversent le Danube et s'établissent dans la région au 6e s. Parmi eux, les Bulgares parviennent à fonder un premier royaume dès le siècle suivant, dont s'émancipera, au 10e s., un éphémère royaume serbe, la Rascie. L'influence byzantine persiste essentiellement grâce à la religion : les Slaves se christianisent dans le giron de l'orthodoxie, mais préservent une forme d'indépendance culturelle avec l'usage de l'alphabet cyrillique, popularisé par les moines évangélisateurs bulgares Cyrille et Méthode au 9e s.

L'affirmation de la puissance serbe (11e-14e s.)

Au 11e s. s'épanouit un nouveau royaume, la Dioclée (Duklja). Cette contrée, qui s'étend de la Croatie et de la Bosnie jusqu'à l'Albanie, est centrée sur l'ancienne Doclea romaine – et donc sur l'actuel Monténégro, ce qui explique pourquoi elle est parfois célébrée comme le berceau du pays. La Dioclée ne résiste cependant pas à l'ascension de la dynastie des Nemanjić, qui fondent le royaume le plus florissant de la Serbie médiévale : à son apogée au 14e s., sous le règne de Stefan Uroš IV Dušan (Étienne Douchan), son autorité s'exercera de la Dioclée à la Grèce. La dynastie s'appuie sur un pouvoir religieux inédit : dès 1219, saint Sava, fils d'Étienne Nemanja, père de la lignée, a obtenu de Byzance l'indépendance de l'Église orthodoxe serbe (statut “autocéphale”). Devenu son premier patriarche, ensuite canonisé, Sava reste encore de nos jours le saint le plus révéré par les Serbes. Plusieurs siècles de lutte contre les Ottomans musulmans contribueront à consolider durablement ces sentiments religieux et patriotiques.

La conquête ottomane (14e-15e s.)

Les incursions turques dans les Balkans s’intensifient au début du 14e s. Né en Anatolie en 1299, l’Empire ottoman, la “Sublime Porte”, connaît une expansion fulgurante, grignotant sans cesse vers l’ouest les possessions byzantines. En 1389, les Serbes et leurs divers alliés sont soumis à la bataille du “champ des Merles” (dans l’actuel Kosovo), avant que Constantinople elle-même ne soit prise en 1453, ce qui scelle la chute définitive de l’Empire romain d’Orient. Un coup de semonce pour l’Occident chrétien : la ville mythique, renommée Istanbul, est désormais une capitale musulmane, et son royaume parviendra même, sous le règne de Soliman le Magnifique, à atteindre les portes de Vienne. Pour autant, l’ancienne Dioclée, devenue principauté de Zeta, échappe d’abord à la mainmise ottomane : gouvernée par la dynastie des Balšić à partir de 1360, elle maintient son indépendance jusqu’en 1421. Cependant, un front supplémentaire s’ouvre au nord avec l’entrée en scène d’une nouvelle puissance : Venise.

Entre Ottomans et Vénitiens (15e-17e s.)

La république de Venise, au faîte de sa domination au 15e s, réussit à s’arroger le contrôle d’une large part de la côte adriatique (en particulier les citadelles de Kotor, Herceg Novi, Budva, Stari Bar et Ulcinj). Passé aux mains de la dynastie Crnojević, l’ancien royaume des Balšić est alors réduit à une portion congrue. Reclus dans les montagnes autour de Cetinje, ce minuscule bastion slave orthodoxe est pris en tenailles dans des Balkans morcelés : terre vénitienne et catholique au nord, ottomane et musulmane au sud et à l’est. Malgré des sièges réguliers, les Ottomans concèdent une relative indépendance au royaume Crnojević – la région, enclavée et pauvre, représentant un enjeu économique tout relatif... En outre, en 1571, les Turcs connaissent une terrible défaite contre les chrétiens, unis autour des Vénitiens, à la bataille navale de Lépante, qui entrave leurs visées expansionnistes.

La reconquête monténégrine (18e-19e s.)

Pour le royaume Crnojević, l’heure de la reconquête sonne en 1696, quand Cetinje porte à sa tête la dynastie des Petrović-Njegoš. Ceux-ci instaurent une véritable théocratie, assurant à la fois la charge de *vladika* (évêque) et de prince, et lancent contre les Turcs une guerre tant politique que religieuse. Se revendiquant les seuls Slaves balkaniques libres, échappant sur le plan ecclésial au patriarcat de Constantinople imposé par les Ottomans, les princes-évêques de Cetinje vont mener une inlassable lutte de territoire jusqu’au 19e s. Pierre Ier Petrović-Njegoš (connu aujourd’hui comme saint

LA PLUME ET L'ÉPÉE

Succédant à son oncle Pierre Ier en 1830, le prince-évêque du Monténégro Pierre II Petrović-Njegoš (1813-1851) marquera l'histoire du royaume, moins en combattant les Ottomans qu'en signant l'œuvre littéraire la plus célèbre du pays, *La Couronne de montagne* (1847), long poème épique relatant la lutte contre les musulmans. Sauf à le replacer dans son contexte, le poème paraît aujourd'hui très haineux, et ses échos récents avec les massacres de la guerre de Bosnie ont conduit à le considérer d'un regard nouveau.

Pierre de Cetinje) est l'un des héros de cette longue reconquête, parvenant à élargir notablement les frontières du royaume au seuil des années 1830. Puis, le soulèvement des Balkans est quasi général dans les années 1870, avec l'appui des Russes, qui interviennent au nom du panslavisme et de l'orthodoxie. Les Ottomans subissent une lourde défaite en 1878, et sont contraints à la signature du traité de Berlin, par lequel le royaume du Monténégro gagne une reconnaissance internationale et étend son territoire jusqu'aux régions de Nikšić, Bar, Podgorica et Ulcinj.

La naissance de la Yougoslavie (1918-1945)

Dans le même temps, l'empire d'Autriche, qui a repris les anciennes possessions vénitiennes et tente de s'imposer en Bosnie-Herzégovine, exacerbe le nationalisme slave naissant. S'affirme pour la première fois la revendication d'un grand État slave du Sud (*jugo slavija*). En 1914, l'assassinat de l'archiduc d'Autriche François-Ferdinand à Sarajevo (Bosnie) par des nationalistes serbes met le feu aux poudres, non seulement dans les Balkans mais aussi, par le jeu des alliances entre grandes puissances, dans toute l'Europe. Ainsi débute la Première Guerre mondiale. Le Monténégro, allié à la Serbie, lance les hostilités contre l'Autriche-Hongrie, mais celle-ci, en 1915, s'arroge la victoire. Le roi Nicolas Ier Petrović est contraint à l'exil, et Pierre Ier de Serbie, de la dynastie des Karađorđević, prend la tête d'un vaste "royaume des Serbes, Croates et Slovènes" intégrant le Monténégro et rebaptisé Yougoslavie en 1929. À son tour, le régime ne résistera pas à la Seconde Guerre mondiale et aux invasions fascistes et nazies : en 1945, les communistes, qui ont

Nicolas Ier Petrović (1841-1921)

Galerie War Photo Limited, à Dubrovnik, mémoire des guerres de Yougoslavie

mené la résistance sous l'égide d'un certain maréchal Tito, reprennent Belgrade et s'imposent contre les monarchistes, avec l'appui de l'Armée rouge soviétique.

La Yougoslavie de Tito (1945-1991)

Un chapitre inédit s'ouvre en 1945 : Tito institue la République fédérative populaire de Yougoslavie, réunissant pour la première fois six républiques slaves : la Serbie, la Macédoine, la Bosnie-Herzégovine, la Croatie, la Slovénie et le Monténégro. C'est l'un des plus grands pays d'Europe ; il s'étend de l'Italie et de l'Autriche au nord, à l'Albanie et à la Grèce au sud. Au sein de la fédération, le Monténégro gagne ses frontières actuelles (avec l'octroi des bouches de Kotor) et se voit attribuer une nouvelle capitale, non plus l'historique Cetinje, mais Podgorica, rebaptisée Titograd en l'honneur du dirigeant. Celui-ci mène tambour battant la collectivisation de l'économie, bien qu'il rompe avec l'URSS en 1948 et cultive une certaine neutralité avec l'Ouest. Toutefois, si le parti communiste entend transcender les divisions ethniques et religieuses du pays, le pouvoir, centralisé à Belgrade, suscite rapidement des frustrations parmi les membres de la fédération, d'autant que les résultats économiques ne sont pas au rendez-vous. Quand disparaît la figure unificatrice incarnée par Tito, en 1980, les jours de la fédération sont comptés, et ce délitement est encore accéléré par la chute des régimes socialistes en Europe de l'Est après 1989.

Les guerres de Yougoslavie (1991-1998)

Dès 1990, Slovènes et Croates votent pour leur indépendance et font sécession. L'armée fédérale, majoritairement composée de Serbes et de Monténégrins, intervient durement, obligeant la communauté internationale à réagir : si les troupes reculent en Slovénie et si la Macédoine gagne son indépendance en 1991, la guerre se poursuit en Croatie jusqu'en 1995, tandis qu'un deuxième front s'ouvre en 1992, quand la Bosnie-Herzégovine fait à son tour sécession. En réalité, l'armée fédérale ne soutient plus que les intérêts des nationalistes serbes qui, sous l'égide du président de la Serbie, Slobodan Milošević, entendent créer une "Grande Serbie" réunissant à l'intérieur de frontières élargies toutes les minorités serbes. La poudrière balkanique s'embrase, entraînant notamment de terribles exactions en Bosnie : le siège interminable de Sarajevo à partir de 1992, et le massacre de Srebrenica en 1995, où 8 000 Bosniaques musulmans sont exterminés, précipitent l'intervention décisive des forces de l'OTAN. Au sortir du conflit, conclu par les accords de Dayton (décembre 1995), la Yougoslavie ne compte plus que deux membres, la Serbie et le Monténégro, au sein desquels le nationalisme serbe, qui vit la défaite dans l'humiliation, reste dominant.

DUBROVNIK SOUS LES BOMBES

Le siège de Dubrovnik par l'armée yougoslave, durant l'hiver 1991-1992, reste le plus triste épisode de la guerre de Croatie : c'est à des forces armées principalement monténégrines que l'on doit le bombardement de la vieille ville, qui souleva l'indignation internationale. En l'an 2000, le Monténégro a adressé des excuses officielles au gouvernement croate, et les relations entre les deux pays sont aujourd'hui normalisées.

Vers l'indépendance (1998-2006)

Alors qu'un nouveau conflit s'ouvre au Kosovo, dont la majorité albanaise musulmane milite pour l'indépendance, l'OTAN intervient à nouveau en 1999 et Slobodan Milošević est inculpé par le Tribunal pénal international pour l'ex-Yougoslavie, spécialement créé, avec les charges de crimes de guerre, crimes contre l'humanité et génocide... La Yougoslavie disparaît définitivement en 2003 pour devenir la Communauté d'États Serbie-et-Monténégro. Une entité guère viable tant le duo est déséquilibré, et mise à mal par la montée des aspirations autonomistes monténégrines. Un référendum en faveur de l'indépendance est organisé en mai 2006, qui donne, malgré la présence d'une forte communauté serbe dans le pays (29% des habitants), le oui vainqueur à 55,4%. Sans opposition de la Serbie, le nouvel État est proclamé le 3 juin 2006, et une Constitution adoptée en 2007, instituant une république de type parlementaire. À rebours des décennies passées, le pays se tourne résolument vers l'Union européenne, à laquelle il présente sa candidature dès 2008, et même vers l'OTAN, dont il devient officiellement membre en 2017.

POPULATION ET SOCIÉTÉ

Avec 622 400 habitants (estimation 2017), le Monténégro compte une population certes réduite, mais hétérogène : ses frontières n'ayant cessé d'évoluer au cours de l'histoire, ses citoyens se définissent avant tout par leur origine ethnique, que recoupent en outre les appartenances religieuses. Une authentique mosaïque balkanique...

Un carrefour d'ethnies et de cultures

Au dernier recensement (2011), 45% des habitants se déclaraient "monténégrins" (majoritairement dans le cœur du pays), 29% "serbes" (principalement au nord-ouest), 9% "bosniaques" (slaves islamisés pendant la période ottomane, dont les foyers de population se regroupent au nord-est), 5% "albanais" (le long de la frontière albanaise), 3% simplement "musulmans" et 9% "autre" ou "sans opinion" (dont la population rom, estimée à 1%). Le pays s'enorgueillit du rempart de sa Constitution votée en 2007, sur le modèle des démocraties libérales, pour garantir la protection de toutes ses minorités.

Pèlerins au monastère d'Ostrog

Un pays multireligieux

À cette complexité ethnique s'ajoutent les appartenances religieuses, toujours prégnantes dans les identités. En 2011, 72% de la population se déclarait orthodoxe (Monténégrins et Serbes), 19% musulmane (Bosniaques, Albanais et roms), 3% catholique (souvent d'origine croate), 1% athée, 5% autre et sans opinion. À cette fragmentation s'est greffée une nouvelle division en 1993, suscitant des tensions toujours vives : la création d'une Église orthodoxe monténégrine indépendante de l'Église orthodoxe serbe. Les deux entités se disputent âprement la propriété des lieux de culte du pays, et le représentant du patriarche de Belgrade au Monténégro, le

ORTHODOXIE, MODE D'EMPLOI

Troisième branche du christianisme avec le catholicisme et le protestantisme, l'Église orthodoxe est née du schisme de 1054 avec Rome et revendique son "orthodoxie" à la lettre de l'Évangile, que l'Église catholique dénaturerait. Centrée dans le bassin oriental de la Méditerranée (Byzance, aujourd'hui Istanbul, fut son foyer historique) ainsi que dans le monde slave, elle revendique aujourd'hui 260 millions de fidèles. Reconnaissant le Christ comme leur seul chef (et non une autorité centrale à l'instar du pape), les orthodoxes sont organisés en une quinzaine d'Églises dites autocéphales, dont les territoires recoupent souvent les frontières des pays, et toutes réunies en un "concile œcuménique" souverain sur les questions de dogme. Particulièrement marqué par la tradition byzantine, le culte orthodoxe en partage l'importance donnée aux icônes, qui parent notamment l'iconostase, principale originalité des églises : cette paroi séparant la nef du chœur offre aux regards des fidèles non le spectacle des officiants, mais la représentation divine elle-même. Là encore, l'orthodoxie avant la hiérarchie...

métropolite Amfilohije Radović, attise nombre de débats politiques, allant jusqu'à nier l'existence d'une identité monténégrine... Le tout exacerbé par de plus vastes enjeux géopolitiques, puisque c'est principalement grâce à des fonds étrangers que les lieux de culte du pays, ruinés après des décennies d'athéisme d'État, ont été et sont encore restaurés ou reconstruits. Les orthodoxes serbes jouissent ainsi de précieux subsides venus de Russie, et nombre de mosquées sont relevées à l'aide de fonds de la Turquie, qui cultive ainsi l'ancienne aura ottomane...

Langue

Jouant quelque peu sur les mots, la Constitution du pays institue le monténégrin comme langue officielle, mais reconnaît, du fait des différentes communautés, que les langues serbe, bosnienne, albanaise et croate sont "également d'usage officiel". Marqueurs d'un double ancrage culturel (Est-Ouest), les alphabets cyrillique et latin (enrichis de signes diacritiques spécifiques) sont, eux, déclarés "égaux". Prééminent sans l'être, le monténégrin est lui-même le sujet de grandes subtilités linguistiques : il ne diffère qu'à la marge du serbo-croate (qui fut la langue officielle de la Yougoslavie) et appartient à la même branche, dite "stokavienne", comprenant le serbe, le croate littéraire et le bosnien, au sein du groupe plus large des langues slaves méridionales. Enjeu politique, la reconnaissance du monténégrin en tant que langue distincte (et non simple dialecte serbe) agite le monde médiatique et universitaire depuis le débat sur l'indépendance. Bien que ne recueillant pas l'assentiment de tous les spécialistes, la définition d'un monténégrin standard, appuyé sur un dictionnaire et une grammaire spécifiques, est en cours. Fin 2017, l'Organisation internationale de normalisation a octroyé un code ISO particulier au monténégrin, forme de reconnaissance internationale.

ÉCONOMIE

Avec un PIB (richesse nationale produite chaque année) d'environ 5 500€ par habitant, le Monténégro demeure un poids plume sur le plan économique. La petite taille du pays, sa nature montagneuse (moins de 38% de terres cultivables), la faillite du modèle industriel yougoslave, la faiblesse des capitaux nationaux et l'intégration récente à l'économie de marché sous-tendent une forte dépendance vis-à-vis de l'étranger et des fragilités persistantes.

Vecteurs économiques

Si la croissance du PIB se porte bien (avec une performance de 4,4% pour 2017), le taux de chômage reste particulièrement élevé (17% de la population active), et l'économie familiale comme le système D très présents dans les régions les moins développées (dans le nord-est du pays notamment). L'agriculture pèse à ce jour 8% du PIB. Elle repose principalement sur les cultures méditerranéennes littorales (agrumes et vin) et l'élevage de moutons dans les zones montagneuses. Le secteur industriel (15% du PIB) se révèle, lui, essentiellement soutenu par l'activité minière, du fait d'importants gisements d'aluminium autour de Podgorica (80% des exportations du pays). Part écrasante de l'activité économique, les services représentent 77% du PIB, dont le secteur touristique constitue le fer de lance (25% du PIB et 15% de la population active). Levier du développement national, ce dernier a longtemps capté, avec le secteur de l'énergie, la plupart des investissements étrangers, composés à près de 30%, liens historiques obligent, par des capitaux russes. Mais le pays regarde dorénavant vers l'Ouest, au travers du processus d'adhésion au marché unique européen...

La manne touristique

Le pays a accueilli en 2017 plus de 1,8 million de touristes étrangers, contre 980 000 en 2007, soit une hausse de 80% en 10 ans. La part du tourisme slave reste écrasante : un quart des visiteurs viennent de Russie et un deuxième quart de Serbie (les touristes d'Europe de l'Ouest, non russophones, confondent souvent leurs ressortissants), 5% des autres pays limitrophes (Kosovo, Macédoine, Albanie, Roumanie), 4% d'Allemagne, 3% de France et 2% d'Italie (parmi les principaux contingents). Le développement touristique mise aujourd'hui sur deux axes prioritaires : le luxe, fondé sur le yachting et les croisières, et la nature, centrée sur les activités de montagne.

ART ET ARCHITECTURE

Palimpseste architectural né des successives présences romaine, byzantine, slave, turque, vénitienne, autrichienne... le pays a été aussi meurtri par cette histoire tumultueuse, ainsi que par les tremblements de terre. Son patrimoine apparaît aujourd'hui réduit, essentiellement concentré dans les prospères bouches de Kotor, dans l'ancienne capitale royale Cetinje, et, vers le sud, dans les nombreux petits monastères autrefois bâtis pour défier les Ottomans...

Vieille ville de Kotor

Le littoral et l'empreinte de Venise

Zone historiquement la plus développée, le littoral adriatique, et en particulier les bouches de Kotor, à l'économie florissante au temps de la domination vénitienne, s'avèrent les régions les plus riches sur le plan architectural. La ville de Kotor rassemble en effet, à elle seule, 40% du patrimoine monumental du pays, et avec elle, Herceg Novi et Perast la plus grande part de cet héritage historique, au premier rang duquel les palais vénéto-gothiques, Renaissance ou baroques qui font tout leur charme. Plus au sud, les vieilles villes de Budva et Ulcinj n'ont pas eu cette chance : extrêmement meurtries par le séisme de 1979, la première, largement reconstruite, a perdu beaucoup de sa grâce, et la seconde n'a été qu'en petite partie relevée de ses ruines...

PATRIMOINE MONDIAL

Deux sites monténégrins majeurs sont aujourd'hui inscrits sur la liste du Patrimoine mondial naturel et culturel de l'Unesco : le parc national du Durmitor ainsi que la "contrée naturelle et culturo-historique de Kotor". S'y ajoutent, au titre d'une inscription transnationale, plusieurs entités disséminées sur le territoire : d'une part, les "cimetières de tombes médiévales *stećci*" (des alignements de tombes monolithiques sculptées, datant du 12e au 16e s., et répertoriés en Bosnie-Herzégovine, en Croatie, en Serbie et au Monténégro, dans les régions de Plužine et de Žabljak), et d'autre part les "ouvrages de défense vénitiens du 16e au 17e s." (comprenant, outre des sites italiens et croates, les fortifications de Herceg Novi, Kotor et Ulcinj).

Monastère de la Morača

L'arrière-pays et ses réminiscences ottomanes

Dans les montagnes, exception faite de l'ancienne capitale royale Cetinje, marquée par l'apparat monarchique, le patrimoine rural (chalets en bois, anciennes bergeries d'alpage appelées *katun*...) et les gros pavillons typiques des Balkans, récents et souvent demeurés en chantier, dominent le paysage. Rares sont les vestiges de la période ottomane, même dans les villes fondées sur les principales voies caravanières, telles Kolašin et Berane, qui ont été le plus souvent dévastées lors des combats du 19e s. Stari Bar, jamais reconstruite, reste exemplaire de ces ruines de guerre. Les minarets fuselés des mosquées rappellent cependant, sur ces terres orientales, l'ancienne emprise turque, qui persiste à travers la foi des habitants, comme à Pljevlja, où la mosquée de Husein-paša (16e s.) conserve un riche décor ornemental. La plupart des lieux de culte musulmans sont cependant des réalisations récentes, bien que l'on ait respecté leur architecture traditionnelle, à l'instar de la vieille mosquée de Plav, dont les structures en bois remonteraient au 15e s.

L'architecture religieuse orthodoxe...

Les édifices religieux demeurent les principaux témoignages architecturaux du passé, en particulier les nombreux monastères orthodoxes d'époque médiévale ou créés aux avant-postes face au territoire ottoman, aux 16e-18e s. À vrai dire, faute de sources dans ces temps troublés, l'origine exacte de beaucoup d'entre eux reste obscure... Ils n'ont gardé souvent que de petites chapelles de moellons, toutes simples (et parfois fortifiées), mais en cela exemplaires des canons byzantins dont ils sont fortement imprégnés : cette architecture privilégie les formes géométriques les plus pures (cube, sphère, cylindre, etc.), le plan centré en croix grecque, et le couronnement par coupole et demi-coupoles. Les plus beaux ensembles se découvrent au fil du littoral, aux monastères de Savina près d'Herceg Novi, de Podmaine près de Budva, ou de Gradište près de Petrovac. En revanche, le célèbre monastère d'Ostrog, fiché dans les parois vertigineuses de la vallée de la Zeta, se réfère, lui, à une autre tradition : celle des monastères perchés du nord de la Grèce, en particulier des Météores et du mont Athos, sans rivaliser cependant avec eux, ni en taille ni en richesse.

... et la tradition byzantine des fresques et des mosaïques

Rehaussant leurs murs souvent dénués d'ornements maçonnés, la principale richesse décorative des églises réside dans un programme pictural particulièrement ambitieux – lointain héritage, là encore, de la tradition byzantine, dont les églises originelles se paraient de nombreuses icônes et de mosaïques sur fond d'or. Ici, les peintures à fresque remplacent presque toujours les tesselles, mais l'effet est le même : les édifices les mieux conservés dévoilent un somptueux cortège de saints et de scènes bibliques, dominés par les figures de la Vierge et du Christ pantocrator ("en gloire"). Remontant parfois au 13e s., elles semblent avoir été l'œuvre d'artistes byzantins, et la plupart sont des créations anonymes, où l'on reconnaît, de temps à autre, la main de maîtres grecs venus de Corfou ou du mont Athos. Les ensembles peints les plus délicats sont ceux du monastère de la Morača, au cœur du pays, du monastère de la Sainte-Trinité, tout au nord, et du monastère de la Piva, à l'ouest du Durmitor.

L'urbanisme réal-socialiste

Rompant avec toutes les traditions passées, le 20e s. yougoslave a apporté une véritable révolution architecturale, qui domine toujours dans les grandes villes du pays, notamment la capitale, Podgorica, et le port industriel de Bar : l'urbanisme moderniste yougoslave, d'inspiration soviétique, adepte des larges avenues et des barres d'immeubles en béton. Ce décor aujourd'hui daté distingue quelques bâtiments singuliers, tels l'Hotel Podgorica dans la capitale et le Spomen-dom de Kolašin – patrimoine dont la reconnaissance tarde cependant, et souvent en déshérence...

ÉCOLE D'ART DE CETINJE

Principale école artistique du Monténégro créée en 1947 par des peintres liés aux différentes républiques de la fédération yougoslave, l'école d'art de Cetinje s'est moins inscrite dans la tradition picturale locale que dans les grandes avant-gardes internationales du milieu du 20e s. Parmi ses tenants principaux, les artistes Milo Milunović (1897-1967), Petar Lubarda (1907-1974), Miloš Vušković (1900-1975) ou encore Miodrag Đurić, dit Dado (1933-2010).

GASTRONOMIE

À l'image du pays, l'assiette monténégrine est un véritable carrefour d'influences, et ses spécialités régionales valent autant qu'un atlas historique ! Malgré tout, le goût de la gastronomie occupe une place mineure dans la culture locale : ici, on mange avant tout pour se nourrir, au gré des ressources du terroir et des traditions.

La mer dans l'assiette

C'est évidemment sur le littoral que l'influence méditerranéenne est la plus manifeste en matière culinaire : le poisson est roi, généralement proposé entier, en friture, et accompagné d'un risotto à l'encre de seiche (d'inspiration toute italienne) ou de pommes de terre à l'eau mêlées de feuilles de blette bouillies (recette incontournable, dite "à la dalmate"). La soupe de poisson et le calamar grillé (souvent proposé lui aussi "à la dalmate") constituent les entrées les plus courantes.

Loup de mer, purée et chou frit

Saveurs montagnardes

Le changement de régime est total lorsque l'on gagne en altitude : dans les montagnes dominent de solides plats aux accents hivernaux (de rigueur même l'été), dont les célèbres *kačamak* (une roborative purée de pommes de terre, de farine de maïs et de fromage fondu, évoquant l'aligot auvergnat, mais constituant un plat principal à elle seule) et *cicvara* (une sorte de polenta enrichie de fromage), ainsi que des viandes, grillades ou mijotés de porc, de bœuf ou de mouton, parfois cuits dans le *sač*

EAU-DE-VIE ET VIN

Alcool national, comme dans de nombreux pays des Balkans, le *rakija* fait partie intégrante de la sociabilité traditionnelle ; on l'offre au moindre visiteur et à l'occasion de toute célébration. De nombreuses familles distillent encore elles-mêmes cette eau-de-vie, souvent à base de jus de raisin, mais aussi de toutes sortes de fruits (prune, poire, pêche, etc.), qui peut titrer de 40 à 65° d'alcool ! Longtemps domestique elle aussi, la production viticole tend aujourd'hui à se professionnaliser, notamment dans les vignobles de Podgorica et de Crmnica, près du lac de Skadar.

Le *kačamak*, "aligot" à la monténégrine

traditionnel, un chaudron métallique plat et très large. Quelques spécialités jouissent également d'une grande notoriété à l'échelle du pays : le poisson fumé (carpe, truite ou anguille) du lac de Skadar, et aussi les charcuteries et fromages du village de Njeguši, dans le massif du Lovćen, véritable petite capitale gastronomique nationale avec ses très courus *prsute* (jambon fumé artisanal) et *sir* (fromage au lait de vache ou de brebis).

Parfums d'ailleurs

À mesure que l'on gagne l'est et le sud du pays, l'héritage ottoman s'affirme dans l'assiette et compose des métissages de saveurs plus relevés : les régions de Bar, d'Ulcinj ou la vallée du Lim mettent à l'honneur le kebab (en réalité des brochettes de viande), les poivrons farcis, les aubergines ou courgettes au yaourt, les mijotés d'agneau aux épices, les pâtisseries orientales (dont l'incontournable baklava) et le fameux café turc, servi dans la traditionnelle petite casserole en laiton.

Carnet pratique

Sur les quais de Tivat, dans les bouches de Kotor

INFOS UTILES

Toutes les informations pour préparer votre voyage, connaître les usages en vigueur, prévoir les sorties et activités incontournables... et profiter pleinement de votre séjour.

AVANT DE PARTIR

ASSURANCE

Vérifiez avant de partir que vous bénéficiez d'une couverture en cas d'accident, de maladie, d'annulation de voyage, etc. Celle-ci est parfois incluse dans votre assurance automobile ou de carte de crédit (dans ce cas, pour en bénéficier, il faut avoir réglé son voyage avec la carte). Les agences de voyages et les compagnies aériennes proposent également des contrats d'assurance-assistance, couplés à l'achat d'un billet. Vous pouvez aussi en souscrire un auprès d'un assureur spécialisé, comme AVA, Europ Assistance ou Allianz Travel. Dans tous les cas, vérifiez que les sports à risque, telle la plongée sous-marine, figurent bien au contrat si vous comptez les pratiquer.

AVA
01 53 20 44 20 www.ava.fr

Europ Assistance
01 41 85 93 65 www.europ-assistance.fr

Allianz Travel
01 84 78 40 88 www.allianz-voyage.fr

FORMALITÉS

POUR LE MONTÉNÉGRO

Passeport/visa

Les ressortissants des pays de l'Union européenne n'ont pas besoin de visa pour des séjours au Monténégro inférieurs à 90 jours. Pour un séjour inférieur à 30 jours, une carte nationale d'identité en cours de validité est suffisante. Pour un séjour au-delà de 30 jours, un passeport en cours de validité est nécessaire.

Douanes

Toute entrée ou sortie de devises d'un montant supérieur à 10 000€ doit être déclarée. Vous pouvez transporter jusqu'à 200 cigarettes, 50 cigares, 250g de tabac, 1l d'alcool fort (supérieur à 22°) et 4l de vin. Le transport des produits alimentaires, des plantes, des médicaments et des œuvres d'art est aussi réglementé.

Douanes monténégrines
Le site (en anglais) détaille toutes les réglementations douanières.
www.upravacarina.gov.me

Enregistrement de séjour

Tout étranger séjournant au Monténégro doit procéder à l'enregistrement de son séjour auprès d'un office de tourisme ou d'un commissariat de police dans les 24 heures suivant son arrivée, sous peine d'une amende de 60€. En général, vos hôtes (hôtels, chambres chez l'habitant...) se chargeront de cette formalité.

POUR DUBROVNIK (CROATIE)

Dans le cas d'un séjour de moins de 3 mois, une carte d'identité ou un passeport en cours de validité sont requis pour les ressortissants de l'UE (la Croatie n'a pas encore intégré l'espace Schengen). Tout séjour de plus de 3 mois doit faire l'objet d'une demande auprès des représentations diplomatiques croates à l'étranger. Tout voyageur étranger doit se déclarer à la police locale dans les 48 heures suivant son arrivée en Croatie. Une formalité accomplie par votre logeur (hôtel, chambre d'hôtes, etc.).

BUDGET

Le Monténégro n'est pas une destination bon marché, surtout sur la côte (qui reste tout de même un peu plus abordable que Dubrovnik). Les variations saisonnières sont particulièrement sensibles au niveau des hébergements : dans le même hôtel, vous pourrez payer une chambre deux fois moins cher si vous y séjournez en mai ou en octobre, plutôt qu'entre juin et septembre. Le coût de la vie est bien moins élevé dans l'intérieur du pays, que ce soit en matière d'hébergement ou de restauration, surtout dans les régions du centre.

HÉBERGEMENT

Sur la côte, en été, prévoyez 80€ minimum pour une nuit dans un hôtel de bon standing. Pour des hébergements un peu plus haut de gamme, surtout vers Kotor ou Budva, il vous faudra débourser autour de 200€. Sachez que dès octobre ou en mai, les prix peuvent être divisés par deux. Dans les zones de montagne (parcs nationaux et secteurs proches) ou à Podgorica, comptez de 60 à 80€ pour une double de bon confort. Les hôtels des villes du centre (Cetinje, Nikšić) et des pourtours du lac de Skadar sont largement meilleur marché (une cinquantaine d'euros pour une double), mais l'offre est aussi bien plus réduite. À Dubrovnik, les prix sont beaucoup plus élevés : en été, n'espérez pas trouver une chambre d'hôtel à moins de 900kn (120€ environ). Mieux vaut alors opter pour un hébergement chez l'habitant et... réserver longtemps à l'avance.

GAMME DE PRIX

Sauf mention contraire, les prix des hébergements mentionnés dans ce guide s'entendent pour une chambre double avec petit déjeuner en haute saison. Les prix des restaurants correspondent à un repas comprenant une entrée et un plat, ou un plat et un dessert, boissons non comprises.

Restauration Monténégro	**Hébergement Monténégro**
€ < 15€	€ < 60€
€€ 15-25€	€€ 60-80€
€€€ > 25€	€€€ > 80€
Restauration Dubrovnik (Croatie)	**Hébergement Dubrovnik (Croatie)**
€ < 120kn (16€)	€ < 400kn (54€)
€€ 120 à 200kn (16-27€)	€€ 400 à 750kn (54-100€)
€€€ > 200kn (27€)	€€€ > 750kn (100€)

RESTAURATION

Au Monténégro, comptez en moyenne 30€ pour un bon repas sur la côte et 20€ dans le centre et les montagnes. À Dubrovnik, il faudra débourser 200-250kn (de 30 à 35€ environ). Ces données restent indicatives, car dans un même restaurant, l'addition varie selon le plat choisi : des pâtes ou un risotto coûtent moins chers qu'un plat de poisson ou de fruits de mer.

QUAND PARTIR ?

Un séjour au Monténégro est à envisager de préférence **entre avril et octobre**, période durant laquelle tout est ouvert en général (restaurants, hôtels, sites de visite...) et vous bénéficierez d'un climat agréable, en particulier sur la côte. Cela dit, quelques nuances sont à apporter. Le pays étant très montagneux, on rencontre une grande diversité climatique entre les bords de l'Adriatique et les montagnes de l'intérieur des terres. Par exemple, le printemps et l'automne seront plus propices aux randonnées sur les reliefs côtiers, alors que l'été offre de meilleures conditions pour parcourir les sentiers des montagnes du nord, mais aussi pour descendre des canyons ou pratiquer le rafting dans les gorges de la Tara. Si vous voulez profiter de la mer (baignade, plongée...), les mois de juin à septembre-octobre sont parfaits, avec une température de l'eau dépassant 20°C (parfois 24°C en plein été). Pour ce qui est des visites, mieux vaut privilégier le printemps et l'automne : vous échapperez à la chaleur, en particulier sur les côtes, et aussi à la foule estivale. L'automne réserve des teintes splendides, notamment vers le lac de Skadar et les régions du nord (montagnes, canyons). En revanche, méfiez-vous de la fin de l'automne, les pluies peuvent être abondantes.

INFORMATIONS TOURISTIQUES

OFFICES DE TOURISME

Office de tourisme national du Monténégro / Nacionalna turistička organizacija Crne Gore
☎ 077 100 001 www.montenegro.travel

Office de tourisme de Croatie
☎ 01 45 00 99 55 croatia.hr

SAISONS

Températures	Kotor	Durmitor	Dubrovnik
min./max. en fév.	1°C/8°C	-7°C/0°C	6°C/13°C
min./max. en août	16°C/28°C	9°C/20°C	21°C/28°C
Précipitations	**Kotor**	**Durmitor**	**Dubrovnik**
moyenne en fév.	139mm/13j.	95mm/14j.	125mm/9j.
moyenne en août	63mm/7j.	83mm/10j.	40mm/2j.
Ensoleillement	**Kotor**	**Durmitor**	**Dubrovnik**
moyenne en fév.	4h/j.	4h/j.	5h/j.
moyenne en août	9h/j.	8h/j.	11h/j.
Température de la mer	**Kotor**		**Dubrovnik**
moyenne en fév.	14°C		13°C
moyenne en août	24°C		24°C

Office de tourisme régional Dubrovnik-Neretva
(020) 324 999 www.visitdubrovnik.hr

SUR INTERNET

www.montenegro.travel
Le site de l'office de tourisme national (en anglais) couvre l'ensemble des aspects touristiques du Monténégro. Plusieurs brochures en téléchargement.

www.visit-montenegro.com
Un portail en anglais très complet sur le Monténégro (sites de visite, informations pratiques, hébergements, restaurants...).

www.discover-montenegro.com
Site en anglais pour tout savoir sur le tourisme au Monténégro, avec plusieurs rubriques culturelles (histoire, littérature, cuisine, etc.) et des photos.

www.nparkovi.me
Le site d'information officiel des cinq parcs nationaux (en monténégrin uniquement).

www.courrierdesbalkans.fr
Ce portail d'information généraliste (en français) concerne plusieurs pays des Balkans, dont le Monténégro.

AGENDA

PRINCIPALES FÊTES ET MANIFESTATIONS

La plupart des festivals ont lieu en été et surtout sur la côte. La ville d'Herceg Novi est particulièrement bien pourvue en la matière. Les jours fériés sont célébrés deux jours durant ; si le jour férié tombe un dimanche, les deux jours qui suivent sont aussi fériés.

JANVIER-FÉVRIER

Fête de la Saint-Blaise / Festa Sveti Vlaho
Grande procession en costumes traditionnels autour des reliques du saint patron de la ville.
Dubrovnik 2 et 3 fév.

Festival du mimosa / Praznik mimoze
Carnaval, bal masqué, défilé de chars garnis de mimosa, concerts, soirées littéraires, expositions...
Herceg Novi 1er w.-e. de fév.

Carnaval de Kotor / Karneval
Kotor En fév. et août

Carnaval de Tivat / Karneval
Tivat En fév.

AVRIL

Festival de théâtre d'Herceg Novi / Hercegnovske aprilske pozorišne svečanosti
Herceg Novi 15 jours en avr.

Carnaval de Budva / Karneval
Budva 2 jours fin avr.

JUIN-JUILLET

Southern Soul Festival
Une quarantaine de concerts (soul, jazz, funk, house, etc.) sur la "longue plage" (Velika Plaža).
Ulcinj www.southernsoulfestival.me
Fin juin-début juil.

Été culturel de Cetinje
Concerts, pièces de théâtre, expositions d'art, danses folkloriques...
Cetinje Mi-juin-mi-juil.

Mountain Flower Days
Soirées poésie, expositions artistiques et de fleurs de montagne, stands de produits locaux, activités sportives.
Žabljak 1re quinz. de juil.

Festival de théâtre pour enfants de Kotor
Kotor www.kotorskifestival.me
1re quinz. de juil.

JOURS FÉRIÉS, FÊTES RELIGIEUSES

1er janvier	Nouvel An (*Nova godina*)
7 janvier	Noël orthodoxe (*Božić*)
Mars-avril	Pâques et lundi de Pâques (*Uskrs i uskrsni ponedjeljak*)
1er mai	Fête du Travail (*Međunarodni praznik rada*)
21 mai	Fête de l'Indépendance monténégrine (*Dan nezavisnosti Crne Gore*)
25 juin	Fête nationale croate (*Dan državnosti*)
13 juillet	Fête nationale monténégrine (*Dan državnosti Crne Gore*)
8 octobre	Jour de l'Indépendance croate (*Dan neovisnosti*)

Days of Music / Dani muzike
Festival international de musique classique.
Herceg Novi En juil.

Sea Rock Festival
Concerts de rock.
Kotor www.searock.me En juil.

Foire internationale du livre / Međunarodni sajam knjiga
Herceg Novi 15 jours en juil.

Sea Dance Festival
Grand festival de pop internationale sur la plage de Jaz.
Budva www.seadancefestival.me
4 jours mi-juil.

Fašinada
Procession spectaculaire de barques décorées de branches d'olivier en l'honneur de Notre-Dame-du-Rocher.
Perast 22 juil.

Festival des trois canyons / Festival "tri kanjona"
Courses de chevaux et concerts.
Vojinovići (6km au nord-est de Plužine) Page FB Fin juil.

JUILLET-AOÛT

Festival de théâtre / Purgatorije
De grande envergure, il réunit des troupes de théâtre nationales et étrangères.
Tivat Mi-juin-août

Kotor Art
Festival de dimension internationale : théâtre, concerts, spectacles de danse, conférences...
Kotor www.kotorart.me Mi-juin-août

Grad Teatar
Festival national de théâtre en plein air.
Budva www.gradteatar.me Début juil.-mi-août

Festival d'été de Dubrovnik / Dubrovačke ljetne igre
Un événement culturel prestigieux. Musique classique, opéra, théâtre, danse, etc., dans les plus beaux monuments de la ville.
Dubrovnik www.dubrovnik-festival.hr
10 juil.-25 août

La Chronique de Bar / Barski Ljetopis
Festival "multimédia" : expositions, pièces de théâtre, lectures et concerts sur la promenade de bord de mer.
Bar www.barskiljetopis.me En juil.-août

AOÛT

Festival du film du Monténégro / Filmski Festival
Productions serbes et monténégrines, documentaires et films étrangers primés.
Herceg Novi filmfestival.me 1re sem. d'août

Lastovska fešta
Fête traditionnelle du hameau de Gornja Lastva : danses, concerts, expositions, etc.
Tivat 1er sam. d'août

Festival international de folklore / Internacionalni festival Folklora
S'y produisent des troupes folkloriques du Monténégro et des pays limitrophes, concerts.
Cetinje En août

Festival d'opéra / Operosa Montenegro
Des opéras à écouter dans le cadre somptueux de la forteresse Kanli Kula.
Herceg Novi 2 jours en août

Montenegro Summer Jazz Festival
Herceg Novi 2 jours en août

Guitar Art Summer Fest
Festival international de guitare classique.
Herceg Novi 5 jours en août

Festival de Španjola
Pièces de théâtre, spectacles de danse, ateliers (peinture, musique), expositions, etc.
Herceg Novi Page FB 1 sem. en août

Festival de musique tamburica / Festivala tamburaške muzike
Concerts traditionnels de *tambura* (instrument à cordes).
Pljevlja 1 sem. en août

Lake Fest / Lake festa
Festival de rock très prisé aux abords du lac Krupac.
Nikšić www.lakefest.me Mi-août

Durmitor Summer Fest
Animations et concerts en soirée à la station de ski de Javorovača.
Žabljak Mi-août (2 à 3j.)

Boka Night / Bokeljska noć
Défilé de barques décorées dans le port, feu d'artifice, animations sur les places de la ville.
Kotor Autour du 20 août

Bedem Fest
Concerts rock, pop, électro, etc. dans la forteresse de Bedem.
Nikšić www.bedemfest.me Fin août

SEPTEMBRE-OCTOBRE

Petrovac Jazz Fest
Petrovac Page FB 10 jours début sept.

September Days of Culture
Manifestation culturelle dédiée au théâtre, à la littérature et à la poésie.
Nikšić En sept.

Journées du fromage de Pljevlja / Dani pljevaljskog sira
Pljevlja En oct.

NOVEMBRE-DÉCEMBRE

Festival de l'olive / Maslinijada
Stari Bar Fin nov.-début déc.

Festival du vin et de l'ablette / Festival vina i ukljeve
Virpazar Page FB En déc.

TRANSPORTS

ALLER AU MONTÉNÉGRO EN AVION

L'aéroport international de **Dubrovnik** se trouve à une vingtaine de kilomètres à peine de la frontière du Monténégro. Vous pouvez donc prévoir d'y atterrir pour visiter Dubrovnik et partir ensuite vers le Monténégro, en commençant votre périple par Herceg Novi, très proche de la frontière croate. Le Monténégro possède deux aéroports internationaux, **Podgorica** et **Tivat**. De Podgorica, vous serez à mi-chemin entre le littoral et les massifs montagneux du nord du pays. Si vous souhaitez séjourner sur la côte, l'idéal est d'atterrir à Tivat, situé à 22km de Budva et à 12km de Kotor. Que ce soit pour Dubrovnik ou pour le Monténégro, les vols internationaux directs sont plus fréquents en haute saison, entre avril et octobre, avec notamment des liaisons assurées par des compagnies low cost uniquement à cette période.

AÉROPORTS

Aéroport de Dubrovnik / Zračna luka Dubrovnik
L'aéroport international de Dubrovnik se trouve à Čilipi, 21km au sud de la ville. D'avril à octobre, vols réguliers directs vers Paris (5/sem.) et la plupart des capitales européennes avec Croatia Airlines ; vols régionaux avec Trade Air : Zagreb (21/sem.), Split (2/sem.). Les bus Atlas attendent l'arrivée des vols et vous conduisent au centre-ville en 30min (billet AS 40kn, AR 70kn). En taxi, comptez env. 250-300kn jusqu'à la vieille ville.
(020) 773 100 www.airport-dubrovnik.hr

Aéroport de Tivat / Aerodrom Tivat
Liaisons avec une quinzaine de villes européennes, comme Paris, Londres, Bruxelles, Belgrade, etc., surtout en été. Pas de transports en commun au départ de l'aéroport, vous devrez prendre un taxi (comptez 3€ pour Tivat, 10€ pour Kotor, 18€ pour Budva) ou louer un véhicule (compagnies Hertz, Avis, Europcar, Sixt, InMontenegro présentes dans l'aérogare).
Adriatic Highway Mrčevac (2km au sud du centre-ville) 032 671 337 www.montenegroairports.com

Aéroport de Podgorica / Aerodrom Podgorica
L'aéroport de la capitale du Monténégro est desservi par de nombreuses liaisons internationales. Faute de navette pour rejoindre le centre-ville, il est nécessaire de louer une voiture sur place (les principales compagnies de location y ont un bureau) ou de recourir à un taxi (comptez 10€).
Golubovci (10km au sud de la ville par l'E80) 020 444 240 www.montenegroairports.com

COMPAGNIES AÉRIENNES

Montenegro Airlines
La compagnie nationale assure des vols directs Paris-Charles-de-Gaulle-Podgorica (2h20), Paris Charles-de-Gaulle-Tivat (2h25) et Lyon-Podgorica (2h). Également une liaison Zurich-Podgorica via Vienne (de 4h40 à 9h de trajet).
01 42 25 08 69 www.montenegroairlines.com

Air Serbia
Deux ou trois vols par jour de Paris-Charles-de-Gaulle vers Podgorica et Tivat, avec escale à Belgrade (5h de trajet environ). Également une liaison Bruxelles-Podgorica via Belgrade (3h30).
01 78 90 04 59 www.airserbia.com

Adria Airways
La compagnie slovène effectue des vols au départ de Paris-Charles-de-Gaulle et Bruxelles vers Podgorica, avec escale à Ljubljana (3h30 de trajet environ).
01 47 42 95 00 www.adria.si

Transavia
La compagnie low cost du groupe Air France-KLM propose, d'avril à début novembre, des vols directs entre Paris-Orly et Dubrovnik (2h20 de trajet) et, de mai à septembre, des vols directs entre Paris-Orly et Tivat (2h30 de trajet).
0892 05 88 88 www.transavia.com

Croatia Airlines
La compagnie croate assure des vols vers Dubrovnik au départ de Nice (fin

avr.-fin-sept., 1h40 environ), de Paris-Charles-de-Gaulle (fin mars-fin oct., 2h30 environ) et de Bruxelles (via Zagreb, 4h30).
01 48 16 40 00 www.croatiaairlines.com

EasyJet
Vols directs pour Dubrovnik au départ de Paris-Orly, Toulouse et Lyon, entre juin et fin août ou début septembre (2h à 2h30 de trajet env.).
0820 42 03 15 www.easyjet.com

Volotea
La compagnie espagnole low cost propose, d'avril à début octobre, des vols directs vers Dubrovnik depuis Nantes, Bordeaux, Strasbourg et Marseille. Comptez environ 2h de trajet.
0899 23 20 50 www.volotea.com

Ryanair
Vols directs de l'aéroport Bruxelles-Charleroi à Podgorica (2h25).
0900 880 87 www.ryanair.com

Austrian Airlines
Vols Genève-Podgorica (4h30 environ, avec escale à Vienne).
043 547 97 97 www.austrian.com

COMPARATEURS DE VOLS

Ces sites Internet permettent de comparer, en quelques clics, les offres des différentes compagnies aériennes.
www.alibabuy.com
www.illicotravel.com
www.kayak.fr
www.liligo.fr
www.easyvoyage.com

ALLER AU MONTÉNÉGRO EN VOITURE

Pour vous rendre au Monténégro avec votre propre véhicule, vous devez être muni de votre permis de conduire (il est inutile de prévoir un permis de conduire international), de la carte grise du véhicule et de la carte verte d'assurance. De Paris, comptez 21h pour rejoindre Herceg Novi. L'itinéraire, de près de 2 000km, passe par Auxerre, Genève, Milan, Venise, puis traverse la Croatie jusqu'à Dubrovnik avant d'atteindre la frontière monténégrine.

ALLER AU MONTÉNÉGRO EN BATEAU

La compagnie maritime croate Jadrolinija assure la traversée entre Bari (en Italie) et Bar toute l'année (10h de trajet). La solution n'est pas très avantageuse, car au temps de la traversée, il faut ajouter celui du trajet pour rallier Bari (comptez 16h de route de Paris).

Jadrolinija
00 (385) 51 666 111 www.jadrolinija.hr

ALLER AU MONTÉNÉGRO EN TRAIN

De Paris, Genève ou Zurich (aucune ligne depuis Bruxelles), la meilleure solution est de passer par Belgrade (Serbie), puis d'emprunter la ligne Belgrade-Bar (qui dessert Bijelo Polje, Mojkovac, Kolašin et Podgorica). Le voyage est long (env. 35h), car il impose des correspondances à Francfort et Vienne (de Paris), ou Budapest ou Vienne (de Suisse).

SNCF
www.oui.sncf

Chemins de fer fédéraux suisses
www.sbb.ch

Rail Europe
www.raileurope.com.au

Chemins de fer du Monténégro / Željeznički prevoz Crne Gore
www.zcg-prevoz.me

PASS INTERAIL

Les compagnies de chemin de fer de trente pays se sont unies pour proposer deux pass, Global Pass et One Country Pass, permettant de voyager en 1re ou en 2nde classe, sans limite de trajets, en dehors de son propre pays. www.interrail.eu

ALLER AU MONTÉNÉGRO EN CAR

Se rendre en bus au Monténégro depuis la France, la Belgique ou la Suisse est le moyen de transport le plus long, et le trajet n'est jamais direct. Vous pourrez trouver les liaisons suivantes, assurées par plusieurs compagnies : Paris ou Bruxelles-Herceg Novi (38h de trajet environ, avec correspondance à Belgrade), Paris-Podgorica (35h de trajet environ, avec correspondance à Belgrade), Genève-Podgorica (34h de trajet environ, avec correspondance à Zagreb), Genève-Herceg Novi (37h de trajet environ, avec correspondance dans une ville de Serbie).

COMPARATEURS DE BUS ET ACHAT DE BILLETS

www.checkmybus.fr
www.busradar.fr
www.busticket4.me

SE DÉPLACER AU MONTÉNÉGRO

VOITURE

L'idéal est de visiter le Monténégro en voiture. Le pays est petit, les distances ne sont pas très importantes, et vous pourrez ainsi vous rendre en de multiples endroits inaccessibles en transports en commun. Les grands axes sont en bon état et permettent de rallier facilement les montagnes du nord et l'intérieur du pays à partir de la côte. La prudence est de mise car, malgré les fréquents contrôles de police sur la route, les Monténégrins ne respectent pas les limitations de vitesse et n'hésitent pas, par exemple, à doubler en plein virage (les accidents de la route sont l'une des premières causes de mortalité dans le pays). Il n'y a pas d'autoroutes mais plusieurs routes avec des sections à trois voies. Le réseau secondaire est plus aléatoire, notamment les routes de montagne qui sont bien sûr sinueuses et souvent très étroites. N'hésitez cependant pas à les emprunter, car elles révèlent souvent des paysages à couper le souffle. Attention, en hiver, elles ne sont pas toujours déneigées, et vous aurez peut-être du mal à vous orienter, les panneaux des villages et hameaux étant souvent écrits en caractères cyrilliques. En bord de mer, il n'est pas rare non plus de rouler sur des routes exiguës, et la situation est d'autant plus corsée que la circulation peut y être très dense, particulièrement l'été.

Code de la route et formalités

Sachez qu'il est interdit d'utiliser le téléphone portable au volant (bien que tout le monde le fasse !). Les ceintures de sécurité doivent être bouclées et les feux de croisement ("codes") allumés, même en plein jour. Le taux d'alcoolémie du conducteur ne doit pas dépasser 0,5g/l. Si vous circulez au Monténégro avec votre propre véhicule, vous devez être muni de votre permis de conduire, de la carte grise du véhicule et de la carte verte de l'assurance. Si vous utilisez un véhicule de location, vous devez disposer de votre permis de conduire, des papiers du véhicule et du contrat de location.

Location de voiture

Plusieurs loueurs de voitures sont présents dans les aéroports de Podgorica et de Tivat, tels Sixt, Budget, Avis, Europcar et Hertz pour les plus connus. Certains ont aussi des points d'accueil en ville : à Podgorica (Europcar), à Herceg Novi (Sixt et Budget) et à Budva (Sixt). À l'aéroport de Dubrovnik, l'offre est encore plus étoffée (coordonnées des loueurs en ligne sur le site www.airport-dubrovnik.hr). Si vous louez un véhicule à Dubrovnik pour aller au Monténégro, veillez à demander au loueur s'il l'autorise (ce n'est pas toujours le cas). Si oui; sachez que vous devrez vous acquitter d'un supplément. Pour louer un véhicule, il faut avoir 23 ans au minimum.

Rental Cars

Ce site propose des locations de voitures de plusieurs prestataires (Hertz, Avis, Sixt, Europcar, etc.), avec parfois des tarifs plus avantageux qu'en passant par les loueurs eux-mêmes.

01 78 42 94 06 www.rentalcars.com

TRANSPORTS EN COMMUN

Cars

De nombreuses compagnies de cars œuvrent au Monténégro, assurant les transports nationaux et internationaux. Les villes principales sont bien desservies ainsi que les lieux touristiques, et les véhicules sont confortables. Les horaires sont affichés dans les gares routières (autobuska stanica), mais le plus simple est de se référer au portail Bus Ticket 4. Dans les gares routières, les agents d'accueil parlent rarement l'anglais, et il n'est pas toujours aisé d'obtenir une information. Notez que plusieurs liaisons quotidiennes relient Dubrovnik aux bouches de Kotor (Herceg Novi, Kotor) et aux principales villes du Monténégro (infos sur kolodvor.hr).

www.busticket4.me

Ce portail (en anglais) très bien fait renseigne sur les horaires de cars, les prix des trajets et permet d'acheter les billets en ligne.

Trains

Le réseau ferré est assez restreint au Monténégro (335km de voies). La ligne principale connecte Bar à Belgrade et dessert au passage Podgorica, Kolašin, Mojkovac et Bijelo Polje. Il existe aussi une liaison entre Podgorica et Nikšić. Vous trouverez horaires, tarifs et coordonnées des gares sur le site (en anglais) des chemins de fer du Monténégro. À titre d'exemple, le trajet Bar-Podgorica dure 1h10 et coûte 2,40€ en 2nde classe (3,60€ en 1re classe).

Chemins de fer du Monténégro / Željeznički prevoz Crne Gore

www.zcg-prevoz.me

LIRE UNE ADRESSE

Les règles de déclinaison complexes des langues slaves méridionales s'appliquant aux noms propres, la toponymie se révèle souvent déconcertante pour quelqu'un qui ne les pratique pas. Sachez aussi que les lettres "bb" signifient "sans numéro" quand elles figurent en fin d'adresse.

SUR PLACE

AMBASSADES ET CONSULATS

AU MONTÉNÉGRO

Ambassade de France
Center Capital Plaza Džordža Vašingtona 98 Podgorica
020 655 348 https://me.ambafrance.org

Consulat de Belgique
Lastva Grbaljska bb Budva
033 426 100 https://serbia.diplomatie.belgium.be

Consulat de Suisse
Center Capital Plaza Džordža Vašingtona 108 Podgorica
020 620 312

À DUBROVNIK (CROATIE)

Consulat de France à Dubrovnik
Nikole Tesle 9 Dubrovnik
(098) 345 140 https://hr.ambafrance.org

ARGENT

MONNAIE ET CHANGE

La monnaie du Monténégro est l'euro, alors qu'à Dubrovnik vous paierez en kuna croate (1 kuna = 0,13€ fin 2019), abrégé kn ou hrk. Vous pourrez facilement changer vos euros en kunas à l'aéroport de Dubrovnik ou dans les nombreux bureaux de change de la ville. En dehors des pays limitrophes, les kunas sont difficilement convertibles à l'étranger. Pensez donc à changer vos dernières espèces avant de quitter la Croatie.

CARTE BANCAIRE

À Dubrovnik ou dans les villes du Monténégro, vous n'aurez aucun problème pour trouver des distributeurs automatiques de billets. La plupart des hôtels, restaurants, commerçants et stations-service acceptent le paiement par carte bancaire. Au Monténégro, les cartes suivantes sont acceptées : Visa, Visa Electron, MasterCard, Maestro, American Express et Diners. Prévoyez en revanche du liquide si vous rayonnez sur les territoires plus ruraux. Sachez aussi que les paiements par carte et les retraits aux distributeurs peuvent engendrer des frais bancaires, plus élevés au Monténégro qu'en Croatie. Renseignez-vous auprès de votre banque avant de partir. N'oubliez pas également de l'informer de la durée de votre séjour afin de pouvoir utiliser votre carte sur place (précaution utile, car elle peut être bloquée par un système visant à prévenir son utilisation frauduleuse).

Perte ou vol

Numéros à appeler de l'étranger pour faire opposition en cas de perte ou de vol de votre carte bancaire :

Serveur interbancaire d'opposition à carte bancaire
Serveur français où l'on peut faire opposition quelle que soit la carte.
00 33 442 605 303

Card Stop
Serveur interbancaire belge où l'on peut faire opposition pour une carte Visa ou Mastercard.
00 (32) 70 344 344

DÉCALAGE HORAIRE

Le Monténégro et la Croatie vivent à l'heure GMT+1 en hiver et GMT+2 en été. L'heure est donc la même à Kotor et à Dubrovnik qu'à Paris, Bruxelles et Berne, et en avance de 6 heures sur celle de Montréal.

ÉLECTRICITÉ

Comme dans la plupart des autres pays européens, les réseaux électriques croates et monténégrins fonctionnent au 220V, 50Hz, avec des prises à deux fiches rondes.

HANDICAP

Très peu de sites de visite sont adaptés aux personnes handicapées et certaines vieilles villes, avec leurs multiples ruelles en escalier (Herceg Novi étant l'une des plus redoutables !), peuvent s'avérer un véritable cauchemar pour les voyageurs à mobilité réduite. De très rares hébergements, récents, disposent de chambres aménagées.

HORAIRES

BOUTIQUES, RESTAURANTS

Les boutiques font en principe journée continue, de 9h à 21h, voire plus pour les petits supermarchés dans les secteurs les plus touristiques. La plupart du temps, les cafés et les restaurants accueillent les clients tous les jours, toute l'année, du matin tôt (7 ou 8h) au soir tard (23h ou minuit).

POSTES, BANQUES, SERVICES UTILES

Les **bureaux de poste** ouvrent de 8h à 20h du lundi au samedi dans les localités principales ou très touristiques (et parfois le dimanche), et de 8h à 14h30 dans les localités de moindre importance. Les **banques** ouvrent vers 8h le matin et ferment vers 16 ou 17h, certaines étant ouvertes le samedi matin. Les **pharmacies** sont ouvertes du lundi au vendredi (8h-20h) et le samedi (8h-15h). Les horaires d'ouverture des **offices de tourisme** sont très variables. Dans les lieux les plus touristiques, ils sont en général ouverts tous les jours de l'année en journée continue, avec des horaires restreints les week-ends et hors saison.

MUSÉES, LIEUX DE VISITE

Les **musées et sites historiques** reçoivent les visiteurs la plupart du temps tous les jours entre avril et octobre, avec une grande amplitude horaire (de 9h à 20 ou 21h), hormis ceux de Cetinje, qui ferment leurs portes à 17h en été. Les horaires sont plus réduits de novembre à mars, avec souvent un ou deux jours de fermeture. Les **monastères** les plus importants sont ouverts tous les jours, toute l'année, au minimum entre 8h et 18h.

INTERNET

Le Monténégro se revendique comme un pays "4G". Autant dire que la connexion Internet est bonne sur l'essentiel du territoire. Vous n'aurez aucun mal à avoir un accès wifi gratuit dans la majorité des bars, restaurants, hôtels (y compris dans les chambres) et autres lieux d'accueil. À Dubrovnik aussi, les connexions Internet gratuites se généralisent dans les hôtels, cafés et restaurants.

LANGUE

La langue du pays est le monténégrin et en Croatie, le croate, deux langues slaves très proches (p.251). Pour communiquer, reportez-vous à notre guide de conversation en fin d'ouvrage, cf. Lexique (p.292). L'alphabet latin est le plus utilisé, mais il arrive parfois que les horaires d'ouverture, certains noms de rue, ou des panneaux de villages ou de hameaux, dans des endroits un peu reculés, soient écrits en alphabet cyrillique. Le français n'est quasiment pas parlé. En revanche, à Podgorica et sur la côte, vous trouverez facilement des personnes parlant l'anglais, ou du moins des rudiments de la langue. L'italien est lui aussi fréquemment parlé sur la côte.

PLAGES

Des eaux limpides baignent les côtes monténégrines, qui s'étirent sur plus de 290km et comptent plus de 70km de plages. La destination n'est cependant pas idyllique pour profiter des plaisirs balnéaires, surtout si vous êtes amateur de grandes plages sauvages. Dans les bouches de Kotor, les plages de sable sont rarissimes. Vous trouverez plutôt des criques de galets, en général minuscules, ou des quais en béton aménagés pour la baignade avec des échelles. Le littoral adriatique, que ce soit sur la presqu'île de Luštica, vers Budva ou, plus au sud, en descendant vers la frontière albanaise, est ourlé de plages plus vastes, dont Velika Plaža, d'une longueur de 12km, exceptionnelle pour le pays (p.121). Sachez aussi que les plages de la côte adriatique sont très souvent privées (et rattachées à un hôtel, un restaurant ou un bar), et que les tarifs journaliers (incluant la location d'un transat) sont quelquefois prohibitifs (de 10 à 100€/j.) ! Enfin, en plein été, vous ne serez pas seul, car toutes sont extrêmement fréquentées.

POSTE

La plupart des villes et villages disposent d'un bureau de poste (*pošta*), ouvert habituellement de 8h à 20h du lundi au samedi dans les localités les plus importantes, ou les plus touristiques (et parfois le dimanche), et de 8h à 14h30 dans les localités plus modestes. Timbre se dit *markica* en monténégrin.

Poste du Monténégro
Le site de la poste est en monténégrin. Vous pourrez néanmoins y trouver facilement une carte du pays avec la localisation de tous les bureaux de poste et leurs coordonnées.
www.postacg.me

POURBOIRE

Le service est d'ordinaire inclus dans la note, mais si vous êtes satisfait, il est d'usage de laisser l'équivalent de 5 à 10% de l'addition.

RENSEIGNEMENTS

La majeure partie des villes du Monténégro possèdent un office de tourisme (*Turistička organizacija*), voire plusieurs antennes à ouverture saisonnière dans les endroits les plus touristiques. Le personnel parle généralement l'anglais, mais l'accueil peut laisser à désirer. Qui plus est, les offices disposent de très peu de documentation (les plans de ville sont rares), car leur fonction principale est de procéder à l'enregistrement du séjour des touristes pour les autorités. Vous pourrez également obtenir des renseignements auprès des centres d'information des parcs nationaux.

AU MONTÉNÉGRO

Office de tourisme d'Herceg Novi
Jova Dabovića 12 031 350 820 www.hercegnovi.travel Lun.-ven. 7h-15h

Kiosque d'information touristique de Kotor
Front de mer 032 322 886 www.kotor.travel Avr.-oct. : tlj. 8h-20h ; nov.-mars : tlj. 8h-18h

Office de tourisme de Tivat
Palih Boraca 19 032 671 323 www.tivat.travel Lun.-ven. 8h-15h, sam. 8h-12h

Office de tourisme de Budva
Njegoševa 28 Stari Grad 033 452 750 www.budva.travel Lun.-ven. 8h-20h, dim. 8h-14h

Office de tourisme de Petrovac
Ulica 4 033 461 173 Mai-oct. : lun.-sam. 8h-20h, dim. 8h-14h

Office de tourisme de Bar
Obala 13 Jula bb 030 311 633 www.visitbar.org Été : lun.-sam. 7h-20h, dim. 9h-14h ; hiver : lun.-ven. 7h-15h, sam. 9h-14h

Office de tourisme d'Ulcinj
Bul. Đerđ Kastrioti Skenderbeg bb 030 412 333 www.ulcinj.travel Mai-sept. : tlj. 7h-22h (horaires réduits hors saison)

Office de tourisme de Cetinje
Bajova broj 2 041 230 250 cetinje.travel Ouverture variable

Centre d'accueil de Virpazar
Sur la place principale nparkovi.me Juil.-sept. : lun.-sam. 7h-20h, dim. 9h-14h ; sept.-juin : lun.-sam. 8h-15h, dim. 9h-14h

Office de tourisme de Podgorica
Ulica Slobode 47 020 667 535 www.podgorica.travel Lun.-ven. 8h-20h, sam. 8h-14h

Office de tourisme de Nikšić
Ivana Milutinovića 10 040 212 511 niksic.travel Lun.-ven. 8h-16h

Office de tourisme de Žabljak
Trg Durmitoskih ratnika bb 052 361 802 www.tozabljak.com Avr.-nov. : lun.-ven. 8h-21h, sam.-dim. 9h-17h ; déc.-mars : tlj. 8h-20h

Office de tourisme de Pljevlja
052 300 148 www.pljevlja.travel Juil.-août : lun.-ven. 8h-20h, sam. 9h-15h ; sept.-juin : lun.-ven. 8h-16h

Office de tourisme de Kolašin
Mirka Vešovića bb 063 202 011 kolasin.me Lun.-ven. 9h-14h et 16h30-20h, sam.-dim. 9h-12h et 16h-19h (fermé sam.-dim. d'oct. à avr.)

Office de tourisme de Berane
Mojsija Zečevića 8 051 236 664 Page FB Jours et horaires d'ouverture variables

Office de tourisme d'Andrijevica
Branka Deletića bb 051 681 881 www.toandrijevica.me Lun.-ven. 7h-15h

Office de tourisme de Plav
Racina bb 069 644 087 www.toplav.me Page FB Lun.-ven. 8h-11h et 11h30-16h, sam. 9h-15h (ouverture parfois aléatoire)

À DUBROVNIK

Office de tourisme Porte Pile
Brsalje 5 (020) 312 011 www.tzdubrovnik.hr Avr.-mai, oct. : tlj. 8h-20h ; juin-sept. : tlj. 8h-21h ; nov.-mars : lun.-sam. 8h-19h, dim. 9h-15h

RESTAURATION

Dubrovnik regorge de bonnes tables, avec quelques adresses gastronomiques qui ont désormais pignon sur rue. Au Monténégro, la cuisine est moins raffinée. C'est dans les bouches de Kotor que vous trouverez les meilleurs établissements : la Konoba Ćatovića Mlini (p.61), à Morinj, le Galion à Kotor (p.72), ou encore Stari Mlini à Dobrota (p.73) sont des adresses phares. C'est ici aussi, dans des villages préservés comme Perast, que fleurissent les tavernes les pieds dans l'eau, très simples ou plus sophistiquées, mais au cadre toujours enchanteur les soirs d'été. Bord de mer oblige, la carte fait couramment la part belle aux poulpes, calamars et poissons grillés ou cuits au four (dont les prix s'affichent souvent au poids)... D'une manière générale, les cartes des restaurants monténégrins sont très fournies, proposant des salades, des soupes (été comme hiver), des risottos et des pâtes, des pizzas, des plats à base de poisson et de viande et des desserts (très peu variés). En remontant vers l'intérieur des terres, les cartes affichent des spécialités montagnardes (*kačamak*, *cicvara*...) qui remplacent volontiers poissons et autres produits de la mer, cf. Gastronomie (p.256). Retrouvez aussi notre sélection des meilleures tables, cf. Tables romantiques (p.21).

SANTÉ ET DÉSAGRÉMENTS

ACCÈS AUX SOINS

Au Monténégro, comme en Croatie, si vous nécessitez des soins médicaux pendant votre séjour, vous devrez régler vos frais, qui pourront vous être remboursés ultérieurement par votre caisse d'assurance maladie. À votre retour, veillez à adresser les prescriptions, les factures acquittées et les justificatifs de paiement, accompagnés du formulaire S3125 "Soins reçus à l'étranger" (téléchargeable sur le site www.ameli.fr). Avant votre départ, pensez à vous procurer une carte européenne d'assurance maladie (CEAM) auprès de votre caisse d'assurance maladie en France et de votre mutuelle en Belgique. Elle permet de bénéficier d'une prise en charge des soins médicaux lors de séjours dans un pays européen et notamment en Croatie (elle n'est pas acceptée au Monténégro). La demande doit être faite 15 jours au moins avant votre départ.

Urgences et hôpitaux

Pour une affection bénigne, adressez-vous à une pharmacie. Pour un problème plus grave, tournez-vous plutôt vers le service d'urgence de l'hôpital (*bolnica*). Sachez toutefois que l'équipement hospitalier et les services d'urgence sont de qualité moyenne. En cas de maladie grave ou d'accident, le rapatriement est conseillé.

Urgences médicales
124 (Monténégro) 194 (Croatie) ou 112 (Europe)

RISQUES PARTICULIERS

Vous ne courez aucun risque sanitaire particulier en vous rendant au Monténégro. Cela dit, n'oubliez pas de vous protéger du soleil, de vous couvrir la tête et de boire beaucoup d'eau pour éviter tout désagrément lié à la chaleur estivale (coups de soleil, insolation, déshydratation...), surtout sur la côte. L'eau du robinet est en principe potable au Monténégro, mais il est plutôt recommandé de boire de l'eau minérale dans le sud du pays (à partir de Podgorica). Faites attention sur les sentiers de randonnée où vous pourriez croiser des vipères (deux espèces venimeuses fréquentent le territoire). Équipez-vous de chaussures montantes et veillez à ne pas glisser vos mains dans des trous entre les roches. Du printemps à l'automne, dans les zones rurales et surtout boisées, les tiques peuvent transmettre une maladie : l'encéphalite à tiques (un vaccin existe). Pour vous prémunir contre leurs attaques, portez des chaussures fermées, des vêtements longs et enduisez-vous de produits répulsifs. Après la balade, vérifiez qu'aucune tique ne se soit accrochée à la peau ou au cuir chevelu. Si c'est le cas, extirpez-la et désinfectez la zone.

SÉCURITÉ

Le Monténégro est un pays sûr, de même que la ville de Dubrovnik ne présente aucun danger particulier. Vous pouvez partir tranquille, tout en prenant quelques précautions d'usage : ne pas afficher de signes extérieurs de richesse, ne pas se promener avec de grosses sommes d'argent, éviter de retirer de l'argent au distributeur la nuit... Comme partout, il est recommandé de numériser votre passeport et votre carte d'identité, et d'en conserver une copie dans votre messagerie consultable à l'étranger, pour faciliter les démarches en cas de perte ou de vol. De même, notez bien le numéro d'identification IMEI (numéro de série) de votre téléphone portable (pour le connaître, composez le *#06# sur votre clavier) ; ces chiffres vous seront demandés par votre opérateur pour toute déclaration de perte ou de vol.

SPORTS ET LOISIRS

CYCLOTOURISME, VTT

L'office de tourisme national a mis en place cinq itinéraires balisés à destination des vététistes. Ces boucles, allant de 230 à 626km, se parcourent en 3 à 10 jours et couvrent l'ensemble du pays. Elles sont détaillées dans des brochures que vous pouvez télécharger sur www.pedalaj.me, un site amateur où d'autres itinéraires sont également décrits (en anglais). Vous pourrez aussi vous contenter d'enfourcher un vélo pour une balade à la demi-journée ou à la journée. Dans ce cas, les petites routes autour du lac de Skadar, celles des massifs du Durmitor ou du Lovćen, ou encore la crête du massif du Vrmac (qui sépare les baies de Tivat et de Kotor) se prêtent bien à l'exercice.

EAUX VIVES

Rafting

Le rafting dans les gorges de la Tara (parmi les plus profonds au monde, après le canyon du Colorado) est l'une des activités phares du Monténégro, et nombre de prestataires proposent ce sport à sensation (p.190). À bord de bateaux (gonflables pour la plupart, ou même en troncs d'arbres, comme les radeaux d'autrefois), vous descendrez dans une eau limpide entre des parois hautes parfois de 1 300m et dans un environnement très préservé.

Canyoning

Assez peu répandu, le canyoning se pratique surtout dans le canyon du Nevidio (p.191), sur les pentes sud du massif du Durmitor. Plus confidentiels, les canyons de Sopot (près d'Herceg Novi), de Škurda (près de Kotor), de Rikavac et de Medjurečje (près de Bar) commencent à être investis par quelques prestataires.

KITESURF

À l'extrême sud-est de la côte adriatique, à Ulcinj, la "longue plage", Velika Plaža (p.121), et la plage Ada Bojana (p.122) sont très prisées des kitesurfeurs entre mai et octobre, époque à laquelle le vent souffle chaque jour.

NAVIGATION

Voile

Rien de tel qu'une balade à bord d'un voilier pour découvrir les bouches de Kotor, cernées par leurs impressionnants reliefs, ou la presqu'île de Luštica et ses criques aux eaux cristallines. Vous pourrez réserver des sorties à la demi-journée ou à la journée à Herceg Novi, cf. Découvrez les bouches de Kotor en bateau ou voilier (p.51), et à Kotor, cf. Explorez la baie en voilier, en kayak... (p.71). Ces deux ports comptent aussi des écoles de voile.

Kayak de mer ou de rivière

Les côtes échancrées et les eaux calmes des bouches de Kotor, les pourtours de la presqu'île de Luštica ou les environs de Petrovac invitent à une balade en kayak. Plusieurs prestataires proposent cette activité à Herceg Novi (p.52), Kotor (p.71), Petrovac (p.111) : au choix, sorties encadrées ou location simple. À l'intérieur des terres, le kayak est idéal pour s'imprégner des paysages insolites du lac de Skadar (p.152) et y observer les oiseaux. Vous apprécierez aussi de pagayer sur le lac de la Piva (p.189), ou de descendre les rivières Crnojevića (p.153) et Tara (p.190), bien que le rafting soit plus communément pratiqué sur cette dernière.

PLONGÉE

Malgré des eaux translucides, la plongée n'est pas très développée sur les côtes monténégrines ; on trouve seulement quelques infrastructures à Herceg Novi, Tivat et Budva, notamment. Elles dispensent des formations et vous amèneront plonger sur des épaves près d'Herceg Novi ou de la presqu'île de Luštica. La célèbre grotte Bleue (p.81) est l'un des spots les plus fréquentés par les plongeurs. Mais on peut aussi tout simplement y nager avec un masque et un tuba. La meilleure saison pour plonger court de mai à octobre.

RANDONNÉE

Itinéraires de randonnée

Pays de montagne, le Monténégro est tout indiqué pour la randonnée. Le plus haut lieu en la matière est le **parc national du Durmitor** (p.180) avec ses 150km de chemins balisés qui traversent forêts et pâturages, grimpent à l'assaut de sommets ou entraînent vers de superbes lacs nichés au creux des sapinières. Toujours dans les montagnes du nord, le massif de la Bjelasica, en partie inclus dans le **parc national de Biogradska** (p.196), offre des possibilités de sorties de 4 à 8h de marche. Plus au sud, quelques circuits de randonnée (de 2 à 13km) sillonnent le **parc national du Lovćen** (p.140), et des itinéraires de 3 à 8km parcourent le massif de Vrmac. Pour les amateurs de marche au long cours, signalons deux circuits balisés à faire sur plusieurs jours. Un itinéraire de 180km (8 à 9 jours) qui chemine à travers les massifs proches de la côte : *Primorska Planiraska Transferzala* (PPT). Partant d'Herceg Novi, il continue via l'Orjen, les montagnes qui dominent les baies de Risan et de Kotor. Puis il poursuit par le massif du Lovćen et s'achève à Bar. Le second parcours, *Crnogorska Transverzala 1* ou CT1 (164km, 7 à 8 jours de marche), démarre au lac Bukumirsko (à 38km au nord de Podgorica) et mène à Žabljak en passant par les massifs du Komovi et de la Bjelasica, ainsi que par les hauts plateaux du Sinjajevina. À noter aussi que l'itinéraire **Via Dinarica**, qui traverse l'ouest des Balkans sur 2 000km, passe par le Monténégro (www.via-dinarica.org).

Conseils

Avant de partir sur les sentiers, renseignez-vous à propos de l'état du balisage : les centres d'accueil des parcs sont en général les plus à même de vous donner des conseils. En été, privilégiez la randonnée dans les montagnes du nord pour éviter la chaleur.

Voyagistes spécialisés

Allibert Trekking
04 76 45 84 84 www.allibert-trekking.com Autres agences à Toulouse, Chapareillan, Lyon, Nice et Chamonix

La Balaguère
05 62 97 46 46 www.labalaguere.com Lun.-ven. 9h-12h et 14-18h, sam. 9h-12h

Terres d'Aventure
01 70 82 90 00 www.terdav.com

Nomade Aventure
08 25 701 702 www.nomade-aventure.com

SKI

En dépit de l'abondance des zones montagneuses, le Monténégro ne compte que trois petites stations de ski : Vučje (p.168), près de Nikšić, Kolašin 1450 (p.198) et Savin Kuk (p.188) dans le massif du Durmitor. Cette dernière, la plus réputée, possède une piste aménagée dans la forêt, à parcourir raquettes aux pieds jusqu'au lac Noir, l'occasion d'une balade tranquille (2h AR), dans un bel environnement enneigé.

TÉLÉCOMMUNICATIONS

APPELS LOCAUX

Monténégro

Les numéros des téléphones fixes commencent par l'indicatif de la ville précédé du zéro (par exemple, 032 pour Kotor et Tivat, 041 pour Cetinje), suivi du numéro à 6 chiffres du correspondant. Les numéros de mobiles commencent par 067, 068 et 069 (chacun correspondant à l'un des trois opérateurs) suivis de 6 chiffres (ou plus rarement sept). Pour téléphoner à l'intérieur du pays, il est nécessaire de composer tous les chiffres y compris le zéro.

Dubrovnik et Croatie

Pour appeler d'une région à l'autre en Croatie, il faut composer l'indicatif de la ville précédé du 0, puis le

NUMÉROS UTILES

Indicatifs régionaux	
Bar, Ulcinj	030
Berane, Andrijevica, Rožaje, Plav	051
Bijelo Polje, Mojkovac	050
Budva	033
Cetinje	041
Herceg Novi	031
Kotor, Tivat	032
Nikšić, Šavnik, Plužine	040
Podgorica, Kolašin, Danilovgrad	020
Žabljak, Pljevlja	052
Dubrovnik	020
Numéros d'urgence	
Police	122 (Mont.), 192 (Croatie)
Pompiers	123 (Mont.), 193 (Croatie)
Urgences médicales	124 (Mont.), 194 (Croatie), 112 (Europe)

numéro de votre correspondant. En revanche, pour téléphoner dans la même région, il suffit seulement de composer le numéro à 6 ou 7 chiffres du correspondant. Les appels sur poste fixe bénéficient d'une réduction de 75% entre 22h et 7h, le dimanche et les jours fériés. Les numéros de mobiles commencent par 091, 095, 096, 098 ou 099, les numéros payants par 0800, et les numéros gratuits par 060 (ces derniers ne sont accessibles qu'à l'intérieur du pays).

APPELS INTERNATIONAUX

Monténégro

Pour téléphoner **de l'étranger vers le Monténégro**, composez le 00 (indicatif international) suivi du 382 (code du Monténégro) puis du numéro de fixe ou de mobile du correspondant (sans le 0). Pour appeler **du Monténégro vers l'étranger**, composez le 00, puis l'indicatif du pays (33 pour la France, 32 pour la Belgique, 41 pour la Suisse, 1 pour le Canada) suivi du numéro du correspondant (sans le 0, sauf pour le Canada).

Dubrovnik et Croatie

Pour téléphoner **de l'étranger vers la Croatie**, composez le 00 (indicatif international), puis le 385 (code de la Croatie) suivi de l'indicatif de la ville (sans le 0) et du numéro local. Pour appeler **de la Croatie vers l'étranger**, composez le 00, puis l'indicatif du pays (33 pour la France, 32 pour la Belgique, 41 pour la Suisse, 1 pour le Canada), suivi du numéro du correspondant (sans le 0 initial pour la France, la Belgique et la Suisse).

TÉLÉPHONE PORTABLE

Monténégro

Telenor, T-Mobile et m:tel, les trois opérateurs du pays qui se partagent le réseau national de téléphonie mobile, disposent de boutiques dans la plupart des villes. La couverture est excellente sur l'essentiel du territoire. Selon votre opérateur et votre forfait, vous pourrez utiliser votre téléphone au Monténégro, mais les communications risquent de vous coûter cher. Les opérateurs proposent presque toujours des pass pour utiliser votre mobile à l'étranger, renseignez-vous avant de partir. Vous pouvez aussi opter pour l'achat auprès de l'un des opérateurs locaux d'une carte SIM (en vente dans leurs boutiques et dans différents commerces), que vous insérez dans votre téléphone portable (débloqué) le temps de votre séjour.

T-Mobile
https://telekom.me

Telenor
www.telenor.me

m : tel
mtel.me

Dubrovnik et Croatie

Les frais d'itinérance (*roaming*) ayant été supprimés à l'intérieur de l'Union européenne en juin 2017, appeler, envoyer un SMS ou un MMS et en partie naviguer sur Internet (selon un plafond dépendant de votre forfait) n'entraînent plus de surcoût si vous utilisez votre téléphone français ou belge en Croatie.

GRAND HOTEL IMPERIAL

Héberge-ments

SE LOGER

Les hébergements sont variés au Monténégro mais répartis de façon inégale sur le territoire, et bien plus chers sur la côte. En haute saison, mieux vaut réserver longtemps à l'avance !

GÉNÉRALITÉS

Office de tourisme du Monténégro
Liste des hébergements en ligne, avec possibilité de recherche par lieu et catégorie.
www.montenegro.travel

www.booking.com
La référence des sites de réservation en ligne (hôtels, chambres, appartements...).

AUBERGES DE JEUNESSE

On dénombre une quinzaine d'auberges de jeunesse dans l'ensemble du pays. Notez qu'aucune d'entre elles n'est référencée dans le réseau de la Fédération internationale des auberges de jeunesse.

www.french.hostelworld.com
Cette plateforme, qui recense les auberges de jeunesse au niveau mondial, permet de réserver en ligne.

CAMPINGS

Le Monténégro compte une quarantaine de campings, concentrés sur la côte et dans les parcs nationaux, ouverts la plupart du temps d'avril à octobre. Ils sont en général de petite taille et d'un confort sommaire, sauf exception. Rens. sur le site **fr.camping.info**, dédié aux campings européens.

ETNO SELO OU EKO SELO

Surtout présents en montagne et particulièrement dans le massif du Durmitor, les ethno-villages ou éco-villages (*etno selo* ou *eko selo*) s'apparentent au tourisme rural et à l'hôtellerie de plein air. Leurs petits chalets en pleine nature sont d'un confort très variable. La plupart possèdent un restaurant traditionnel et proposent des activités (rafting, randonnées, canyoning...).

HÔTELS

Dans les endroits les plus touristiques, la côte et le parc du Durmitor, l'offre hôtelière est fournie. Sur le littoral, vous avez tout intérêt à privilégier les petites localités : Perast, Orahovac, Prčanj (dans les bouches de Kotor), Rose (presqu'île de Lustiča) et Pržno (côte adriatique). Vous y trouverez des adresses de charme, dans des lieux préservés et les pieds dans l'eau. La très touristique Kotor et ses proches environs comptent leur lot de boutiques-hôtels (4 et 5 étoiles), aménagés dans des maisons de caractère, aux prestations haut de gamme et aux prix à l'avenant. Dans les villes les plus importantes du centre, comme Nikšić et Cetinje, les hôtels sont très peu nombreux, et à Podgorica priment surtout des établissements appartenant à des chaînes hôtelières rodées au tourisme d'affaires. Žabljak, la plus touristique des villes de montagne, regorge d'hôtels, dont une bonne proportion de 4-étoiles d'un excellent confort.

LOCATIONS ET CHAMBRES CHEZ L'HABITANT

La location d'appartements (*apartmani*) auprès de particuliers ou de chambres chez l'habitant est très répandue et s'avère souvent la solution la moins onéreuse pour se loger. Pour trouver votre bonheur, l'idéal est de consulter le site **Airbnb** (www.airbnb.fr). Certains offices de tourisme disposent aussi de listes d'appartements à louer. L'agence **Explore Montenegro** loue de magnifiques villas et quelques appartements, sur la côte ainsi que dans les montagnes (www.montenegroholidays.com).

LES BOUCHES DE KOTOR

HERCEG NOVI

Hotel Aurora €€€

Sur le front de mer, cette ancienne gare a été transformée en hôtel de charme par le cinéaste Emir Kusturica ! Six chambres aménagées avec goût (parquet, mobilier en bois, jolis tableaux) et 4 appartements. Double 50-80€, petit déj. inclus.

HERCEG NOVI (plan 2, B1 n°40) Šetalište Pet Danica 42 ☎ 067 552 319 aurorahotel.me

Hotel Perla €€€

Le plaisir d'une situation face à la mer (avec plage privée...) et de chambres claires et bien tenues, certaines avec terrasse. Double 138€ (juil.-sept.), petit déj. inclus. Bar et restaurant.

HERCEG NOVI (plan 2, B1 n°41) Šetalište Pet Danica 98 ☎ 031 345 070 www.perla.me

PERAST

Palace Jelena ♥€€€

Unique, ce palais de 1779 renferme 4 jolies chambres tutoyant le large... On s'y sent immédiatement à son aise, d'autant que la patronne est aux petits soins. Double 70-140€, petit déj. 7€. Restaurant. Pas de CB.

PERAST Obala Kapetana Marka Martinovića bb ☎ 032 373 549 www.palacejelena-perast.com

Hotel Conte €€€

Au bord de l'eau, cette maison de caractère abrite 30 chambres et appartements, avec vue sur la montagne, la mer ou le jardin. Confort moderne et look rustique élégant. Double 65-125€, petit déj. inclus. Restaurant réputé (p.61).

PERAST Obala Kapetana Marka Martinovića bb ☎ 032 373 687 www.hotelconte.me

Casa del Mare-Amfora €€€

Cette "maison de la mer" porte bien son nom, avec sa plage privée... Agrémentées de balcons, 10 suites luxueuses à souhait, et des services à l'avenant (massages, sauna). Double 100-300€, petit déj. inclus. Restaurant.

DONJI ORAHOVAC (6km à l'est de Perast) ☎ 032 305 852 www.casadelmare.me

KOTOR

Hostel Old Town €

En guise d'auberge de jeunesse, un édifice du 13e s. au cœur de la vieille ville, chaleureux et aménagé avec goût ! Douze dortoirs (5 à 12 lits, 15€/nuit), 5 chambres doubles (40-60€ en été) et même 1 appartement. Petit déj. 2€. Pas de CB.

KOTOR (plan 3, B2 n°30) Stari Grad 284 ☎ 032 325 317 www.hostel-kotor.me

Hotel Astoria €€€
Ce boutique-hôtel occupe une belle demeure ancienne, sur la place la plus plaisante de la vieille ville. Murs en pierre et mobilier élégant dans les 9 chambres. Double 135-195€, petit déj. inclus. Parking gratuit sur rés. Restaurant.

KOTOR (plan 3, A2 n°31) Trg od Pošte
032 302 720 astoriamontenegro.com

Forza Mare €€€
Emplacement de choix pour ce 5-étoiles au bord de l'eau, à 10min de la vieille ville. Les 10 chambres invitent au voyage : Afrique, Japon, Chine... sans oublier une suite Monténégro. Double 205-385€, petit déj. inclus. Spa, plage privée et restaurant de renom (p.72).

DOBROTA Kriva bb (2km au nord du centre-ville) 032 333 500 www.forzamare.com
Début avr.-début oct.

Art Hotel Galathea €€€
Dans l'une des localités les plus attrayantes de la baie de Kotor, au calme, une superbe maison du 18e s. les pieds dans l'eau. Les 7 chambres et suites allient pierres apparentes et mobilier stylé. Double 100-200€, petit déj. inclus. Parking gratuit.

PRČANJ Front de mer (5km au nord-ouest de Kotor) 069 184 100 www.septemberhotels.com Avr.-nov.

TIVAT – LUŠTICA

Hotel Pine €€€
Bel emplacement sur la promenade Pine pour cet établissement fonctionnel : 26 chambres, studios et appartements, un restaurant, un bar, un sauna et un espace de fitness. Double 150€ en été, petit déj. inclus.

TIVAT (plan 4, B2 n°31) Obala Pine bb
032 662 104 hotelpine.me

Hotel La Roche €€€
Le plus bel hôtel de Tivat (et le plus luxueux !), au bord de la plage, avec restaurant et spa. Réservez de préférence une chambre avec vue sur la mer... Double 150-500€, petit déj. inclus.

TIVAT (plan 4, B2 n°30) Šetalište Iva Vizina 4
032 662 881 www.larochehotel.me

Hotel Art Media ♥€€
À l'ombre des pins de la baie de Žanjice, cet établissement accueille des séminaires de sculpture, peinture et musique, d'où son nom. Prix doux pour le secteur : double 120€ en été, petit déj. et dîner inclus. Restaurant et plage privée.

ŽANJICE (27km au sud-ouest de Tivat)
069 344 980 www.hotelartmedia.com

Forte Rose ♥€€€
Un charme fou, dans une localité délicieuse ! L'hôtel occupe une ancienne forteresse austro-hongroise cernée par les flots et les lauriers-roses... Quinze chambres, studios ou appartements (3 pers.). Double 80€-120€, petit déj. inclus. Restaurant (p.82).

ROSE (24km au sud-ouest de Tivat)
067 377 311 www.forterose.me

Klinci Village Resort ♥€€€
Au cœur de la presqu'île de Luštica, dans un petit village rural, bain de nature et de tranquillité assuré dans ces bâtiments du 18e s., abritant 5 appartements avec terrasse ou balcon. Joli restaurant familial. Petite piscine. Double 50-150€, petit déj. inclus.

KLINCI (25km au sud-ouest de Tivat)
063 200 050 klincivillageresort.me

LA CÔTE ADRIATIQUE

BUDVA

Montenegro Hostel b&b Budva €

Bonne surprise que cet *hostel* de la vieille ville, qui propose des dortoirs (8 lits, 8-19€/pers.) et des chambres (double 28-62€) propres et colorés. Seuls bémols : ni petit déj. ni parking, et une rue bruyante en saison.

BUDVA (plan 6, A4 n°50) Vuka Karadžića 12 Stari Grad 069 331 031 www.montenegrohostel.com

Freedom Hostel €

Une auberge de jeunesse agréable dans la vieille ville. La cuisine commune, le patio et le salon extérieur favorisent les rencontres. Dortoirs de 4 lits (8-22€/lit) et chambres doubles (20-56€). Attention au bruit lors des soirées estivales. Pas de parking.

BUDVA (plan 6, B3 n°51) Cara Dušana 21 Stari Grad 067 837 110 Page FB

Casablanca Apartments €€

À l'étage de la maison familiale, Aleksandar a créé 8 studios parfaitement équipés, à la déco contemporaine, avec cuisinette et balcon. Bon rapport confort-prix : de 30 à 110€ pour 2 pers. Parking dans la cour.

BUDVA (plan 6, A1 n°52) 3. Jula 14 067 366 010 www.hotels-in-budva.com

Hotel Budva €€€

Au cœur de la station, cet immeuble historique a été entièrement rénové en 2015. Architecture immaculée, chambres à l'ambiance feutrée, petite piscine, salle de fitness, spa... Attention, en été, les boîtes de nuit en plein air sont toutes proches. Double 80-240€, petit déj. inclus.

BUDVA (plan 6, A1 n°55) Slovenska Obala 033 422 000 www.hotelbudva.me

Hotel Astoria €€€

Six chambres et 6 suites : cette demeure adossée aux remparts dégage une atmosphère intime. Déco branchée – voire un brin clinquante –, plage privée (sur Ričardova Glava) et restaurant sur le toit (p.102). Double 105-210€, petit déj. inclus. Parking public à proximité.

BUDVA (plan 6, A4 n°54) Njegoševa 4 Stari Grad 033 451 110 www.astoriamontenegro.com

Hotel Poseidon €€€

Son architecture balnéaire distille un parfum de vacances à la mer. Situation privilégiée sur la belle plage de Jaz, dont on profite à loisir le soir venu. Comptez 20-52€/pers. petit déj. inclus, ou 27-59€/pers. en demi-pension, le restaurant étant agréable (p.103).

UVALA JAZ (5km à l'ouest de Budva) 033 463 134 www.poseidon-jaz.com Fin avr.-fin oct.

RIVIERA DE BUDVA

Vila Drago €€

Sur les hauteurs de la côte, 6 chambres et 2 appartements fonctionnels, mais jouissant d'un balcon ou d'une terrasse dominant le "Mont-Saint-Michel monténégrin" ! Double 40-85€, petit déj. inclus. Restaurant (p.107).

SVETI STEFAN Slobode 32 033 468 477 viladrago.com Mars-nov.

Hotel Aleksandar €€€

Parmi les énormes hôtels "tout-inclus" de Bečići et Rafailovići, cet établissement se distingue par son architecture et ses 21 chambres design. Double 30-95€ selon saison et exposition (mer ou montagne), petit déj. inclus. Restaurant, bar à vins.

RAFAILOVIĆI Bečićka Plaža 31 033 560 290 hotel-aleksandar.me Mars-oct.

Hotel Stella di Mare €€€
Sur les hauteurs de Bečići, station peu attrayante, un établissement cependant intéressant, de construction récente, avec 18 chambres bien tenues, dotées d'un balcon. Sauna et jacuzzi. Double 71-100€, petit déj. inclus.

BEČIČI Narodnog fronta bb 033 471 567 www.hotel-stelladimare.me Mai-sept.

Hotel HEC Residence €€€
S'il avoisine la très passante route littorale, ses chambres sont de vrais cocons, ouvrant à l'avant sur l'horizon marin. Petite piscine sur le toit-terrasse. Écolabel. Double 49-150€, petit déj. inclus. Parking et restaurant.

PRŽNO Jadranski put bb 033 427 100 hotelhecresidence.com

Hotel Adrović €€€
Quitte à dormir sur la Riviera de Budva, autant profiter du plus beau de ses panoramas ! Cet établissement offre une vue magistrale sur Sveti Stefan et ses remparts cernés par la mer… Chambres très classiques 65-115€. Restaurant (p.107).

SVETI STEFAN Jadranski put bb 033 468 507 www.hoteladrovic.com

Aman Sveti Stefan €€€
Refuge ultra-luxueux, le célèbre îlot de Sveti Stefan (p.105) a été transformé en hôtel dans les années 1950, et fit alors le bonheur des dignitaires yougoslaves. Ses 50 suites prennent leurs aises dans les anciennes maisons de pêcheurs. Restaurants, bars, spas, piscines… À partir de 850€ la nuit.

SVETI STEFAN 033 420 000 www.aman.com Début mai-mi-oct.

PETROVAC

Hotel Danica ♥€€
Ce joli petit immeuble se blottit contre la falaise côtière. Le bord de mer est à deux pas, et l'on est pourtant au calme, à l'ombre de cèdres majestueux… Trente chambres simples et fraîches, petite piscine, espace de fitness, sauna, parking. Double 45-75€, avec petit déj.

PETROVAC Nika Andjusa bb 033 462 304 www.hoteldanica.net

Hotel Đurić (Djuric) ♥€€
Au cœur de la station, l'environnement est dense en constructions, mais la plage est à quelques minutes, et la bâtisse, d'esprit méditerranéen (murs blancs, arcades…), dégage un charme inaccoutumé. Petite piscine. Double 60-120€, petit déj. 5€.

PETROVAC Naselje Brežine bb 033 461 814 www.hoteldjuric.com

Apartments Lila Aurea €€
Point de chute agréable à deux pas du front de mer, 5 appartements bien équipés et d'esprit contemporain, avec balcon. Parking sur demande. Comptez 35-80€ pour 2 pers.

PETROVAC Nika Andjusa 6 00381 637 765 365 www.hotels-in-budva.com

MonteBay Villa ♥€€€
Mi-hôtel mi-maison d'hôtes, cette belle villa se cache dans la plaine de Buljarica (p.111), à 150m de sa plage sauvage. Sept chambres et suites d'un grand confort, et une vaste piscine. Double 100-140€. Restaurant. Accueil francophone en prime !

BULJARICA Buljarica 2 033 461 766 www.montebayvilla.fr

BAR

Le Petit Chateau €€€
À mi-chemin entre hôtel et maison d'hôtes, l'établissement siège

dans une jolie villa Belle Époque du front de mer. Parquets, boiseries anciennes, ambiance de maison de famille et vue sur le large à travers les frondaisons... Double 50-110€ avec petit déj. Restaurant.

BAR Obala Kralja Nikole 030 314 400 le-petit-chateau.bar.hotels-me.net

Hotel Princess €€€

Héritage de l'époque yougoslave, cet imposant building, bien que peu avenant, offre un bon standing : 135 chambres vastes et confortables, avec balcon, espace bien-être, grande piscine... Double 45 -95€, petit déj. compris.

BAR Jovana Tomaševića 21 030 300 100 www.hotelprincess.me

Guest House Konoba Kula ♥€€

Étape orientalisante dans le village qui s'est développé au pied de l'ancienne cité ottomane. Si la *guest house* n'a pas le charme des vieilles maisons alentour, ses 9 chambres sont impeccables et chaleureuses. Double 40€, petit déj. 5€. Restaurant.

STARI BAR Staro Barska Čaršija bb 030 340 729 kulastaribar.me

ULCINJ

Hostel Pirate €

Cette auberge de jeunesse doit beaucoup à ses propriétaires très prévenants. Elle évoque une maison de famille avec ses chambres transformées en dortoirs (4 à 6 lits, 12-15€/pers.) et ses quelques doubles, avec salle de bains commune (40€). Pas de petit déj.

ULCINJ 28 Dhjetori 068 212 552 www.hostel-pirate.com Fin mars-fin oct.

Eneida Apartmani ♥€€

Un havre de paix inattendu, au creux des falaises... La demeure présente plus de cinq niveaux et différentes terrasses dégringolant vers la mer. Une piscine niche même entre les rochers ! Studios de 30 à 60€, petit déj. compris.

ULCINJ Cazim Resulbegovic bb 030 402 052 www.eneida-ul.com Avr.-oct.

Hotel Haus Freiburg €€

La propriétaire, une Allemande native de Fribourg, a tout quitté pour créer cet hôtel avec son époux d'origine albanaise. Simple et impeccablement tenu, mais un véhicule est nécessaire pour rejoindre le centre. Double 59-79€, petit déj. inclus.

ULCINJ Kosovska bb 030 403 008 www.hotelhausfreiburg.me Mars-oct.

LE CENTRE

CETINJE – LOVĆEN

Pansion 22 €

Sans chichis et très centrales, 6 chambres confortables et bien tenues, certaines avec balconnet. Petit déj. servi dans un bar voisin (3€). Double 40€. Pas de CB.

CETINJE (plan 8, B1 n°30) Ivana Crnojevića 22 069 055 473 www.pansion22.com

Hotel Grand €€

Un immense hôtel des années 1980 (150 chambres), à l'architecture peu engageante, mais il a l'avantage d'être bien placé, à côté du parc

Njegošev. Bar, restaurant, belle piscine intérieure et sauna. Double 70€, petit déj. inclus.

CETINJE (plan 8, B2 n°31) Njegoševa 1 067 312 295 hotelgrand.me Avr.-oct.

Hôtel Ivanov Konak €€

Un hôtel prisé pour son excellent restaurant (p.145). Une parfaite étape avec ses 7 chambres au style rustique mais coquet. Double 60€, petit déj. inclus, en haute saison.

IVANOVA KORITA (14km à l'ouest de Cetinje) 041 233 700 ivanov-konak-me.book.direct Tlj. 7h-23h

LAC DE SKADAR

Draga's Rooms ♥€

Draga ne parle pas l'anglais, mais sa gentillesse fait office de langage universel. Dans sa maison rose à l'orée du village, face au lac, elle propose 4 chambres ainsi qu'un duplex. Double 25-30€, duplex 45€. Petit déj. dans un restaurant du village (5€).

VIRPAZAR 068 760 711 www.hotels-me.net

Hotel Vir €

Ancien hôtel d'État yougoslave, l'établissement offre un cadre vintage, mais ses 22 chambres jouissent pour la plupart d'une terrasse face au lac. Simple et très accessible : double 25-45€, petit déj. compris.

VIRPAZAR 020 711 082 www.hotels-me.net

Hotel Riječka Gostiona ♥€

Pour séjourner dans l'un des plus beaux secteurs du parc... Dans deux maisons contiguës, les 12 chambres conjuguent matériaux de qualité, touches de couleur pop et quelques éléments rustiques. Double 40€, petit déj. 3€.

RIJEKA CRNOJEVIĆA (24km au nord de Virpazar) 067 000 323 oktoihvila@gmail.com

Apartmani Čudo Neviđeno ♥€

Deux chambres uniquement, beaucoup de simplicité, mais tout est irréprochable. L'adresse vaut pour sa situation sur le minuscule port de Karuč, au charme infiniment bucolique ! Double 40€, petit déj. 4€ au restaurant (p.155).

KARUČ Au-dessus du petit port (35km au nord de Virpazar) 067 599 222 Page FB

PODGORICA

Montenegro Hostel Podgorica €

Un établissement original dans l'ancien quartier ottoman (vieux faubourg). Cette maison rose jouit d'un vaste tapis de pelouse cerné de murs... Dortoirs (jusqu'à 6 lits, 10-13€/nuit) et chambres doubles (25-35€). Cuisine à disposition. Petit déj. inclus.

PODGORICA (plan 9, B2 n°20) Radoja Jovanovića 52 069 255 501 www.montenegrohostel.com

CentreVille Hotel & Experiences €€

Dans un immeuble tout de verre (2016), cet hôtel illustre le développement économique de la capitale. Tout y est élégant et ultra-contemporain : fauteuils colorés, illustrations graphiques, béton brut... Double à partir de 70€, petit déj. inclus.

PODGORICA (plan 9, B3 n°21) Cetinjska 7 020 684 000 www.cv-hotel.com

Hotel Podgorica ♥€€€

Plus qu'un hôtel, une œuvre originale signée par l'une des rares femmes architectes yougoslaves, Svetlana Kana Radević (1937-2000). Rien de soviétique dans cette création, mais un modernisme minimaliste et inspiré, épousant les rives du fleuve...

Double à partir de 80€, petit déj. compris.

PODGORICA (plan 9, B2 n°22) Ulica Svetlane Kane Radevića 1 020 402 500

NIKŠIĆ

Hotel Trim €

L'extérieur de ce 4-étoiles ne paye pas de mine, mais les chambres sont très bien rénovées, claires, confortables et joliment meublées. Le tout face au parc Trebjesa, à 5min à pied du centre-ville. Double 47-56€, petit déj. inclus.

NIKŠIĆ Ulica Voja Deretića bb 040 280 460 www.hoteltrim.com

Appartements Dragović €

Cette maison neuve du centre-ville abrite 3 petits appartements propres et à prix doux, avec kitchenette et parking. Comptez 50€ pour 2 pers., petit déj. inclus. Les propriétaires proposent aussi du canyoning et des excursions dans le Durmitor.

NIKŠIĆ Ulica Serdara Šćepana bb 040 200 600 www.apartmanidragovicniksic.com

Hotel Trebjesa ♥€€

Construit dans les années 1970 au sommet de la colline Trebjesa, ce petit 4-étoiles est sans doute le meilleur point de chute à Nikšić, au vert et au calme. Huit chambres (certaines avec terrasse et jacuzzi) de 55 à 96€, petit déj. inclus. Restaurant.

NIKŠIĆ Trebjesa bb 077 200 060 www.hoteltrebjesa.me

DURMITOR

Etno selo Izlazak €

Idéal pour allier calme et découverte du parc de la Piva, cet ethnovillage éparpille ses chalets en bois et en pierre au milieu des prés... Comptez 30-40€ pour 2 pers., petit déj. inclus (40-50€ en demi-pension). Restaurant traditionnel, activités à la carte.

RUDINICE (13km au sud de Plužine) 069 149 321 www.etno-selo-izlazak.me

Etno selo Sljeme ♥€€

En pleine nature, cet hôtel récent (2016) toise les pâturages, face au Savin Kuk, et compte 8 chambres en bois clair façon chalet de montagne (double 60€, petit déj. inclus) et 5 bungalows avec terrasse (100€ pour 4 pers.). Bon restaurant (p.193).

ŽABLJAK Smrčevo brdo bb (6km au sud du centre-ville, dir. Šavnik) 063 229 294 www.etnoselosljeme.com Juil.-sept.

Polar Star €€

Un 4-étoiles à l'allure de gros chalet, parmi les prés, avec 9 chambres sobres et confortables et 16 appartements (38-50m^2), un restaurant, un sauna... Double 64-74€, petit déj. copieux inclus. Pour conjuguer plaisirs sportifs et cocooning !

ŽABLJAK Borje bb (5km à l'est du centre-ville, dir. Pljvelja) 067 609 444 www.polarstar.me Fermé nov. et mars

Hotel Soa €€€

Le Durmitor versant luxe : ce 4-étoiles, à l'architecture et à la déco contemporaines, ravit les amateurs de confort avec ses 18 chambres et suites parfaitement tenues, son espace bien-être et son restaurant de renom (p.193). Double 80-100€, petit déj. inclus.

ŽABLJAK (1km à l'ouest du centre, sur la route du lac Noir) 052 360 110 www.hotelsoa.com Mi-déc.-oct.

KOLAŠIN – BIOGRADSKA GORA

Hotel Brile ♥€

En plein centre, un hôtel d'un certain cachet, aux chambres impeccables et spacieuses, sans faute de goût (mobilier sobre, murs blancs). Comptez 27€/pers., ou 35€ en demi-pension (petit déj. et dîner à la carte). Restaurant intéressant (p.199).

KOLAŠIN Buda Tomovića 2 020 865 021 www.brile.co Mi-déc.-mi-oct.

Chalet Kolašin €€

Dans une rue résidentielle de Kolašin, dans un imposant chalet récent, 3 appartements confortables et chaleureux avec leur décor de bois blond. Comptez 50-110€ la nuit selon la saison et l'appartement (jusqu'à 5 couchages).

KOLAŠIN Ulica Junaka Breze 10 069 015 617 www.chalet-kolasin.com

Hotel Bianca Resort & Spa €€€

Cette massive architecture des années 1970 a des airs de chalet futuriste ! Un vrai havre de confort montagnard, avec plusieurs bars et restaurants, une piscine couverte et un spa. Double 80-200€, petit déj. inclus.

KOLAŠIN Mirka Vešovića 020 863 000 www.biancaresort.com

Hotel & Resort Gacka €€

Cet ensemble de chalets très confortables jouit d'un environnement de choix : un vaste alpage sous les sommets... Vivifiant avec sa belle piscine couverte, sa salle de fitness, son sauna et son tennis. Double à partir de 60-80€, petit déj. compris. Table d'hôtes.

MOJKOVAC Gacka bb (4km au sud du centre-ville) 069 661 999 www.imanjerakocevic.me

VALLÉE DU LIM

LakeViews Camp & Hotel €

En haut d'une vaste prairie glissant en pente douce vers le lac, ce gros chalet abrite 6 chambres d'hôtes sobrement aménagées, pratiques pour une étape. Prévoyez 38€ avec petit déj. Restaurant. On peut aussi planter sa tente sur le terrain.

PLAV Rudo Polje bb 067 672 683 usce@t-com.me

Kuća Kljajića ♥€

Ce chalet isolé fait remonter le temps : murs de bois bancals, dessus-de-lit en laine, métier à tisser, téléviseur de l'époque yougoslave, réchaud en fer... Ses 3 petites chambres sont spartiates, mais c'est la vie des Balkans ! Accueil chaleureux de Maya... qui ne parle pas l'anglais. Comptez 20€/pers. en demi-pension. Pas de wifi.

LUBNICE (12km à l'ouest de Berane par la N2 dir. Andrijevica et immédiatement à droite à la sortie de la ville) 069 738 692 martin-kljajic@hotmail.com Avr.-oct.

Hotel Komovi €

Un ex-hôtel d'État yougoslave, assez démodé, mais les prix sont modestes (double à partir de 50€, petit déj. inclus) et la localisation est intéressante pour explorer la région. Restaurant.

ANDRIJEVICA Branka Deletića bb 051 243 016 www.hotelkomovi.com

DUBROVNIK

DUBROVNIK

Villa Gloria ♥❍❍

Cette demeure sur les hauteurs de Ploče abrite 2 chambres d'hôtes et 7 petits appartements (2-4 pers.), clairs, soignés et bien équipés. Petite piscine. Accueil charmant. Seul point délicat : la centaine de marches à monter dans la ruelle d'accès. Double 550kn, studio 660kn, petit déj. 22kn.

DUBROVNIK (plan 12, C1 n°41) Iva Racica 3 ☎ 091 530 2799 www.villa-gloria.com ⏲ Avr.-oct.

Hotel Zagreb ♥❍❍❍

Une rutilante villa 1930 au milieu d'un petit parc, proche de tout (arrêt de bus, plage et rue piétonne). Les 24 chambres, hautes de plafond, impeccables et climatisées, disposent pour certaines d'un balcon ou d'une terrasse. Double 1 245kn avec petit déj.

DUBROVNIK (plan 11, B2 n°31) Šetalište Kralja Zvonimira 5 ☎ (020) 438 930 www.hotelzagreb-dubrovnik.com ⏲ Avr.-oct.

House Boninovo ❍❍❍

Postée à égale distance de la ville close et des plages, face à un arrêt de bus, la pension Boninovo dévoile 4 chambres spacieuses pourvues de tout le confort (clim., TV sat.). Belle tonnelle couverte de vigne pour le petit déjeuner. Bémol : cette jolie maison est longée par deux rues passantes. Double 750kn.

DUBROVNIK (plan 11, C3 n°32) Branitelja Dubrovnika 54 ☎ (020) 412 787 www.houseboninovo.net

Hotel Stari Grad ♥❍❍❍

Ce petit boutique-hôtel 5 étoiles de 8 chambres occupe l'ancienne demeure des comtes Drašković, à l'intérieur des remparts. La coquette terrasse sur le toit, meublée de fauteuils en rotin, offre un panorama bluffant de Dubrovnik. Double 2 890kn. Un conseil : réservez tôt.

DUBROVNIK (plan 12, A2 n°40) Od Sigurate 4 ☎ (020) 322 244 ou 098 534 819 www.hotelstarigrad.com

Villa Dubrovnik ♥❍❍❍

À 10min à pied à l'est de la porte Ploče, cet édifice moderne se dresse sur un rocher au-dessus de la mer. Il propose 56 chambres et les prestations d'un 5-étoiles : restaurant et bar, avec belles terrasses dominant la mer, piscine, plage et spa. À partir de 3 740kn.

DUBROVNIK (plan 11, D4 n°33) Vlaha Bukovca 6 ☎ (020) 500 300 www.villa-dubrovnik.hr ⏲ Mi-mars-nov.

Hotel Lapad ♥❍❍❍

Un peu isolé sur la rive sud du port de Gruž, à env. 3km du centre historique, ce vaste hôtel propose 157 chambres et 6 suites réparties entre un élégant bâtiment du début du 20e s. et un autre plus récent. Avec sa piscine en plein air et ses palmiers, l'ensemble ne manque pas d'allure. Double à partir de 1 600kn.

DUBROVNIK (plan 11, B2 n°30) Lapadska obala 37 ☎ (020) 455 555 www.hotel-lapad.hr ⏲ Mars-oct.

Hotel Supetar ❍❍❍

Dans une belle demeure en pierre donnant sur le vieux port de Cavtat, 28 chambres (8 avec vue sur les flots), un restaurant en terrasse et un jardin fleuri où il fait bon paresser. Double 1 200kn.

CAVTAT Obala Dr. Ante Starčevića 27 ☎ (020) 479 833 www.adriaticluxuryhotels.com ⏲ Avr.-nov.

LE B.A.-BA

Oui, Non Da, Ne
Salut Zdravo
Bonjour Dobar dan
Bonsoir Dobro veče
Bonne nuit Laku noć
Au revoir Do viđenja
À bientôt Vidimo se
Enchanté Drago mi je
Merci Hvala
S'il vous plaît Molim vas
Je vous en prie Nema na čemu
Excusez-moi Izvinite
Pardon Oprosti(te), pardon
Avec/sans Sa/bez
Où ? Đe ?, Gdje ?
Quand ? Kad(a) ?
Quoi ? Što, šta ?
Pourquoi ? Zašto ?
Parce que Zato
Comment ? Kako ?
Combien ? Koliko ?
Combien coûte... ? Koliko košta / pošto je... ?
Comment allez-vous ? Kako ste ?
Très bien Dobro
Je ne parle pas monténégrin Ne govorim crnogorski
Je viens de France Dolazim iz Francuske
Je m'appelle... Zovem se...

REPÈRES TEMPORELS

Quelle heure est-il ? Koliko je sati (ura) ?
À quelle heure ? U koliko sati (ura) ?
Jour, journée Dan
Soir, soirée Veče
Matin Jutro
Nuit Noć
Hier Juče
Aujourd'hui Danas
Demain Sjutra, śutra
Après-demain Preksjutra, prekśutra
Semaine Sedmica (nedjelja, neđelja)
Mois Mjesec
An, année Godina
Lundi Ponedjeljak, ponedeljak
Mardi Utorak
Mercredi Srijeda
Jeudi Četvrtak
Vendredi Petak
Samedi Subota
Dimanche Nedjelja, neđelja
Janvier Januar
Février Februar
Mars Mart
Avril April
Mai Maj
Juin Jun
Juillet Jul
Août Avgust
Septembre Septembar
Octobre Oktobar
Novembre Novembar
Décembre Decembar

REPÈRES SPATIAUX

Ici/là-bas Ovdje (ovđe)/tamo
Près/loin Blizu/daleko
De/vers Od/prema, ka
À gauche Lijevo
À droite Desno
Tout droit Pravo
Place Trg
Rue Ulica
Boulevard Bulevar
Route Put
Carrefour Raskrsnica
Pont Most

URGENCES, SERVICES

Banque Banka
Hôpital Bolnica
Magasin Prodavnica
Office de tourisme Turistički biro

Pharmacie Apoteka
Police Policija
Poste Pošta
Timbre Markica

COMPTER

Un Jedan
Deux Dva
Trois Tri
Quatre Četiri
Cinq Pet
Six Šest
Sept Sedam
Huit Osam
Neuf Devet
Dix Deset
Onze Jedanaest
Douze Dvanaest
Treize Trinaest
Quatorze Četrnaest
Quinze Petnaest
Seize Šesnaest
Dix-sept Sedamnaest
Dix-huit Osamnaest
Dix-neuf Devetnaest
Vingt Dvadeset
Trente Trideset
Quarante Četrdeset
Cinquante Pedeset
Soixante Šezdeset
Soixante-dix Sedamdeset
Quatre-vingts Osamdeset
Quatre-vingt-dix Devedeset
Cent Sto (jedna stotina)
Mille Hiljadu (jedna hiljada)
Un million Milion

SE DÉPLACER

Aéroport Aerodrom
Aller simple Karta u jednom pravcu
Aller-retour Povratna karta
Barque Barka
Bateau Brod
Billet, ticket Karta
Bus Autobus
Essence Gorivo, benzin
Gare Zeljeznička Stanica
Gare routière Autobuska Stanica
Port Luka
Station-service Benzinska pumpa
Train Voz
Vélo Biciklo
Voiture Kola, automobil

VISITER

Château Dvorac
Citadelle Tvrđava
Église Crkva
Monastère Manastir
Monument Spomenik
Musée Muzej
Village Selo
Ville, vieille ville Grad, Stari grad
Ouvert Otvoreno
Fermé Zatvoreno
Interdit Zabranjeno

SE LOGER

Chambre double / simple Dvokrevetnu / jednokrevetnu sobu

Avec salle de bains S kupatilom

Air conditionné S klimom

Clé Ključ

Demi-pension / Pension complète Polu-pansion / Pun pansion

Douche / salle de bains Tuš kabina / kupatilo

Toilettes WC, toilettes (Dames Ž, Messieurs M)

SE NOURRIR

GÉNÉRALITÉS

Je voudrais réserver une table Htio bih da rezervišem sto

Addition Račun

Petit déjeuner Doručak
Déjeuner Ručak
Dîner Večera
Assiette Tanjir
Couteau Nož
Cuillère Kašika
Fourchette Viljuška
Serviette Salveta
Menu Jelovnik, meni
Entrée Predjelo
Plat principal Glavno jelo
Dessert Desert

PETIT DÉJEUNER (DORUČAK)

Hljeb, leb Pain
Jaje (na oko) Œuf (sur le plat)
Jogurt Yaourt
Kajgana Œufs brouillés
Omlet Omelette
Marmelada Confiture
Med Miel
Puter (maslac) Beurre
Šećer Sucre
Sir Fromage

SPÉCIALITÉS

Brodet Soupe de poisson
Burek Chausson ou feuilleté fourré au fromage, aux légumes ou à la viande hachée
Ćevapi Kebab
Cicvara Polenta rehaussée de fromage et de crème de lait
Čorba(e) Bouillon(s)
Kačamak Purée à base de pommes de terre, de farine de maïs ou de blé, de fromage fondu et de lait
Lešo riba Poisson cuit dans de l'eau bouillante
Lešo teletina Veau à l'eau bouillante
Marinirani ili sušeni krap Carpe marinée ou fumée
Meso ispod sača Viande au feu de bois ou sous la cloche
Mušlje na buzaru Moules en sauce (tomates, oignons, vin blanc)
Njeguške kobasice Saucisses de Njeguši
Pljeskavica Hamburger
Popeci Veau ou porc façon cordon-bleu (avec fromage et jambon fumé)
Priganice s medom ili sa sirom Beignet avec miel ou fromage
Pršut Jambon fumé
Raštan Chou frisé à la viande fumée
Ražnjići Brochettes
Riba na gradele Poisson au gril
Šopska salata Salade composée (tomates, oignons, choux et fromage)

VIANDE (MESO) ET POISSON (RIBA)

Barbun Rouget
Brancin Bar
Dorada Dorade
Govedina Bœuf
Hobotnica Poulpe
Jagnjetina Agneau
Kastradina Mouton
Kozje meso Chèvre
Krap, šaran Carpe
Mušlje Moules
Ovčetina Mouton
Pastrmka Truite
Piletina Poulet
Svinjetina Porc

CUISSON

Dobro pečen Bien cuit
Krvav Saignant
Pečeno Au four
Pohovano Pané
Prženo Frit

LÉGUMES (POVRĆE)

Blitva Blette
Boranija Haricots verts
Celer Céleri
Krompir, krtola Pomme de terre

Paprike Poivrons
Paradajz, pomidora Tomate
Pasulj, grah Haricot
Pečurke Champignons
Plavi patlidžan Aubergine
Šargarepa Carotte
Spanać Épinards
Svježi krastavac Concombre

CONDIMENTS, ÉPICES, INGRÉDIENTS

Biber Poivre
Bijeli luk Ail
Bosiok Basilic
Cikorija Chicorée
Crni luk Oignon
Heljda Sarrasin
Kukuruz Maïs
Lovorov list Laurier
Masline Olives
Maslinovo ulje Huile d'olive
Oriz, pirinač Riz
Ovas Avoine
Peršun, petrusin Persil
Pšenica Blé
Ren Raifort
Ruzmarin Romarin
Sećer Sucre
Senf Moutarde
Sirće Vinaigre
So Sel

DESSERTS (DESERT)

Krempita Gâteau à la crème
Kolač Gâteau
Palačinke Crêpe
Patišpanj Génoise
Sladoled Glace
Torta Tarte
Voćna salata Salade de fruit

FRUITS

Borovnica Myrtille
Breskva Pêche
Dunja Coing
Grožđe Raisin
Jabuka Pomme
Jagoda Fraise
Kajsija Abricot
Kesten Marron
Kruška Poire
Kupina Mûre de ronce
Limun Citron
Lubenica Pastèque
Malina Framboise
Mandarina Clémentine
Murva, dud Mûre
Orah Noix
Pipun, dinja Melon
Pomorandža Orange
Šipak, nar Grenade
Šljiva Prune
Smokva, suva smokva Figue, figue sèche
Trešnja Cerise

BOISSONS (NAPITCI, PIĆA)

Bijelo vino Vin blanc
Boca, flaša Bouteille
Bokal Carafe
Čaj Thé
Čaša Verre
Crno vino Vin rouge
Dojč kafa Une sorte de café crème
Gazirana, mineralna voda Eau minérale
Kafa s mlijekom, bijela kafa Café au lait
Kajmak, skorup Crème de lait
Kisjelo mlijeko Lait caillé
Loza, rakija Eau-de-vie
Mlijeko Lait
Pivo, točeno pivo Bière, bière pression
Roze Vin rosé
Turska kafa Café turc
Voćni sok Jus de fruits
Voda Eau plate

NOTES

Crédits photographiques

ILLUSTRATION RÉALISÉE EN PARTENARIAT AVEC **hemis-Fr**

Couverture © Jon Arnold Images / hemis.fr **4e** - © Shutterstock / Pshenichka **3** - © Westend 61 / hemis.fr **4** - haut à gauche © CAVALIER Michel / hemis.fr, haut à droite © Shutterstock / BorisKotov, bas à gauche © Aldo Pavan/Sime / Photononstop, bas à droite © Westend 61 / hemis.fr **6** - © Shutterstock / aliaksei kruhlenia **10** -© Westend 61 / hemis.fr **11** -haut © Martin Siepmann/imageBROKER, bas © MATTES René / hemis.fr **12** -haut © MATTES René / hemis.fr, bas © MATTES René / hemis.fr **13** - © MATTES René / hemis.fr **14** - © Shutterstock / likalinka **15** - haut © Martin Siepmann - www.agefotostock.com, bas © Westend 61 / hemis.fr **16** - haut © Shutterstock / Olga Ilinich, bas © Shutterstock / givaga **17** - © Jon Arnold Images/ hemis.fr **19** - © (C)Walter Bibikow (Photographer) **21** - © Shutterstock / risteski goce **22** - © Shutterstock / Lida - 48ru **24** - © Funkystock - www.agefotostock.com **27** - © Shutterstock / zevana **28** - © MATTES René / hemis.fr **30** - © GIUGLIO Gil / hemis.fr **32** -© MORANDI Tuul et Bruno / hemis.fr **34** - © Westend 61 / hemis.fr **38** - haut © GIUGLIO Gil / hemis.fr, bas © Aldo Pavan/Sime / Photononstop **39** - © Shutterstock / Aleksei Kazachok **40** -© SUETONE Emilio / hemis.fr **41** - haut © Jon Arnold Images/ hemis.fr, bas © © Martin Siepmann/imageBROKER - www.agefotostock.com **42** - © DR **43** - © GIUGLIO Gil / hemis.fr **45** - © Steffus - www.agefotostock.com **49** - © Shutterstock / Fotokon **51** - © Alamy / hemis.fr **52** -© Shutterstock / Olga Ilinich **54** - © Shutterstock / ollirg **57** -© MORANDI Tuul et Bruno / hemis.fr **58** - © Jon Arnold Images/ hemis.fr **60** - © Shutterstock / Ranko Maras **63** - © Arco / F. Scholz - www.agefotostock.com **65** - © Carte Blanche - IS / Hemis.fr **66** - © GIUGLIO Gil / hemis.fr **68** - © Jon Arnold Images/ hemis.fr **70** - © Shutterstock / Olga Ilinich **72** - © alan64 /www.agefotostock.com **75** - © GIUGLIO Gil / hemis.fr **77** - © Shutterstock / Cristian Puscasu **78** - © imageBROKER/ hemis.fr **80** - © Shutterstock / Alexphotos0101 **83** - © GIUGLIO Gil / hemis.fr **84** - © Westend 61 / hemis.fr **88** - haut © imageBROKER/ hemis.fr, bas © MATTES René / hemis.fr **89** - © CAVALIER Michel / hemis.fr **90** - © MATTES René / hemis.fr **91** - haut © Aldo Pavan - www.agefotostock.com, bas © POMPE Ingolf / hemis.fr **92** - © DR **93** - © Shutterstock / Alexey Oblov **95** - © SCHROEDER Alain / hemis.fr **97** - © joymsk - www.agefotostock.com **98** -© Shutterstock / Zhukov Oleg **100** - © Shutterstock / Ranko Maras **102** - © Shutterstock / amnat30 **105** -© Shutterstock / Olga Gavrilova **106** - © Gavin Hellier - www.agefotostock.com **109** - © Martin Siepmann - www.agefotostock.com **110** - © MATTES René / hemis.fr **112** - © Artist2015 / shutterstock **113** - © Shutterstock / BorisKotov **115** - © Shutterstock / eFesenko **119** - © Egmont Strigl - www.agefotostock.com **120** - © biggunsband - www.agefotostock.com **123** - © Shutterstock / SvetlanaSF **124** - © CAVALIER Michel / hemis.fr **128** - haut © Alamy / hemis.fr, bas © Shutterstock / Tayfun Yaman **129** - © CAVALIER Michel / hemis.fr **130** - © Shutterstock / leszczem **131** - haut © MORANDI Tuul et Bruno / hemis.fr, bas © © Martin Siepmann - www.agefotostock.com **132** - © DR **133** - © Shutterstock / Gergo Csorba **135** - © Shutterstock / Steve Heap **137** - © Jon Arnold Images/ hemis.fr **138** - © Egmont Strigl - www.agefotostock.com **141** - © Zoonar/N.Sorokin - www.agefotostock.com **142** - © Shutterstock / Zoroasto **144** - © Shutterstock / Mila Atkovska **147** - © Westend 61 / hemis.fr **148** - © Shutterstock / Mila Atkovska **150** - © Thomas Alamy - www.agefotostock.com **151** - © Westend 61 / hemis.fr **152** - © Shutterstock / Devteev **155** - © Martin Siepmann/ ImageBroker / Photononstop **157** - © Shutterstock / biggunsband **159** - © Shutterstock / May_Lana **161** - © Martin Siepmann/imageBROKER - www.agefotostock.com **163** - © Zoryana Ivchenko/Getty Images **165** - © Shutterstock / Simon Dux Media **166** - © Shutterstock / Kiev.Victor **169** - © Koliba-Ostrog-Bogetici **170** - © CAVALIER Michel / hemis.fr **174** - haut © Westend 61 / hemis.fr, bas © MATTES René / hemis.fr **175** - © MATTES René / hemis.fr **176** - © POMPE Ingolf / hemis.fr **177** - haut © ©2014 Federica Gentile/ Getty images, bas © Shutterstock / mad4design.com **178** - © DR **179** - © imageBROKER/ hemis.fr **181** - © MATTES René / hemis.fr **182** - © CAVALIER Michel / hemis.fr **185** - © GIUGLIO Gil / hemis.fr **186** - © Shutterstock / RnDmS **189** - © Westend 61 / hemis.fr **191** - © Shutterstock / novak.elcic **192** - © Martin Siepmann/imageBROKER - www.agefotostock.com **195** - © Sergii Zarev - www.agefotostock.com **197** - © GIUGLIO Gil / hemis.fr **198** - © Egmont Strigl - www.agefotostock.com **201** - © Westend 61 / hemis.fr **203** - © imageBROKER/ hemis.fr **204** - © Shutterstock / Lenar Musin **206** - © Cultura / hemis.fr **212** - haut © Jon Arnold Images/ hemis.fr, bas © Shutterstock / b-hide the scene **213** - © SERRANO Anna / hemis.fr **214** - © Ellen Rooney - www.agefotostock.com **215** - haut © MORANDI Tuul et Bruno / hemis.fr, bas © MATTES René / hemis.fr **216** - © DR **217** - © Shutterstock / tartanparty **219** - © SERRANO Anna / hemis.fr **220** -© Jon Arnold Images/ hemis.fr **223** - © GARDEL Bertrand / hemis.fr **224** - © GARDEL Bertrand / hemis.fr **225** - © Jon Arnold Images/ hemis.fr **226** - © Alamy / hemis.fr **229** - © GARDEL Bertrand / hemis.fr **231** - © Shutterstock / paul prescott **233** - © © Peter Erik Forsberg - www.agefotostock.com **234** - © Shutterstock / paul prescott **236** - © Shutterstock / paul prescott **238** - © Getty Images/EyeEm **240** - © Konrad Zelazowski - www.agefotostock.com **243** - © CAVALIER Michel / hemis.fr **245** - © Martin Siepmann/imageBROKER - www.agefotostock.com **247** - © Bildagentur-online \ UIG - www.agefotostock.com **248** - © Shutterstock / paul prescott **250** - © MORANDI Tuul et Bruno / hemis.fr **253** - © Jon Arnold Images/ hemis.fr **254** - © Santiago Urquijo / Getty Images **256** - © Shutterstock / SvetlanaSF **257** - © Laurent Grandadam/Sime / Photononstop **258** - © Shutterstock / Repina Valeriya **280** - © Jon Arnold Images/ hemis.f

Monténégro

Auteurs Monténégro Laurent Vaultier, Élisabeth Mauris **Dubrovnik** Antoine Besse, François-Xavier Brabant, Julie Subtil, Julien Collet, Kristijan Jusic, Élisabeth Mauris

Directrice éditoriale Hélène Firquet
Responsable éditoriale adjointe Christina Beckers
Édition Laurent Vaultier, avec Anne-Valérie Cadoret et Odile Simon
Responsable artistique Karelle Juglar

Conception graphique Elhadi Yazi
Mise en page David Alazraki
Infographie Stéphane Jungers
Cartographie EdiCarto

Remerciements
Camille Tessier et Séléna Richez pour leur aide précieuse

Publicité Régie publicitaire KETIL Media 76, bd de la République 92100 Boulogne-Billancourt
Responsable de clientèle Vincent Buffin Tél. 01 78 90 11 40

Gallimard Loisirs 5, rue Gaston-Gallimard 75328 Paris Cedex 07
Tél. 01 49 54 42 00 contact@geo-guide.fr guides-gallimard.fr/geoguide-coups-de-coeur/
La collection GEOGuide a été créée en association entre Prisma Presse/GEO et Gallimard Loisirs

Numéro d'édition 354839 - ISBN 978-2-74-246036-6
Impression Lego (Italie) **Photogravure** Nord Compo (Villeneuve-d'Ascq)

Avis aux GEOVoyageurs Entre l'enquête faite sur le terrain et la parution du guide, les établissements proposés peuvent avoir disparu et certaines informations peuvent avoir été modifiées : n'hésitez pas à nous faire part de vos commentaires et de vos corrections à l'adresse contact@geo-guide.fr !

PEFC
PEFC/18-31-280

Cartes

- Autoroute et 2x2 voies
- Route principale
- Route secondaire
- Autre route
- Zone urbaine
- Frontière
- Parc naturel
- Sommet
- Tunnel, col, défilé
- Liaison maritime
- Aéroport
- Plage
- Départ de randonnée
- Station de ski

Altitude (en mètres)

- De 0 à 100
- De 100 à 500
- De 500 à 1 000
- De 1 000 à 1 500
- De 1 500 à 2 000
- Plus de 2 000

Plans

- Axe urbain
- Espace vert
- Cimetière
- Bâtiment
- Voie ferrée
- Site remarquable
- Office de tourisme
- Gare ferroviaire
- Gare routière
- Gare maritime
- Point de vue
- Parking
- Hôpital